情商EQ第二　智商IQ第三

膽商CQ第一

〈膽商才是決定人生成敗的關鍵〉

焦珊珊◎編著

目錄 膽商CQ第一

CQ>EQ>IQ

2 敢冒風險　不入虎穴難擒虎，無限風光在險峰／44

敢於冒險！可以說，生命就是一次探險，如果不能主動迎接風險的挑戰，便只能被動地等待風險的降臨。唯有帶著沉重的風險意識，敢於懷疑和打破以往的秩序，通過冒險而取得勝利，才能享受到人生的最大喜悅。

3 敢於競爭　群雄逐鹿何所懼，物競天擇適者存／66

敢於競爭！在競爭中，與對手的遭遇戰時常出現，如果我們膽怯了、退縮了，就會一敗塗地，把機會拱手讓給對手；只有採取堅決果敢的行動，全力投入，勇敢地拼爭到底，才能戰勝對手，搶佔制高點。

目錄 膽商CQ第一

CQ>EQ>IQ

中篇　情商第一

情商是一個人獲得成功的關鍵。心理學家霍華德·嘉納說：「一個人最後在社會上佔據什麼位置，絕大部分取決於情商因素。」

如果一個人不能瞭解自我，認識自我，反省自我，欣賞自我，而是一味地活在他人的眼光中，那麼他就會陷入迷失的境地，不能夠找到屬於自己的人生方向。自知者智，唯有認清自己才是走向成功的前提。

目錄 膽商CQ第一

4 笑迎挫敗 踏平坎坷成大道，歷經百劫志更堅

英國作曲家韋伯說：「有許多人一生的偉大，都自他們的逆境中來。」寶劍的鋒利，是從鍛煉和磨削中得來的。逆境往往使人感到抑鬱消沉，痛苦不堪，然而，高情商者卻能從容面對，很快戰勝挫折，走出失敗的陰影，自己拯救自己，從而取得成功。

5 廣結人脈 朋友多了路好走，好漢還需眾人幫

卡內基說：「交際能力和說話能力是成功人生的兩項基本能力。從某種意義上講，掌握這兩種能力，比擁有哈佛的文憑還重要！」一個善於交際的人，不僅受到大家的歡迎，自己也會感到很快樂。而這樣的人也會善用這層關係，為自己以後的成功鋪平道路。

目錄 膽商CQ第一

6 謹行慎思 開動腦筋多思量，切莫莽撞任意行／265

多動腦筋，凡事不可莽撞而行。如果是衝動型的人，一定要認識到自己的莽撞行事所帶來的後果。在任何處境下都要保持從容理性的風度，要遇事三思，留有餘地，從而讓自己成為有勇有謀的高情商者。

CQ>EQ>IQ

下篇 智商第三

什麼是智商？智商是指智力商數，而智力通常也叫智慧，是人們認識客觀事物並運用知識解決實際問題的能力。

1 敏於觀察 世事洞明皆學問，慧眼獨具是高人／289

生活需要多觀察，俄國生理學家巴甫洛夫十分重視觀察在科學研究中的作用，他因此寫下了「觀察、觀察、再觀察」的座右銘。一個人觀察能力的強弱，決定了他認識客觀事物的準確程度和廣泛程度。因此，注意培養自己的觀察能力，有助於積累更多的經驗。

2 明於判斷 見微知著辨真偽，能謀善斷不吃虧／305

高智商的領導者能夠獲得高度敏銳的悟性和實用的判斷力，能夠洞悉事物的本質，並以恰當的方式處理問題。他們不會被周圍的人所干擾，會堅持自己所看到、所聽到的，然後下結論。

3 精於籌畫

「凡事預則立，不預則廢。」不管幹什麼事，事先都要有一個明確的目標，只有預先作好了安排，有了準備，有了計畫，有了具體的工作、活動程序，才有監督檢查的依據。這樣可以增強自覺性，減少盲目性，從而也就可以合理地安排人力、物力、財力、時間，使工作、活動有條不紊地進行。

CQ>EQ>IQ

4 嫻於應變 處變不驚巧應對，力轉乾坤扭亂局／349

「天有不測風雲，人有旦夕禍福」。不論是經商還是處世，總會有突如其來的事故降臨到自己的頭上。此時的你千萬不要自亂陣腳，令自己處在危難之中。要學會「以變制變」的技巧，力轉乾坤。

前言

人人都想踏入卓越人士的行列，都想吸取他們成功的經驗，但並不是每個人都能獲得成功。這些人之所以被稱爲「卓越人士」，必定是因爲他們身上有著普通人所不具備的高貴品質。

那麼，到底什麼樣的人才能被稱爲卓越人士呢？

有人說：「他一定是位智商很高的人，因爲聰明人要比普通人更容易獲得成功。」

有人說：「他一定是位受人歡迎的人。」

還有人說：「他必定是位驍勇善戰的『將軍』，也就是說他是一個敢於冒險的人。」

可見，卓越人士一定是位聰明、受人歡迎和勇敢的人，也就是我們現在所說的智商、情商、膽商的「集合體」。

有一個人，已經踏入了四十歲的行列，可他看起來是那麼風光，那麼令人羨慕。原來，他是一名身價過億的富豪，但絕對沒有人能想像得到他以前是多麼渺小。

據瞭解，這位富翁原來是位退伍兵，後來轉業進入一個國營企業，一開始老是受氣，個性好強的他立即辭職選擇「下海」闖蕩。十年後，他已經是一位家產上億的富豪。

春節時，富豪問身邊的一名親戚：「你是咱們家族中學歷最高的，又在學校教書，告訴我，你年收入是多少？」

親戚回答道：「年收入大約五萬元吧，怎麼了？」

富豪說：「我觀察到一個現象：公司裏為我打工的那些職員在中學時代學習成績都比我好，學歷最差的也是大專，我當年高中三年真是拚了老命，但是考不上大學，所以一直對那些有學歷的文化人很尊重，覺得他們智力高，工作能力強。可是現在我竟然是他們的老闆，給他們提供飯碗，這真是出乎我的意料之外。」

他接著說：「我認為一個人事業的成功取決於『三商』，即我們平時所講的智商、情商和膽商，但是對一個真正的人才來說，他的三商按重要程度應該這樣排列：膽商第一，情商第二，智商第三。」

的確，沒有超人的膽識，就沒有超凡的事業！一個人若沒有了敢想、敢做的意識，又怎能跨出成功的第一步？當一個創業者擁有了高膽商時，那麼高情商則是第二選擇。有人會問，為什麼不是智商？因為，一個人的智商再高，若沒有良好的自控能力和處理人際關係的技巧等，又怎能獲得巨大的成功？這對一個創業者來說無疑是致命的。

「膽商第一，情商第二，智商第三」，卓越人士都會將這三者牢牢記在心中。所以，想要邁向成功的人，就請牢記這句話吧！

前言

本書從膽商、情商、智商這三方面，向讀者一一展示了成功的智慧，旨在告訴讀者：在人生道路上，渴望成功的人，就得有闖蕩的勇氣和魄力，就得有控制自我、獨立思考的能力。

上篇 膽商第一

膽商，顧名思義就是一個人的膽量、膽識、膽略的綜合商數，體現了一種冒險精神。

凡是成功的商人、政客，都具有非凡的膽略和魄力。一位商人說：「專家們都說『不能』，但因為我們識字不多，一不小心把『不』字給丟了，結果就變成了『能』！」想要將自己的事業做大，公司做強，就得有敢想、敢幹、敢於承擔一切風險的魄力。

同時，敢於競爭、敢於創新的人，才能在激烈的市場競爭中立於不敗之地。當然，敢於承擔責任也是高膽商者的一種體現。只有敢於承擔責任的人，才不會選擇逃避，他們只會吸取前車之鑒，從而走向成功。

1 勇者無敵
——人生成敗在膽略，只有愛拚才會贏

勇者無敵！在實現光榮與夢想的過程中，勇氣往往能讓人們克服障礙，最終抵達成功的彼岸。如果畏首畏尾，將會錯失良機，與成功擦身而過。勇敢者會無所畏懼，即便前面等待的是懸崖與峭壁，他們也不會眨一下眼睛。

要敢於做「出頭鳥」

成功者大多是那些敢爲天下先的人。他們一般被人比喻爲「第一個吃螃蟹的人」。很多人沒能成功，就因爲怕與眾不同，害怕被「槍打出頭鳥」，這些人安於現狀，安於平

穩，因此，他們遠離了成功。

「出頭鳥」一般有這樣幾個特點：擁有聰明才智、不安於庸庸碌碌、能在整體中脫穎而出。但「出頭鳥」一詞，貶義的成分多一些，而且還帶著「悲劇」的色彩，大概是因爲相關的一句名言——「槍打出頭鳥」。躲在枝頭的鳥，如果敢於冒險出逃，十有八九要被槍打中，成爲犧牲品，成功逃脫的機會是很少的，所以最保險的逃命方法是待在原地等待觀望。

生活中不乏以「槍打出頭鳥」這句話來告誡自己和別人的人。他們認爲凡事不搶風頭、不冒險才是保身之道。在這種觀念的影響下，很多人爲了不被「打死」，行事就格外「謹慎」。他們凡事躲在人家背後，人云亦云，隨波逐流，心安理得。公車上有小偷，他們不敢聲張；鄰居家有入室搶劫的，他們無動於衷。生活上不敢「張揚」，工作上也講究「低調」。事事聽領導安排，跟別人學習，遇事先要等一等，看一看。有成績怕搶了領導的風頭，有進步怕引來同事的嫉妒，凡事都要圓滿，做人處處圓滑，沒有一點稜角，沒有一點銳氣，更沒有敢爲天下先的勇氣和魄力。

不敢或不願當「出頭鳥」，表面上看起來是出於自我保護，其實質上是保守落後、不敢承擔責任的表現。思想保守，沒有憂患意識，就談不上改革和創新。「逆水行舟，不進則退」，在時代的大潮中，想穩居中流是不可能的，思想觀念不更新，只會遭到社會的淘汰。因此，還是要敢於做做「出頭鳥」爲好。

娃哈哈的創辦人宗慶後就是一個敢於做出頭鳥的人。談及自己的創業經驗，宗慶後的回答很簡單：「創業靠的就是感覺，感覺好我就會出手，我可能感覺比較準確，出手比較快吧。」簡單的回答中蘊涵著不簡單的道理，那就是要敢於出手，出手要快。這是需要不凡的魄力與膽量的。

一九八七年，宗慶後奔走在杭州的街頭推銷冰棒，在送貨的過程中，他瞭解到很多孩子食欲不振、營養不良，這已經成為家長們最頭痛的問題。「當時我感覺做兒童營養液應該有很大的市場。」當時已經四十七歲的宗慶後顯然已經錯過了最佳的創業年齡，但是，他並沒有退縮，敢於去邁這一步。不管周圍人怎麼勸說，他固執地要創業。

一九八八年，宗慶後借款十四萬元，組織專家和科研人員，開發出了第一個專供兒童飲用的營養品——娃哈哈兒童營養液。從此，娃哈哈一度成為中國兒童最愛喝的營養品。到一九九二年，娃哈哈的銷售收入就已經達到四億元，淨利潤兩千多萬元。

當別人跟進的時候，宗慶後已經取得了很大的成績，無論是技術、市場、人員、經驗，還是資金方面，都領先別人一大截。

有人說：第一個做某事的人是天才，第二個做的是庸才，第三個做的是蠢材。這句話用在商場中再恰當不過了。

敢當「出頭鳥」，不是瞎摸亂撞、盲目出頭。不瞭解外界形勢，不認清自身的優勢和劣勢就出頭，那樣，只會落得被打死的下場。這就要求我們首先要有能力出頭，要不斷增強自身的能力素質，培養敏銳的觀察力、判斷力和行事能力，不做有勇無謀的人。敢做「出頭鳥」還要會出頭。「戰略上藐視，戰術上重視」，充分進行調查和研究，認清形勢，找準方向，選擇有限目標，重點突破，「有所爲，有所不爲」，才能出奇制勝。

古人云：「木秀於林，風必摧之；堆出於岸，流必湍之；行高於人，眾必非之。」要做「出頭鳥」，就要有遭受非議與打擊的心理準備。有些非議與打擊是不必要承受的，無謂的風頭只會影響一個人的生存環境，尤其是愛逞口舌之快、在無謂的小事上耍小聰明的人，雖然能暫時滿足一時的個人虛榮，但卻並不能獲得應有的尊重和報酬，而且還往往會被人視爲另類，冷槍暗箭防不勝防，故而也有「出頭椽子先爛」之說。但在有些時候，該出頭時就要出頭，博取正當的利益和名譽是人類前進的動力，歷史就是由「出頭鳥」們推動著向前發展的。

在實現光榮與夢想的過程中，勇氣往往能讓人們克服障礙，最終抵達成功的彼岸。如果畏首畏尾，將會錯失良機，與成功擦身而過，尤其在這個競爭激烈的時代，只有敢於做「出頭鳥」，才能飛得更高更遠。

有膽量才會有機會

在通往成功的道路上，最大的障礙不是別人，而是我們自己。「膽小鬼」不會躲在黑暗處，它只會隱藏在我們心中。驅走了「膽小鬼」，我們就會成爲一個「我能行」的勇士，與此同時，機會也會尾隨在我們身後，等待我們去發現。

聯想集團董事局主席柳傳志這樣說過：「當國企改制有可能的時候，我立刻就會下手，不是要選垃圾，而是選那些老虎，但不要病虎，這才能夠放虎歸山。」也就是說有膽量才會有機會，倘若我們跨不出這小小的一步，機會又怎會親近我們？很多人想：「沒人幹過這種事，沒有先例可循，萬一辦砸了怎麼辦？」而成功人士則會這樣想：「沒人幹過怕什麼？別人不敢做，才沒人跟你搶，吃到整塊蛋糕，市場才大嘛！」

常聽人說：「才、學、膽、識，膽爲先。」有人以爲膽量算不上什麼，然而仔細看一下我們周圍的人，就不難發現，天下其實永遠都不缺少有才華的人，有才華的人到處都是，但真正有膽量的人，人群裏卻是少之又少。

據美國企業家協會的觀察研究，天下真正做大事的人，不一定都是精明人，但卻一定都是有膽量的人。做一個有膽量的人，比做一個有能力的精明人更難。

在商業活動中，誰想沒事瞎折騰，然後承受失敗的惡果呢？精明人，有能力的人，大多不願意這麼做事，更不願意這麼生活。只有有膽量的人，不怕挫折的人，甚至是不怕死

的人，才肯這麼做事。大凡天下大事，就必須要有膽量才能做得起，撐得住。

有意思的是，英國心理學家在調查中發現，許多的能人、精明人，爲了成就他們的事業，長年學習和掌握的，原來都是圍繞著如何提高自己膽量的問題。他們終日在心裏默默訓練的那個東西，原來就是膽量。他們說的要全面提升素質，原來就是如何提升自己的膽量。爲此，英國科學家得出一個結論：膽量，往往才是承受生活中一切艱辛，做一切事業的根基！

一九九一年春節前，王均瑤和一些溫州老鄉一起從湖南包大巴車回家過年。在翻山越嶺的一千兩百公里的漫長路程中，王均瑤說了一句汽車太慢了。那時，一位老鄉開玩笑地說：「飛機快，你坐飛機回去好了。」沒想到這樣一句玩笑，竟然激起了王均瑤的「野心」，他想：是啊，我為什麼不能包飛機呢？

之後，王均瑤作了詳細的客源調查，並向湖南民航局遞交了一份構思嚴密、資料可靠的可行性報告，表示自己要承包長沙至溫州的航線。民航局的人對此十分詫異，認為王均瑤有點異想天開。

但是，王均瑤卻堅定地對民航局的工作人員說：「你們考慮的核心問題是經營風險，這個險我來冒。我先把幾十萬塊錢押給你們，等於每次先付錢，後開飛。我不押錢就不飛，這樣你們就『旱澇保收』了。」

王均瑤的提議終於打動了湖南民航局的人，然後，雙方就「先付錢，後開飛」

開始洽談，並達成了共識。為此，王均瑤跑了無數個部門，蓋了無數個章。

一九九一年七月，長沙至溫州的航線終於開通了。一架「安二四」型民航客機從長沙起飛，平穩地降落在溫州機場。這是國內第一條私人承包的包機航線，王均瑤被譽為「膽大包天」第一人。

談起包飛機，王均瑤說：「那是我生命中最重要的一天。我的個人形象、人生道路都改變了！如果說人生是個大舞台，那一天，作為一名演員，我面試合格，被允許登場。」王均瑤在面對記者採訪時這麼評價自己的包機創舉。

為了包機，王均瑤還創辦了中國第一家民營包機公司——溫州天龍包機有限公司。一九九二年，天龍包機公司總共開通了五十多條包機航線。

二〇〇二年八月十八日，王均瑤的均瑤集團參股中國東方航空武漢有限責任公司。這是國內首家民營企業參股國有航空運輸業，時年三十五歲的王均瑤也被稱為「民營資本進入航空業第一人」。

二〇〇三年，均瑤集團被批准購買宜昌機場，均瑤集團投資六個億用於購買和改造宜昌機場，這是中國首次批准民營企業購買機場。

能成功的人從來都不缺乏膽量，他們敢作敢為，因此獲得了更多的發展機遇。

如果兩個對手狹路相逢，勝負有以下幾種情形：如果兩者都是謀士，那麼，必然是勇者勝利；如果兩者都是勇者，那麼有勇無謀者必輸；如果兩者都是有勇有謀的人，那麼，極有可能會出現「既生瑜，何生亮」的局面了。

在經營活動中，許多人習慣於在別人成功之後，不無遺憾地說：「其實我也想到了，只可惜我沒有像他那樣去做，要不，我也會成功的。」這說明，你看到了機遇，而此時你就應該立即行動，沒有行動，只能證明你缺乏膽量，而膽量正是經商的第一關鍵，缺乏膽量也就選擇了與機會擦肩而過。有膽量的人，從來不會放過一絲機會，即便只有百分之零點一，他們也毫不畏懼！

敢想敢做，才能脫穎而出

成功是一種自我挑戰的過程。對於人們來說，需要有更大的膽量、更快的速度、更奇的招數才能脫穎而出，掌握先機。也就是說，敢想、敢做、敢接受失敗是人們必須要遵循的成功法則。而在廿一世紀的今天，富裕和成功並不是人們所不敢想、不能想的，許多人恰恰是因爲敢於想、敢於幹才走上了成功。

著名的品牌金利來是一個從只有一台縫紉機的手工作坊開始，然後不斷發展成為擁有「男人世界」的大公司，他們靠的就是自信和「妄想」。

談到創業經歷，公司創始人曾憲梓回憶說：「（二十世紀）六〇年代末，七〇年代初，是我開始家庭作坊，以手工製作領帶的時候。那時一家六口人擠在六十平方米的屋裏，可做工廠的就是那十平方米的房間，一把尺子，一把剪刀，一台蝴蝶牌縫紉機。買料、剪裁、縫紉、銷售，全是我一個人，一家六口人生活尚難維持，怎麼敢想像創立名牌，創立企業呢？更何況當時法、義、德、美、英等各國名牌貨充斥香港。在這種情況下選擇領帶一行，憑的是信心。但自信心不是盲目的，一是香港西裝熱逐漸升溫，二是我在泰國學過做領帶，三是我對外國名牌領帶的優點和本港領帶的缺點已經看得很明白——外國名牌款式最趨時，選料精良，做工精細，但價格高；本港領帶價廉，但品質差。我完全可以將二者結合起來，做出又好又便宜的宜於港人消費的領帶來。」

「當時，我採取的第一步就是買來一些名牌領帶進行研究；第二步就是買進外國款式質地最好的料子，自己動手精工製作。做好後，我將自己精心製作的領帶與外國名牌領帶放在一起，送給一家百貨公司的領帶採購經理，他竟然分不出。就這樣，我的產品由我背在肩上沿街推銷，進而擠上了百貨公司的貨架。」

有了自信心之後，要創立名牌產品，還必須有成功的廣告宣傳。金利來公司作了成功的產品促銷宣傳，一時間，「金利來，男人的世界」廣告詞家喻戶曉，訂單雪片般飛來。金利來聲譽鵲起，家庭作坊變成了領帶工業。但是，金利來是吹出來的，又不是吹出來的，曾憲梓深為贊同此種說法。他說：「產品的廣告要是不真實，就會立刻失去顧客。優良的品質，是名牌產品的根本保證。一種商品如果品質不過關或不穩定，不管你花多高的廣告費也不會暢銷。顧客是最好的把關員，也就是國內講的：顧客就是上帝。你的產品品質好，它可以捧你；你的品質差，它同樣可以毀你。金利來的品質保證，是二十多年來長盛不衰的一個關鍵。曾經有個國際集團公司提出要重金收購金利來這個牌子，他們的根據就是金利來沒有哪一年下跌過，哪怕是在經濟衰退時期。」

名牌可以創造，但以品質爲勝，這就是金利來的創業史告訴我們的。仍以金利來爲例，曾憲梓回憶說：

一九七三年，由於股災原因，香港消費力大跌，百貨公司因市道不佳而減少進貨量。金利來以另一種方式乘虛而入，以分賬方式向各大公司租借櫃檯，自己派專人在櫃檯推銷自己的產品。這個方式很成功。有趣的是，由於市場不景氣，一些產品紛紛採取降價的辦法擴大銷路，金利來卻反其道而行之：一方面，是不降價，堅定自己同時也堅定顧客對金利來的信心，那就是金利來的產品是貨真價實的；另一方面，金利來非但不像其他牌子減少入貨，反而以更多更齊全更新的花色品種大量投放市場，讓顧客有更多的挑選機會。

正是這種敢想敢幹的精神和魄力，再加上正確的策略，才使金利來衝過重重困難，成就了勝利的輝煌。

美國有一位名叫喬治．赫伯特的推銷員，成功地將一把斧頭推銷給了當時的總統小布希。布魯金斯學會得知這一消息後，把刻有「最偉大推銷員」的一隻金靴子獎給了他。這是自一九七五年該學會一名學員成功地把一台微型答錄機賣給尼克森以來，又一名學員獲此殊榮。

布魯金斯學會創建於一九二七年，以培養世界上最傑出的推銷員著稱於世。它有一個傳統，就是在每期學員畢業時，設計一道最能體現推銷員能力的實習題，讓學生去完成。

柯林頓當政期間，他們出了這麼一個題目：請把一條三角褲推銷給現任總統。八年間，有無數個學員為此絞盡腦汁，可是，最後都無功而返。柯林頓卸任後，布魯金斯學會把題目換成：請將一把斧子推銷給小布希總統。

鑒於前八年的失敗與教訓，許多學員都知難而退。個別學員甚至認為，這道畢業實習題仍然會毫無結果，因為現在的總統什麼都不缺。再說即使缺什麼，也用不著他親自購買。再退一步說，即使他親自購買，也不一定正趕上你去推銷的時候。

然而，喬治．赫伯特卻做到了，並且沒有花多少工夫。一位記者在採訪他的時候。他是這樣說的：「我認為，將一把斧子推銷給小布希總統是完全有可能的。因為他在德克薩斯州有一座農場，裏面長著許多樹。於是我給他寫了一封信，我說，有一次，我有幸參觀您的農場，發現裏面長著許多樹，有些已經死掉，體質已變得鬆軟。我想，您一定需要一把小斧頭，但是從您現在的體質來看，這種小斧頭顯然太輕，因此您仍然需要一把不甚鋒利的老斧頭。現在我這兒正好有一把這樣的斧頭，它是我的祖父留給我的，很適合砍伐枯樹。假如您有興趣的話，請按這封信所留的信箱，給予回覆……最後他就給我匯來了十五美元。」

喬治．赫伯特成功後，布魯金斯學會在表彰他的時候這樣說：金靴子獎已經空置了二十六年。二十六年間，布魯金斯學會培養了數以萬計的推銷員，造就了數以百計的百萬富翁，這隻金靴子之所以沒有授予他們，是因為我們一直想尋找這麼一個人，這個人不因有人說某一目標不能實現而放棄，不因某件事情難以辦到而失去自信。

世界上有許多偉大的成功者都屬於那種敢想、敢做、敢接受失敗的人，而那些所謂智力超群、才華橫溢的人卻因瞻前顧後、不知取捨而終無所獲。我們常聽說天才、運氣、機會、智慧是成功的關鍵因素，但更多的人失敗是因爲缺乏敢想的勇氣，缺少敢做的能力，沒有敢接受失敗的決心。

沒有什麼是不可能的

膽商高的人心中只有一個念頭，那就是「沒有什麼是不可能的」。只有那些不畏懼失敗的人，才會走向成功，走向勝利。

傑克．韋爾奇曾說過：「只要我們敢於朝著那些看似不可能的目標不懈努力，最終往往會如願以償。哪怕我們最後沒有實現這一目標，我們也會發現，最終的結果肯定遠遠比我們預想的要好很多。」韋爾奇有一個習慣，當下屬向他彙報下一年度工作指標的時候，他會告訴對方：「把你的目標乘以二，然後去做吧！」追求「不可能」的目標，對公司而言是極具深遠意義的，它將促使員工工作更加努力，公司更加卓爾不凡。從福特汽車公司的事例中，就能清楚地看到這點。

當時，亨利．福特為了使汽車具有更好的性能，決定要生產一種有八只汽缸的引擎。這在當時幾乎是不可能的，但是，亨利．福特卻決心要工程師們實現這個「不可能」的目標。

不管設計師們以怎樣的理由反對，亨利．福特都堅持：「無論如何也要生產這種引擎。去做，直到你們成功為止，不管需要多長時間。」在這一不可能的目標的激勵下，全體員工只能將全部智慧和精力投入到了八缸引擎的研發中去。

一年過去了，工程師告訴福特：「還有很多關鍵的問題沒有解決。」福特仍然堅持：「繼續去做，我們一定要製造出這種引擎，這是我們的目標。」最終，工程師們找到了訣竅，成功地製造出了八缸引擎。不僅如此，員工們在這種不斷追求高目標的過程中，還形成了一種不斷進取、克服困難的精神。

正如摩托羅拉創始人高爾文所說：「有時我們必須憑信念來採取行動，這種信念就是，一些重要的事情雖然不可證實，卻可以做到。」想要成爲一名成功者，永遠也不要消極地認定什麼事情是不可能的，首先你要認爲你能，再去嘗試，最後你就發現你確實能。

所謂「不可能」，對那些擁有堅定的意志和強大的信心的人來說，其實就是「可能」。人類生存中有一項不可否認的事實：只要是人類可以正當追求的，都有可能獲得成功。羅馬皇帝馬卡斯．奧里歐斯的看法更加有力：「不要認爲你覺得困難的事，對別人來說就是不可能。你應當這樣想，如果有件事是別人應當獲得，而且有可能成功的，那就應該把它認爲是你也可以得到。」

因此，對「不可能」這個詞，應採取一個新看法，且是更有力的新看法。成爲一位專家，專門從事完全不可能的工作，並且保持積極的思考，這是人生最有意義的事。當然，我們並不能徹底消除生活中的煩惱、挫折和抱怨。因爲煩惱、挫折、抱怨都是生活的一部分，但我們可以控制它，切不可縱容它，否則，它將會變成生活的全部。

神聖的殿堂上，一位年近六旬的美國教授站在台上，正熱情地講述著自己的故事。這是一個曾經因為一場意外做過三十六次手術，最終還是失去雙臂的勵志故事。因為有共鳴，台下的人們幾度潸然淚下。他的一句「沒有什麼不可能」，更讓人們銘記於心。

他說，當他被送往醫院搶救時，醫生說此人已不可能救活了，並通知他的家人來辦理後事，不過他還是靠著自己的意識從死神手中拉回了自己的生命。一次次的手術讓他忍受痛苦，他有幾次幾乎要放棄自己的生命，但他不甘心生命就這樣被奪走，最終他戰勝自己了，戰勝了死神，讓自己的生命有了延續。

儘管他撿回了一條命，但是卻失去了雙臂，醫生給他裝了機械手，他變得像個機械人一樣。他開始有些自卑，不敢交朋友，因為別人要跟他握手時，都用詫異的眼神看著他。他跟他的家人說，他不可能交到朋友了。不過他的家人卻跟他說，你要主動伸出手。他說到這時，從台上走下，站到一位男士面前，伸出了他的左手。男士連忙伸出了自己的手握住了它。在鬆開手時，他投給男士一個友善的微笑，並說謝謝。台下響起了熱烈的鼓掌聲。

他說：「就是這樣，當你主動、熱情地對待別人時，別人也會熱心地回應你，不會因為你的特別而嘲笑你。這是一種信心，一種信念。信念是最重要的，有信念就有克服困難的決心和勇氣，也只有這樣，才能讓一切不可能變成可能。」

這位老人講述自己到了已婚的年齡時，看著朋友出雙入對，此時的他也渴望有愛情，但他卻覺得丘比特之箭不可能射向他。在他失望之時，卻未曾想到，愛神卻眷顧了他，送來了一位美麗的妻子。他的妻子站起來向觀眾示意時，得到了全場的掌聲。他說，沒有什麼不可能，所以絕不要輕言放棄。

沒有什麼不可能！「不可能」只是常規，是懶人畏難的托詞，是庸人失去自信的結論，想要征服世界請先將自己戰勝；沒有什麼不可能，機遇與挑戰並存，你需要的是自信、忍耐和恒心，滴水可穿石，鐵杵能成針；沒有什麼不可能，歷史告訴今天，時間就是明證，失敗和成功只有一步之遙，要知道「一切皆有可能」。

敢闖，但絕對不要亂闖

我們每個人都渴望成功，但並不是每個人都敢於闖蕩，因爲闖蕩會冒風險，很多人怕承擔風險，所以不敢闖蕩，最後與成功失之交臂。只有敢闖的人，才會最終走向成功。

有人曾對許多的成功人士，包括奧運會金牌得主、企業大亨、政界大腕、影視明星等，甚至還有走向太空的人，作過多年的調查研究，並得出結論：成功的關鍵是要有成功的膽量，敢闖是成功的第一步。研究者還指出，在成功者和其他人之間有一條明顯的界限，不妨稱其爲成功的邊緣。這個邊緣不是特殊環境或是智商差異的結果，也並非教育優劣或天賦有無的產物，也不是靠什麼天時地利來成就。跨越邊緣的關鍵是敢闖的態度。

網路上報紙上刊登有很多勇於闖蕩的成功故事，薛海強就是其中一例。

一九九八年，薛海強隻身一人從老家出來闖蕩。如今，十多年過去了，他終於有了一份自己的事業。他說，如果當初不敢出來闖，他現在也許還在別人的工廠裏打工呢。

一九九二年，初中畢業後的薛海強在老家浙江台州的一家企業裏打工。每到過年過節，看到自己身邊的朋友都在外地做生意，自己也沉不住氣了。當時，他有個朋友在蕪湖做建材生意，朋友告訴他，宣城開了個建材市場，應該很有前途。在這位朋友的引導下，薛海強辭去了廠裏的工作，懷揣著十七萬塊錢，第一次來到宣城建材市場，在那裏租了個門面賣建材，經營品種主要有衛生潔具、陶瓷、水暖器材等，東西多，品牌雜。當時經常有許多寧國的顧客到他的店裏去買東西，而且寧國人買東西都選最好的東西買，而且很乾脆。當時他想，寧國這個地方的生意一定很好做。於是，他幾次來到寧國，作了一番市場調查，果不其然，寧國雖然是一個縣級市，但消費水準卻一點也不低，而且寧國人熱情豪爽，不排外，他認為，在寧國開店應該比宣城更好。

二〇〇〇年七月，薛海強關掉了在宣城的店鋪，來到寧國，他先在北園路租了四間門面房。剛到寧國時，由於人生地不熟的，加上自己又年輕，缺乏理財經驗，前幾年幾乎沒有賺到錢。好在他的心態好，他說，出門就是準備吃點虧。所以不管遇到什麼困難，他都能坦然面對。

薛海強成功了，他的成功不僅是因為他有著敏銳的商業眼光，更是因為他有一股敢闖敢做的精神。十年前來寧國闖蕩的薛海強，如今已經在寧國成家立業。不難想像，就憑著他那股闖勁與眼光，他的事業一定會更加輝煌。

敢闖敢幹是一個良好的品質，但是絕不能魯莽。那麼，該怎樣區別敢闖敢幹與魯莽的界限呢？

有這樣的一個比喻：一個人要進一個山洞裏面取一塊金磚，如果那山洞裏面全是野狗，就可以搏一搏；如果那山洞裏面全是老虎，要是再進去的話，就是魯莽了；如果那山洞裏雖然沒有任何動物，但也沒有金磚，要是再進去的話，就是亂闖。所以要想獲得成功和更大發展一定要分清敢闖敢幹與魯莽亂闖的關係，要區分清楚什麼是勇敢，什麼是無知。

無知地冒進，也就是亂闖，只會使事情變得更糟，無知的行爲將變得毫無意義，只能惹人恥笑。比如挖金子，窮人沒有那麼多的財富，只有一把鋤頭，就想東挖西挖，一鋤挖個金娃娃。絕大多數的情況是沒有挖到，窮人還是窮人。少數的人挖到了，也不見得就此富起來。富人自己是不需要鋤頭的。如果他想得到金娃娃，一定要組織專家勘察，找到金礦，把情況弄清楚，把開發的手續辦妥，把保衛的人員找夠，再組織有技術的人去挖，去淘，去煉，靠科學的方法，井然有序地幹。而最終如果有收穫，也不是一個兩個金娃娃，而是穩定的、源源不斷的金子。

商人魯冠球說：「一個企業的成功是很難找到規律的。許多時候它都與機遇有關。但失敗是有規律的，那就是超越了自己的能力。」

要在自己能力範圍之內吃螃蟹，好比甕中捉鼈。這樣的人，既有膽識、有眼光，又很穩妥，哪有不成功的道理？

敢闖，但絕對不要亂闖，這是一個很簡單的道理。經商的人應該以自身知識與經驗為後盾，憑著高屋建瓴的遠見卓識、果敢無畏的冒險精神，當機立斷地作出決策並付諸實施。

輸得起，才不怕失敗

一位智者曾說：「失敗其實並不可怕，可怕的是沒有敢於面對失敗的勇氣。」失敗這件事，有時要用長遠的角度來看待，一個人的一生中，一定會有很多的挫敗，而「輸不起」才是人生最大的失敗。

人生就猶如戰場。我們都知道，戰場上的勝利不在於一城一池的得失，而在於誰是最後的勝利者。人生也是如此，成功的人不應只著眼於一兩次成敗，而是應該不斷地朝著成功的目標邁進。當然，一兩次的失敗確實可能使你血本無歸，甚至負債累累。但最要緊的是，你不應該洩氣，而是應該從中吸取教訓，用美國股票大亨賀希哈的話講：「不要問我能贏多少，而是問我能輸得起多少。」只有輸得起的人，才能不怕失敗。

在一次別開生面的招聘會上，楊倩以絕對的實力接連闖過了五關，但招聘總共有六關需要通過，楊倩不知最後一關會是什麼，只好在一旁猜測著。另外一位和楊倩一起通過「初試」的應聘者，是某名牌大學畢業的看上去並不起眼的女孩兒，她相對來說要遜色一點，因為她有兩關是勉強通過的。

此時，她倆都在等待著那第六關考題的公佈，這將是對她們的一次宣判，因為兩人當中只能選一個。從眼前的形勢看，楊倩的當選是毫無疑問的了。大家都向楊倩投去讚賞的目光。

主持者在片刻有些令人窒息的「冷場」之後開始宣佈：楊倩被錄取，那個名牌大學的女孩兒得另謀高就。話音剛落，楊倩興奮地跳起來，抑制不住心中的激動之情，帶頭為自己鼓掌。

這時，那個女孩兒不卑不亢地起身微笑著說：「哦，正可謂人各有志，不可強求。選擇人才是擇優錄取，更何況每個單位都有它用人的標準和尺度，每個人都想找到也會找到自己適合的位置。好了，再見。」

「小姐請留步！」主持者面帶欣喜地起身走向女孩兒，「小姐，你被錄取了。」接著，主持者向大家鄭重宣佈：「成功與失敗本是兩個相互依存的概念，是相對而存在的，應該是平等的，如果把任何一方看得過輕，這個天平就要失衡。在這個世上生存或是發展，我們不只羨慕成功者的輝煌，而更看重能鎮定自若面對失敗的人。因為，每一個成功實際上是以許多人的失敗為起點的，連在起點上都堅持不住的人，何談以後的漫漫長途呢！」全場響起熱烈的掌聲。

此時，包括楊倩在內全場的人，終於揭開了第六關的謎底……

一般人以得不到什麼而痛苦，從容者卻以得不到什麼而開心，因爲從容者所想到的是得不到的好處那一面。一般人卻絕對不會也不願這麼想，所以他們只因爲失敗而痛苦，卻不會因爲未得到而開心。

很少人能看到失敗的好處，不會欣賞失敗、享受失敗，不會在一敗塗地的時候躺在地上，細聞泥土和草根的清香。很少人知道，在比賽結束後勝利者往往有兩個，那就是勝利者和躺在地上吹口哨的失敗者；在沒有比賽的情形下，一個快樂的失敗者，本身就是另一個勝利者。人間的許多情境，均可作如是觀。

「失敗將臨時，最好你已經老得足夠從中真正學到教訓，但也最好足夠年輕，讓你還能振作精神，拍拍灰塵，重新出發。有些父母擔心子女可能會失敗，我則擔心我的孩子到三十幾歲還不曾失敗過。如果不趕快的話，想要從中學到什麼，對他們而言實在太晚了。如果沒有在二十幾歲時從小規模失敗的經驗中所學的教訓，就不可能有日後成年時大規模的勝利。」這是當今全球最大的報紙之一《今日美國》創辦人艾爾・努哈斯自傳中的一段話。如果一個人只知道成功，而不知道失敗，是永遠也不會成功的。

生物學家說，飛蛾在由蛹變繭時，翅膀萎縮，十分柔軟；在破繭而出時，必須要經過一番痛苦的掙扎，身體中的體液才能流到翅膀上去，翅膀才能充實有力，才能支持牠在空中飛翔。「不經歷風雨，怎能見彩虹」，任何一種成功的獲得都要經由艱苦的磨煉，「寶劍鋒從磨礪出，梅花香自苦寒來」。任何投機取巧或妄圖減少奮鬥而達到目的的做法都是見識短淺的行為。

生活中真正的強者，是那些能夠勇敢地面對失敗和從失敗中汲取教訓、捲土重來的人。其實失敗並不可怕，現實中的成功人士往往能夠從容面對失敗；如果有了敢於承擔失敗的勇氣，也就戰勝了自己。

像「狼」一樣，敢於放手一搏

無論面對的對手有多強大，無論前方的路有多困難，既然已經站在了這個賽場上，就要拿出拚搏的精神，即便是失敗也要與對手拚搏一回，這就是狼的無所畏懼的強者精神。面對強敵，只有放手一搏，才有可能得到最理想的結果，而膽商高的人正是具備了這一點。

居里夫人曾說過：「在成名的道路上，流的不是汗水而是鮮血，他們的名字不是用筆而是用生命寫成的。」在人的一生當中，許多時候都需要獨自去面對一些事情，那麼在這個時候你就需要讓自己充滿敢於拚搏的勇氣。要知道，過程遠比結果重要，人生需要體驗，在體驗中尋找存在的價值以及人生的意義，在過程中獲得經驗，獲得感悟。

著名的地理學家徐霞客通過他自身的不斷努力與實踐，最後終於寫下了驚人的《徐霞客遊記》這一著作；偉大的醫學家李時珍用了廿七年的時間才完成了舉世聞名的醫學著作《本草綱目》。可見短短的一生，如果我們不拚搏一回，只會令自己終生遺憾！當然，拚搏的可貴之處還體現在為了一個明確的目標迎難而上的勇氣，跌倒了爬起來，屢敗屢戰，不達目的絕不甘休。我們需要的就是這樣一種精神。

馮根生是胡慶餘堂的一名關門弟子。在一九四九年二月，當十四歲的馮根生走進河坊街大牆後的胡慶餘堂的時候，他根本就不會想到歷史會賦予他那麼多的使命，而在這些使命當中就有傳統中藥的復興。

徒工的生活是極其艱苦的。每天天未亮，他就要開始背藥名、藥性；學製膠，剔皮要剔得肉不留一絲、皮不損一刀；半夜一點，開始在一字排開的二十只炭爐前煎藥，在兩年間，他就煎了十五萬帖藥。艱苦的學徒生活造就了這個胡慶餘堂關門弟子吃苦耐勞、勇於拚搏的精神，同時也給予了他成為大展宏圖的一代「掌門人」的底氣。

在一九七二年這一年裏，胡慶餘堂被改造為杭州中藥廠，市裏決定將其附設在桃源嶺的煎膠工廠分離出來，組建中藥二廠，車間主任馮根生臨危受命。在破敗如同古老作坊的廠房裏，馮根生立下了自己的誓言：一定要把被人看不起的「國藥」發揚光大。十年時間，他使中藥二廠成為全國第一流的中藥廠。

馮根生大膽創新，突破了傳統的製藥方法。他大膽地挑戰中成藥的丸、散、膏、丹傳統劑型和傳統生產工藝，為中藥二廠找到了生存的空間。當眾多的廠家還在生產感冒藥、氣管炎藥的時候，馮根生卻選擇了一個獨特的領域——抗衰老保健品，作為產品的主攻方向。參照古方所研製的「青春寶」，為中藥二廠帶來了蒸蒸日上的大好局面。

一九八二年，馮根生終於圓了多年以來的一個夢想，蓋起了嶄新的廠房，引進了最先進的中藥製造設備。從這之後，馮根生帶領著「青春寶」實現了中藥劑型的革命性突破——成功開發出了「參麥注射液」針劑，讓古老的中藥和西藥一樣，可以進行靜脈滴注，為中藥產品的現代化生產鋪平了道路。

馮根生的拚搏精神，在他時不時地要當一回「出頭鳥」的行動當中充分地體現了出來。在每一次企業發展面臨緊要關頭的時候，他都用改革的形式為企業尋找到了新的生機，用甘當「出頭鳥」的勇氣與膽識為企業爭取到了新一輪的發展空間。

在二十世紀八〇年代，馮根生已經清楚地意識到「鐵交椅」、「鐵飯碗」實在是國有企業發展的「絆腳石」。在一九八四年，全國還沒實行廠長負責制以前，馮根生就率先地試行了幹部聘任制，全廠員工實行合同制。當時的規定是這樣的：每個員工與廠方簽訂兩年合同，若不合格黃牌警告，只能發百分之七十的工資，若不行就辭退。有人質問馮根生：「你這樣做有政策依據嗎？」馮根生答道：「沒有，就是覺得不這樣改革，企業實在沒法發展下去！」也就是如此，馮根生跨出了國有企業改革的第一步。

從傳統中藥的傳人到現代中藥事業的領軍人物，馮根生身上折射出了一個成功企業家所必備的無時不在的創新意識，還有永遠不可或缺的無畏拚搏精神。沒有拚搏，也根本就沒有如「常青樹」一般的馮根生。

在動物的生存世界中，爲了生存領地，爲了爭奪食物，狼會勇敢地發起進攻，即使這隻動物比牠強大得多，也毫不畏懼直至把對手咬死。對於狼而言，在這個世界上沒有一個地方能夠讓牠們感到恐懼與害怕，牠們不會將任何事物視作理所當然，而會勇往直前，盡力而爲。毫無畏懼是狼性本色，這就是牠能戰勝一切事物的原因。我們能從狼的身上學到很多東西，尤其是勇往直前、放手一搏的無畏。面對越來越殘酷的競爭壓力，你只有放下包袱，放手去拚，才能獲得成功，成爲最後的勝者。

2 敢冒風險

——不入虎穴難擒虎，無限風光在險峰

敢於冒險！可以說，生命就是一次探險，如果不能主動迎接風險的挑戰，便只能被動地等待風險的降臨。唯有帶著沉重的風險意識，敢於懷疑和打破以往的秩序，通過冒險而取得勝利，才能享受到人生的最大喜悅。

敢於冒險才能定乾坤

在我們的人生路上，總會面臨無數的選擇，在每一個決定人生去向的轉捩點上，也都存在著很大的風險。雖然眼前可能有幾條路，但選擇哪一條都是一種冒險、一種嘗試。只有走出去，才會有收穫，才會進步。

生意場上，一個敢冒風險、敢面對重大損失的人，常會被人們視爲不懂「安全」的人，而帶著「安全帽」做生意，卻常常做不成大生意，這一點在商場上經過風雨的人都深深懂得。其實，親自投身到生意場上，就會發現，越是依賴安全的人就越能避免冒險，而事實上避免冒險也就意味著錯過一次次發財的機會。因爲機會的代價常常便是冒險，而每一個人也不可能一面憎恨冒險，一面又熱愛自由。

有人認爲，進步的主要因素便是冒險，做人必須學會正視冒險的正面意義，並把它視爲取得成功的重要一步。如果一個人不願冒險嘗試停留在自己面前一閃即逝的機會，那麼他永遠只能拾到他人遺下的殘羹。過度謹慎與粗心大意、漫不經心同樣糟糕。因爲，人做生意就離不開機會，過度謹慎就會失去機會，就會成爲「安全賺錢」而實際上賺不到錢的人。

冒險是表現在人身上的一種勇氣和魄力，險中有夷，危中有利，倘若要創立驚人的戰績，就應敢於冒險。不冒險，怎麼會有機會？如果冒險了十次，六次成功，四次失敗，你還是成功的。一個介紹世界經營人才故事的報紙欄位中報導過這樣一個故事：

福勒是美國一位貧窮黑人家庭中的孩子，為了在社會上生存，他決定把經商作為生財的一條捷徑，最後選定經營肥皂。首先，他採取自銷的方法，挨家挨戶推銷肥皂達十二年之久。後來，他獲悉供應他肥皂的那家公司即將被拍賣，售價是十五萬美元，他決定買下這家公司。但他在經營肥皂的十二年中一點一滴地只積蓄了二點五萬美元。最後，福勒與那家公司達成了協定：他先交二點五萬美元的保證金，然後在十天的限期內付清剩下的十二點五萬美元。如果他不能在十天之內籌齊這筆款子，就會喪失所交付的保證金，也就是說他將傾家蕩產。

福勒為了籌集資金，首先想到他在推銷肥皂的十二年裏，獲得了許多商人的尊敬和讚賞，於是他去找他們幫忙。他從私交的朋友那裏借了一筆款子，也從信貸公司和投資集團那裏得到了援助。然而在第十天的前夜，福勒只籌集了十一點五萬美元，也就是說，還差一萬美元。福勒回憶說：「當時我已用盡了我所知道的一切貸款來源。那時已是沉沉深夜，我在幽暗的房間裏自言自語：我要驅車走遍第六十一號大街。」

夜裏十一點鐘，福勒驅車沿六十一號大街駛去。駛過幾個街區後，他看見一所承包商事務所亮著燈，他走了進去。在那裏，坐著一個因深夜工作而疲乏不堪的人。福勒意識到自己必須勇敢些。

「你想賺一千美元嗎？」福勒直截了當地問道。這句話把那位承包商嚇得向後退去。「是呀！當然嘍！」他答道。「那麼，給我開一張一萬美元的支票。當我奉還這筆借款時，我將另付一千美元的利息。」福勒對那個人說。他把其他借款給他的人的名單給這位承包商看，並且詳細地介紹了這次商業冒險的情況。福勒離開這個事務所時，口袋裏已籌夠了這筆款子。冒險精神使福勒不僅沒有傾家蕩產，而且生意日漸興隆，漸漸發展成為擁有七家公司和一家飯館主要股份的富翁。

福勒由一個窮人發展成爲富翁的故事，啓迪著急於在市場上求利獲勝的人們：機遇來臨時要敢冒風險，不要因不願承擔風險而失去機會。

生活中，任何領域的一流高手，都是憑藉勇敢地面對新事物，冒險犯難，最終出人頭地的。處處小心謹慎，則難以有成，沒有冒險的精神，夢想永遠只能是夢想，這似乎是一條不成文的規矩。這就說明，一個人應該敢於冒險，只有發揮勇於冒險的精神，你才能比你預想的做得更多更好！

冒險是一切成功的前提

真正的成功者，無不具有冒險與拚搏的精神。他們的生活總是充滿了戰鬥。他們通常認爲過於平靜的死水看一會兒就會使人厭煩。而大海之所以好看，就在於它的洶湧澎湃，濤聲怒吼；山泉之所以好看，就在於它的變化萬千，一會兒急流，一會兒緩行，它們是那樣的千姿百態，五彩繽紛，這正是它們令人神往的原因所在。同樣，生命也因一次一次的冒險而日益精彩。

在我們喝著可口可樂的時候，是否知道，這個巨大的飲料帝國的財富和影響力，是由一個名叫阿薩·坎德勒的年輕店員以一個偶然冒險的觀念而最終得來的呢？

那是很久以前的事了。一次，一位年邁的鄉下醫師來到美國某個鎮上，在他拴好了馬後，便悄悄從藥房的後門進入裏面，開始與一位年輕的店員談生意。在配方櫃檯的後面，這位老醫師與那位年輕店員低聲談了一個多小時，然後走了出去，到他的馬車上取出一隻老式的大壺及一把木質的板子（用來在壺裏攪拌的），把它們放在藥店後面。就這樣，他們達成了這次交易。這個年輕店員檢查了大壺之後，便從自己的內衣袋中取出一卷鈔票，遞給醫師，整整是五百美元。在那個年代，這並不是一個小數目，而且是年輕店員的全部積蓄。

老醫師收好錢以後，又遞過一小卷紙，並在上面寫了什麼。紙卷上的公式和文字，現在看來其應價值連城，那上面記載的便是如何燒開這舊壺裏液體的方法，而這也是最初可口可樂的製作方法。可是當時的醫師和店員，誰都不知道從壺裏流出來的，將是令人難以相信的財富。

但是，對於老醫師來說，也許他會很高興自己的那一件物品賣了五百美元；而對於年輕店員而言，他則冒了很大的危險，他把畢生的儲蓄都花在這一小卷紙和一隻舊壺上了。

當年輕店員把一種新成分與秘密公式的配方混合以後，他迅速擁有了與陸軍同樣多的職員，他的影響波及世界各地，他就是阿薩．坎德勒——可口可樂公司的創始人。

成功的人往往敢於冒險，冒天下之大不韙，從而完成他人無法成就之事。阿薩．坎德勒便體現了這一點。

在生活中，我們常常會捨近求遠，到別處去尋找自己身邊就已經存在的東西。其實，機遇往往就在你的身邊。也許，這個時候更適合考察一個人是不是有一點冒險精神。

生活中有許多人認爲自己貧窮，實際上他們有許多機會可以改變貧窮的現狀，只是這些機會都需要他們在看似不可能中，用比鑽石更珍貴的能力去發掘。

幾乎每個美國人都知道這樣一個故事：

一個年輕人名叫摩根，由於工作原因，他被派往古巴採購海鮮貨物。在返回的途中，貨船在新奧爾良碼頭作了短暫的停留。因為閑來無事，摩根便在碼頭上閒逛了起來。

突然，一位陌生人從他後面叫住了他，並問他是否有興趣購買一船咖啡。一向對任何事都感興趣的摩根，就跟他交談起來。從談話中得知，原來此人是巴西人，他是一艘貨船的船長，正在為一個美國商人運送一船咖啡。可是，貨到了，而收貨人卻破產了，因此無法接收，他只好就地賤賣拋售。

摩根聽了船長的介紹後，便看了咖啡樣品，覺得咖啡的成色和品質都還不錯，於是果斷地決定全部買下。

要知道，對一位普通的職員來說，作出這樣的決定需要冒極大的風險。原因是：第一，摩根初出茅廬，還沒有商業實踐經驗，萬一判斷失誤怎麼辦？第二，摩根還沒有找到合適的買家，萬一這批貨賣不出去，後果不堪設想。第三，此事還未經過公司批准，萬一上面怪罪下來怎麼辦？

但是，摩根憑著自己的直覺，還是果敢地買下了這批咖啡，然後用電報通知公司。他很快接到公司的回電：趕快退貨。這樣，摩根陷入進退兩難之境。但是，他相信自己的直覺判斷沒錯，並沒有畏懼退縮。於是，他決定向自己的父親求援。他的父親也是一個冒險家，對兒子的行為十分讚賞，當即決定投資。受到父親的支持，摩根索性放開手腳大幹一場，把碼頭上其他幾條船上的咖啡也以很便宜的價格買了下來。

應該說，摩根的眼光還是很準的。沒多久，巴西咖啡因為受到寒潮侵襲而產量驟減，市場供應量猛然少了許多。物以稀為貴，咖啡的價格一下子漲了好幾倍！

於是，摩根由此大賺特賺，他取得了第一筆巨額的風險收益。此後，摩根便創辦了自己的公司，並進行了一次又一次大膽的風險投資，並且幾乎每次都是大獲其利，並最終成為左右美國經濟達半世紀之久的金融巨擘！

摩根這種敢於冒險的作風，在大學的案例教學中被視爲經典。從這個案例中，我們得到的啓迪是：當機會到來時，切不可優柔寡斷，左顧右盼。一定要主動出擊，奮力一搏。

在風險面前止步不前，你將失去所有的機會，成爲必然的落伍者。害怕風險所導致的失敗風險比奮勇一搏所帶來的風險更高一倍。所以，一個人若想創出一番大事業，獲得真正意義上的成功，就不能只有幻想，只有等待，而必須奮鬥、拚搏、冒險。只要你看準了，你認爲它可以改變你的現狀，可以使你過上更好的生活，就大膽地去幹吧！因爲冒險是一切成功的前提。

禁區就是用來闖的

想發家致富又怕擔風險，往往就會在關鍵時刻失去發家的良機，因爲風險總是和機遇聯繫在一起。從某種意義上說，敢於闖禁區的人，取得成功的機會就越大；人們闖禁區有多少次，把握機遇的可能就有多少次。從平凡人走向富翁需要的是把握機遇，而機遇平等地送到大家面前時，有勇氣和膽略者才能抓住它，走向成功。

在一家效益不錯的公司裏，總經理叮囑全體員工：「誰也不要走進八樓那個沒掛門牌的房間。」但他沒解釋為什麼，員工都牢牢記住了總經理的叮囑。

一個月之後，公司又招聘了一批員工，總經理對新員工們又交代了一次之前的叮囑。

「為什麼？」這時有個年輕人小聲嘀咕了一句。

「不為什麼。」總經理滿臉嚴肅地答道。

回到崗位上，年輕人還在不解地思考著總經理的叮囑，其他人便勸他幹好自己的工作，別瞎操心，聽總經理的，沒錯，但年輕人卻偏要走進那個房間看看。

他輕輕地叩門，沒有反應，再輕輕一推，虛掩的門開了，只見裏面放著一張紙牌，上面用紅筆寫著：把紙牌送給總經理。

這時，聞知年輕人闖入那個房間的人開始為他擔憂，勸他趕緊把紙牌放回去，大家替他保密，但年輕人卻直奔十五樓的總經理辦公室。

當他將那個紙牌交到總經理手中時，總經理宣佈了一項驚人的決定：「從現在起，你被任命為銷售部經理。」

「就因為我把這個紙牌拿來了？」

「沒錯，我已經等了快半年了，相信你一定能勝任這份工作。」總經理充滿自信地說。

果然年輕人把銷售部的工作搞得紅紅火火。

勇於走進某些禁區，你會採摘到豐碩的果實。打破條條框框的束縛，敢爲天下先的精神正是開拓者的風貌。如果你只是想平平庸庸、蠅營狗苟地生活，那麼，你可以維持現狀，也用不著有多麼大的自信，但是如果你想成功做人，圓滿做事，想幹出一番事業，你就得敢去冒險，拿出自信心去拚，這樣才有可能把握住出人頭地的機遇。

沒有什麼比自己當總經理更好的工作了，不需要看別人臉色，利潤永遠最大化，但你看到這把交椅背後必須承受的風險了嗎？若有志於在商業上有所成就，實現自己的人生價值，就必須敢闖禁區。闖禁區給人帶來眾多成功機遇的同時，也伴之而來眾多失敗的可能，而且失敗遠遠大於成功。

儘管有很多人因爲風險而一蹶不振，但是風險和利潤往往成正比。所以有人崇拜也有人畏懼。風險越大，競爭越小，利潤就越大，成功的機會就越大。許多成功的商人甚至把闖禁區當作致富的必要條件。闖禁區就是抓住機遇，生意和人生的成功，常常屬於那些敢於闖禁區、抓住時機的人。但敢闖禁區與孤注一擲還是有區別的，如果兩者混爲一談，敢闖禁區就會成爲魯莽，那將失去你所有的東西，包括東山再起的資本和信心。

越有風險的地方越有蜂蜜

商場從來就不是平靜的港口，那些不敢冒險、不善於冒險的人，是上天給了他們成爲富翁的機會，但是他們沒有把握住，這也是他們缺乏商業素質的表現。

史玉柱不是一個喜熱鬧的人，但是在對產業或者說市場的選擇上，顯然他並非如此。他往往是選擇最熱鬧的行業，然後在這樣的行業裏開啟創造性的發展，最後製造一個新的傳奇。

二〇〇五年年底的時候，史玉柱挺進遊戲市場，並最終給自己的這款遊戲命名為《征途》。這是一個意味深長的名字。《征途》遊戲的升級過程，實際是一個人在江湖的成長過程。剛剛進入遊戲的人，是沒有武器、沒有法術的，甚至是赤身裸體的，他的一切都要用自己的能力去爭取。而這似乎是史玉柱某種經歷的物質化。

在整個IT界都在大呼網路遊戲猛如虎的時候，史玉柱偏向虎山行。關鍵是，這次行動還獲得了巨大的成功。在不占天時、地利、人和的任何一項有利因素的前提下，史玉柱為什麼選擇網路遊戲這個非常不被人看好的市場，而又憑什麼取得成功呢？讓我們把記憶拉到一九九八年，珠海巨人集團遭遇危機之後，山窮水盡的史玉柱找朋友借了五十萬元，開始運作腦白金專案。

當時，史玉柱要「翻身」，他有兩個項目可供選擇，一個是做保健品腦白金，另外一個是他賴以起家的軟體。兩個項目都不錯，史玉柱反覆權衡之後，最後毅然選擇了腦白金。

史玉柱之所以最終選擇運作腦白金項目，主要是考慮到保健品市場的特點是市場大且消費人群也大。事實上，網路遊戲專案也具有這樣的特點。

高利潤，當然也有高風險。史玉柱算了一筆賬，如果做腦白金，最多五年就可以償還之前欠的兩億元債務。保健品在銷售額中總成本占比不大，行業平均是百分之三十出頭，銷售費用也只有百分之二十，剩下的全是白花花的利潤。

史玉柱所選擇進入的每一個行業都有著巨大的市場空間，絕對能覆蓋足夠多的消費者。他絕對不是該行業的最先進入者，反而，這個行業已經有企業形成了一定的規模，甚至進入了疲憊期。這裏的疲憊期是指，這些企業在這個行業都沒有新的花樣可以再玩。從這個角度來說，史玉柱不是一個探索型的人物，但是他一定能在這些看上去已經成熟的行業裏發現行業的破綻，然後發起致命的攻擊，最後取得勝利。史玉柱善於在市場的「灰色地帶」尋找商機，他總是選擇進軍那些口碑很差、波動劇烈的高風險行業，而往往這樣的高風險，也伴隨著高收益。

為什麼史玉柱熱衷於選擇高風險的行業呢？這或許與他從小就膽大的性格不無關係，人們都說性格決定命運，也許史玉柱也不例外。

小時候，史玉柱一天忙忙碌碌，大家都不知道他在忙什麼。直到有一天，爆炸聲傳來，人們才知道他在調製土炸藥。原來，看了科普書裏關於「一硝、二磺、三木炭」的炸藥配方後，史玉柱久久不能忘懷，於是大膽地開始嘗試。從此，史玉柱被冠以一個威風凜凜的外號：史大膽。

也許正是因為從小就膽大，以至於後來在商場上拚殺的時候，他依然是膽子大，敢於做高風險的行業。所以，從市場選擇的角度來說，史玉柱所選擇的《征途》遊戲實際上和他當初選擇腦白金項目的初衷幾乎是一脈相承的。

一位房地產開發商多次投資冒險都以贏利而告終。開發商說，他之所以屢屢得手，主要是他敢於冒險。他在選擇一個投資項目時，如果別人都說可行，這就不是機會——別人都能看見的機會不是機會。他每次選擇的都是別人說不行的項目，只有別人還沒有發現而你卻發現的機會才是黃金機會，儘管這樣做很冒險，但不冒險就不會贏，只要有百分之五十的希望就值得去冒險。

《塔木德》上說：「在別人不敢去的地方，才能找到最美的鑽石。」也就是說，「高風險，意味著高回報」，只有敢於冒險的人，才會贏得人生輝煌。而且，那種面臨風險、謹慎前進的人生體驗可以練就過人的膽識，這更是寶貴的精神財富。

猶太人無疑是這種財富的擁有者：他們憑著過人的膽識，抱著樂觀從容的風險意識知難而進，逆流而上，往往贏得了出人意料的成功。這種身臨逆境、勇於冒險的進取精神是成就「世界第一商人」的重要因素。

對沒有人看好的事情，還沒有人去做的事情，因爲不知道其深淺，失敗的可能性就會很大，所以很多人不願意冒險去做。但是，話又說回來，有時候，不被人看好是種福氣，正因爲沒人看好，大家都沒有殺進來。所以，想成功的人就得明白一個道理：越有風險的地方越有蜂蜜。不敢挺進的人，永遠只會與機會擦肩而過！

試試看，人生或許就會不一樣

美國有一句諺語：「勇氣喜歡跟利益聯姻。」由此可以看出美國人的冒險精神。美國人崇尚「風險越大收益的絕對值也越大」的經濟學原理，在商業經營中喜歡冒險獲取利潤。沒有冒險，巨大的成功來得總是太慢，利潤越高風險越大。大凡成功者都有某種程度的賭性，「不入虎穴，焉得虎子」是他們行動的最佳寫照。

人生是一條直線，由無數個嘗試的點組成。

一隻很小的鳥兒，牠剛剛長出羽毛，那看上去顯得稚嫩的翅膀似乎不堪一擊。牠躲在自己的小窩裏，羨慕地看著在天空中自由飛翔的大雁。牠憧憬蔚藍的天空、金色的陽光以及在微風中飛翔的自由。牠看著自己的翅膀想：我的翅膀太嫩了，我是飛不起來的。

現實生活中，很多渴望成功卻又不付出行動的人，就如同那小鳥一樣：我這個想法絕對可以掙大錢，但以我現在的實力，實現起來很困難，根本就不可能成功。而卓越人士只會這樣看問題：沒有什麼不可能，不管怎麼著我也要試一試。光說不練就是「思維的巨人，行動的矮子」，同時也就選擇了與成功擦肩而過，留下的是終生的遺憾。

在人生或事業中，要想走在別人的前面，就不要等待「境況會發生好轉」或「事物會自我糾正」而讓自己的前景處於模糊的未來之中。美國通用公司前總裁傑克．韋爾奇說：「行動是經商的第一關鍵。」想做什麼就要敢於去做，不能瞻前顧後，畏首畏尾，那樣不會賺到錢。

在商業活動中，會遇到這樣的事：當公司遇到一個機會的時候，優秀的領頭人往往會說：「試試看。」誠然，試試看，並不等於成功在握，但是，不敢試或者不去試卻絕對預示著成功無望。因爲無論多麼可喜的成功，第一步往往踏在「試試看」的跳板上。

郭躍是一位被人們稱為「試試看」的工人出身的副廠長。這位副廠長只有中專學歷，當初在焊工崗位工作，但他不滿足現狀，每天閒暇時總抱著厚厚一本《焊接工藝》深鑽細研。有人對他說：「你肚子裏就那麼點墨水，哪能看得懂啊？」他笑笑說：「試試看。」結婚後，工作、家務事情很多，但他仍然報了電大經濟管理班。有人說：「你那麼忙，能堅持下來嗎？」他笑笑說：「試試看。」後來他取得了大學畢業證……就這樣，他憑自己的努力，從一個普通工人一步步走上了廠領導崗位。

是的，「試試看」往往是一種開始，一種轉機。「試試看」常常是對舊我的揚棄，對未來的宣言；「試試看」每每是戰勝自卑、大膽參與、走向成功的階梯。

事實上，我們中的許多人都有這樣的人生體驗，譬如，你曾勇敢地跨過一條寬闊的壕溝，你曾嘗試著開創了自己的一番事業，或者你曾試著完成一項棘手的工作……可以說，我們正是從「試試看」起步，而後一路風塵，跨越人生的山峰溝壑，來到寬闊的平原的。而弱者往往是膽小謹慎的，這就像一個怪圈，越弱越怕，越怕越弱，直到最後被逼無奈，他才敢邁出一步，嘗試去過新的生活。而這時，很多機會已經被先行的人占去了，他自己的一技之長也在長久的等待中萎縮，要想在激烈的競爭中佔有一席之地，談何容易。

很多人有抓住市場的眼光，也有善於思考的頭腦，但就是邁不出開始的那 步。他們老想著前面的困難有多少，可是，越是猶豫不決，困難看起來越是比實際的多。還有很多出類拔萃的人才好不容易把握住了市場動態，但施行時卻被自己的上層決策者所耽擱，最終讓別人占盡了先機。

作爲一名生意人，沒有足夠的冒險精神，看不到大利益，害怕吃小虧是不行的。一旦你覺得某個目標值得一試，那就要果斷地開始著手，不要優柔寡斷。暫且不要爲那些困難而心存顧慮，這樣你會放不開手腳。想到了就要做，分析出商機就出手，這就像行走於漫漫長路，你要做的不是擔憂前面的路有多漫長，有多坎坷。儘管一步一步走下去就行。只有這樣才能產生挑戰困難的信心和動力。

有些人，想到什麼就去做什麼，儘管經過自身的努力，沒有實現目標，但是，他不會有遺憾。而有些人儘管不時想到一些好點子，但是，他沒有膽量去「試一試」，結果，除了遺憾，什麼也沒有得到。所以，當你感覺有機會的時候，不妨去「試一試」，也許，這一試，就試出了你一生的精彩。

成功只鍾愛敢冒風險的勇士

成功好像一位迷人的倩女，人人都想博得她的青睞，然而，並非個個如願以償。因爲她十分偏心，僅僅鍾愛那敢冒風險、善於競爭的勇士，僅僅把「五彩繡球」拋給那獨闢蹊徑、最終登上巓峰的強者。

> 不久前，上海某大型公司的管理人員，集體接受了一次「管理資質模型測試」。其中有一項模擬測試，是專門測試他們是否具有足夠的冒險精神、決斷力和膽略的。測試設計的情境是內有阻力、外有風險的危機環境，被測試者表現出迥然不同的行為：有的人力排眾議，堅決主張大膽變革；有的人截然相反，反對在市場風險存在的情況下貿然行事。

缺乏膽商，你的競爭力不僅會下降，有時候甚至會導致經營失敗。對於一個處於成長期的公司來說，決策者是否具有足夠的膽略，是否具有「當斷則斷」、「該出手時就出手」的決斷力，成爲衡量這家公司能否在市場中生存的關鍵因素。真正的成功者如果既沒有膽量，也沒有冒險精神，想取得成功是不可想像的。

秦朝末年，由於不堪忍受秦王朝的暴政，各地農民紛紛起兵反抗。原本被秦國滅掉的魏、趙、燕等國也乘機起兵，與楚國結成反秦聯盟。秦二世胡亥派人前往各地鎮壓。秦將章邯率領二十萬大軍進攻趙國，把趙王圍困在巨鹿，趙國情急之下向楚國求救。楚王於是派遣宋義為主帥、項羽為次將，帶兵去援救趙國。宋義並不急於救趙，他打算先讓秦趙雙方殺得兩敗俱傷，然後趁火打劫、坐收漁翁之利。項羽多次勸說宋義攻秦國未果，一怒之下殺掉宋義，奪取兵權。而後，項羽率兩萬兵馬，渡過漳水，直奔巨鹿，準備與秦軍決一死戰。

項羽見秦軍人馬眾多、士氣正盛，於是命令士兵將渡船統統鑿穿，沉下水底；又把行軍煮飯的鐵鍋砸得粉碎，每人只帶夠三天的乾糧。在此情形下，楚軍將士們放手一搏，互相鼓勵，人人都抱著「進則生，退則死」的決心，奮勇殺敵。兩軍相遇勇者勝，秦軍雖然人馬眾多，但抵擋不住抱定必死決心的無畏楚軍。幾番激烈的血戰，秦軍終於戰敗。

雨果說：「任何卓越的勝利，都是出於大膽的成果。」項羽正是用「破釜沉舟」的膽識激發士氣，戰勝了強敵。

中國古代有許多成語，如「大智大勇」、「智勇雙全」、「鬥智鬥勇」等都把智商和膽商相提並論，可見兩者是密不可分的。看準時機，果敢決定，這是創業者必備的基本素養。許多成功商人的膽量都是很大的，比如李嘉誠、霍英東等，他們少年時期家境貧寒，後來憑著自己的膽商，成爲敢想敢幹白手起家的典範。正是因爲從小就習慣了沒有後路，無人幫助，所以他們才敢於大膽地向前走。

一九四五年，匈牙利人保羅・道密爾懷揣五美元隻身來到美國闖天下。憑藉過人的膽識，二十年後他成了一名百萬富翁。有人疑惑他為什麼總愛收購一些失敗的企業來經營，他這樣解釋說：「別人經營失敗的生意，你接手了反而容易找到失敗的原因，因為缺陷比較明顯，你只要把那些缺點糾正過來，自然就賺錢了。這顯然比自己從頭做一門生意省力得多，風險也會小很多。」

「人人都知道的風險，恰恰是最小的」——也許這就是高膽商之人的精明之處。兩個才能相差無幾的人，最後的發展可能有天壤之別，其原因有時候就在於他們的膽略。世上不存在萬全之策，沒有不需要你付出成本，就能輕易承擔風險的事兒。華爾街的定律之一，就是「無風險則無回報」。許多人「膽商」太低，使得頭腦中的許多好想法被束之高閣，許多新創意流於空談，這樣的情形現實生活中屢見不鮮。

膽商高的人敢於大膽地向前走，他們不畏艱險，不怕犧牲，並且有著「不入虎穴，焉得虎子」的決心，而成功也偏偏鍾愛這樣的人。

冒險的刺激讓你忘記困難

眾所周知，人們在冷天游泳時，大約有三種適應冷水的方法。有些人先蹲在池邊，將水撩到身上，使自己能適應之後，再進入池子游；有些人則可能先站在淺水處，再試著一步步向深水走，或逐漸蹲身進入水中；更有一種人，做完熱身運動，便由池邊一躍而下。

據說最安全的方法，是置身池外，先行試探；其次則是置身池內，漸次深入；至於第三種方法，則可能造成抽筋甚至引發心臟病。但是相反的，最感覺冷水刺激的也是第一種，因爲置身較暖的池邊，每撩一次水，就造成一次透骨的寒冷，倒是一躍入水池的人，由於馬上要應付眼前游水的問題，反倒能忘記了周身的寒冷。

與游泳一樣，當人們要進入陌生而困苦的環境時，有些人先小心地探測，以作萬全的準備；還有人因爲知道困難重重，而再三延遲行程，甚至取消原來的計畫；又有些人，先一腳踏入那個環境，但仍留許多後路，看著情況不妙，就抽身而返；當然更有些人，心存破釜沉舟之想，打定主意，便全身投入，由於急著應付眼前重重的險阻，反倒能忘記許多痛苦。

在生活中，我們該怎麼做呢？如果是年輕力壯的人，不妨做「一躍而下」的人。雖然可能有些危險，但是你會發現，當別人還猶豫在池邊，或半身站在池裏喊冷時，那敢於一躍入池的人，早已自由自在地來來往往，把這周遭的冷，忘得一乾二淨了。在陌生的環境中，由於這種敢於一躍而下的人較別人果斷，比別人快，較別人敢於冒險，因此，能把握更多的機會，所以往往是成功者。

沒有冒過險的生命絕不會有精彩的篇章。現實世界的很多鬥爭都是勇氣的較量，常常是勇者得勝。只有具備一顆勇敢的心，我們才能發揮出超過平時雙倍的力量，什麼都不顧地衝向前方，甚至一鼓作氣地到達終點。這就是為什麼人們在危急時刻才能爆發出巨大潛力的原因。歷史上最著名的戰役之一——亞歷山大對大流士的阿貝拉會戰即是一次由於冒險帶來的經典戰役。

波斯王大流士三世在伊蘇斯戰敗後，又另行招募了一支軍隊，精心選擇了廣闊的高加米拉平原做戰場，並將地面鏟平和移去了障礙物，以便大量使用騎兵。大流士三世把他的數十萬步兵、四萬騎兵和兩百輛裝有鐮刀的戰車布成一個嚴格的方陣，按照軍隊的地區來源，排成了橫三行、豎十三列的無數小方陣。大流士三世本人隨御林軍騎兵、十五頭戰象和五十輛戰車排在最前列的中央，左翼前列是西提亞人和巴克特里亞人的騎兵及一百輛戰車，右翼前列是亞美尼亞人和卡帕多西亞人的騎兵及五十輛戰車。騎兵部署在第一線，二線則全是步兵。

比起大流士三世的軍隊，亞歷山大的人馬要少得多，總共只有四萬步兵和七千騎兵。以至於在決戰前，亞歷山大的部下都認為他們這是最後一次看到太陽升起。但是歷史上最偉大的帝王之一的亞歷山大認為，「最終決勝的將是領袖的勇氣」。正是這種敢冒風險的勇氣讓亞歷山大贏得了勝利！

西元前三三一年十月一日，阿貝拉會戰開始。當馬其頓軍逐漸接近波斯軍時，亞歷山大並不直接向對方進攻，而是攪亂對方的陣形佈局。大流士三世害怕在他預設戰場之外作戰，會使他的戰車失去作用，於是急令左翼的前排部隊，趕緊繞過馬其頓軍的右翼，迫使它停下來。

為了對付這次攻擊，亞歷山大調動了幾支騎兵，連續對波斯騎兵發動攻擊。雖然遭受重大損失，但馬其頓軍的紀律和勇氣也就開始表現了出來，他們一個中隊又一個中隊，連續地向敵人衝鋒，終於將波斯騎兵擊退。接著，亞歷山大親率馬其頓騎兵，一齊衝向敵軍。此時波斯軍由於左翼騎兵已經前進，所以在正面正好漏出一個空當。亞歷山大就率騎兵直向大流士三世的中央方陣衝去，這時決定這場力量懸殊比賽的關鍵一幕發生了：兵力十倍於亞歷山大的大流士害怕了，臨陣逃脫自顧自地跑了。

多數人都喜歡走容易的路，可以省些力氣。精神與肉體都懶散的人就不喜改變現況，不過他們也從來沒嘗到過勝利的狂喜。生命是一連串的奇蹟與不可能組合成的，未來會如何，沒有任何人有把握，勇於冒險才是生命的真諦，也只有敢於冒險的人才會獲得勝利！

3 敢於競爭

——群雄逐鹿何所懼，物競天擇適者存

敢於競爭！在競爭中，與對手的遭遇戰時常出現，如果我們膽怯了、退縮了，就會一敗塗地，把機會拱手讓給對手；只有採取堅決果敢的行動，全力投入，勇敢地拚爭到底，才能戰勝對手，搶佔制高點。

競爭與「懦夫」無緣

在競爭中，與對手的遭遇戰時常出現，如果我們膽怯、退縮了，就會一敗塗地，把機會拱手讓人；只有採取堅決果敢的行動，全力投入，勇敢地拚爭到底，才能戰勝對手，搶佔制高點。現實不相信眼淚，競爭與懦夫無緣。競爭如同逆水行舟，不進則退，在強大的

對手面前，必須拿出狼群以命相拚的勇氣，大無畏地迎接挑戰，奮不顧身地戰勝對手。

一九九九年十一月，英國大東電報局作出了一項重大決策，決定把其控股的香港電信公司出售給新加坡電信公司，從香港市場撤退，然後集中精力，把歐洲互聯網的生意做大。

消息傳出，整個香港都被震動了。許多香港市民都是香港電信公司的用戶，並持有該公司的股票。盈科公司總裁李澤楷更是激動萬分，他對該公司相當瞭解，知道它是一隻老牌績優股，股本達一百三十多億港元，每年的收益都在一百億港元以上，如果把該公司收歸自己旗下，必將對盈科公司的發展產生極其重要的影響。

李澤楷急忙坐飛機趕到倫敦，要求與大東電報局的高層領導會面，商談收購事宜。但大東電報局對他並不熱情，只派出一名執行董事和他相商。眼看大東與新加坡電信的正式協定即將達成，李澤楷心急如焚，過了不久，他又再赴倫敦，與大東高層就收購一事進行商談。但大東對他並無興趣，只是禮貌性地接待了他。

形勢危急，李澤楷斷然決定，立刻宣佈對香港電信進行收購。二〇〇〇年二月，這條爆炸性的消息被媒體廣泛報導，香港市民又一次被震動了。接著，他率領部屬直奔新加坡，與新加坡電信進行協商，希望雙方能夠合作收購。但新加坡電信卻無此誠意，故意提出了一系列極其苛刻的條件。

李澤楷無功而返，陷入焦慮之中。難道就這樣把大好的機會放過去嗎？他深知香港電信對自己公司的重要意義，如果把香港電信收歸自己所有，那麼自己就將同時兼具互聯網內容供應商和線聯網供應商的雙重身分，成為當之無愧的互聯網巨頭。

大東提出一百多億美元的收購天價，李澤楷知難而上，在很短的時間裏，就把這筆鉅款籌齊了，他搶在新加坡電信之前，搶先與大東簽署了收購協定。在他的強大攻勢面前，新加坡電信只好宣佈放棄。他取得了決定性的勝利。

面對強大的競爭對手，必須用一往無前的精神，英勇果斷地戰勝他；與此相類似的是，在前進道路上出現的困難也是貌似強大的敵人，同樣必須拿出以命相拚的精神，堅決頑強地克服他。只有這樣，你的事業才能走得更遠。

不要懼怕失敗。失敗算什麼？失敗只不過是給了你一次重新再來的機會，你要看到競爭勝利後所帶給你的巨大利益。當然，失敗需要付出代價，這也正是競爭最大的魅力所在，如果可以不用付出就得到成功，那成功也就沒有任何意義了。

競爭是美麗的，也是殘酷的！到底是美麗的，還是殘酷的，要看你如何去面對它。有的人通過自己的努力，戰勝了競爭對手，嘗到了成功的喜悅，他會告訴你——競爭是美麗的。有的人不相信自己的實力，過分自卑，他會告訴你——競爭是殘酷的。

勇於面對競爭是戰勝一切困難的最好方法，如果只是一味地逃避，你永遠都不會取得勝利。競爭是激勵前進的最好動力。通過競爭，可以讓你更加清楚地認識這個世界；可以讓你更加確定自己的實力；競爭可以讓你變得更加成熟穩重；競爭可以讓你戰勝一切困難，勇往直前。面對競爭，你一定要有大無畏的精神。

做人要有企圖心

我們的態度決定了我們人生的成功。我們怎樣對待生活，生活就怎樣對待我們；我們怎樣對待別人，別人就怎樣對待我們。

「我是最棒的！」這是自信而又桀驁的宣言。自信是走向成功的關鍵，是一種來自內心的強大力量，這種力量會讓人重新認識自我，令人們在成功之路上所向披靡，無所畏懼。

在一個富翁的院子裏，有一個老清潔工人，他看上去已經很老了，並且只會做一些院子裏的清潔工作。他每天的工資是二美元。

一天，老清潔工人很困惑地問那個富翁：「先生，我看到每天都有大量的金錢進入您的銀行，為什麼您可以輕鬆地賺到那麼多錢，過著富裕的生活，而我每天只能清掃院子，過著貧窮的生活？我希望能得到您的指點，賺到比現在更多的錢。」

富翁說：「你會什麼呢？」

老清潔工人想了一下說：「我現在已經很老了，只能清掃院子，修剪院子裏的一些花花草草。」

富翁想了一下說：「對了，你可以種植樹木啊，這不就是你的特長嗎？」

富翁接著說：「現在市場上的樹苗一株是五十美元，五年後樹苗就可以成材，一棵樹可以賣到一千美元。我有一個一百畝的農場，可以種植一萬棵樹苗，五年後就可以獲利九百五十萬美元。如果你願意種植樹苗，我可以投資，讓你來管理，五年後我們平均分配所獲得的利潤，怎麼樣？」

老清潔工人興奮地說：「五年後，我就會擁有四百七十五萬美元？」

富翁肯定地說：「對，你擁有四百七十五萬美元。」

可是，老清潔工人馬上又情緒低落了，並且小聲地說：「我從來沒有想過有這麼多的錢，我看還是算了吧。」

古人說：「取法乎上，得乎中也；取法乎中，得乎下也。」一個人企圖心的大小決定著他的未來成就。

「缺乏信心與企圖心」一向是困擾人們的大問題。換言之，深陷於不安、無能感甚至對自我能力持有懷疑的人，幾乎隨處可見。

像「老清潔工型的人」對於自己是否具有創造能力深感懷疑，他們疑慮自己能否抓住有利機會，他們疑慮事情是否能順利進行，他們抱著忐忑不安的心情而不願改變。他們總也不敢相信自己可以擁有心中想要的東西。於是他們往往退而求其次，只要擁有一點兒的成就，便覺心滿意足了。

事實上，世上有成千上萬的人們都是被這樣的心態所打敗的，在我們的一生中，若對自己毫無信心和企圖心，那將永遠無法發揮潛能，無法取得更大的成功。

企圖心是一種意念、一種意志、一種挑戰未來的武器。有人說：企圖決定版圖。也就是說，你的企圖心的大小決定著你未來成就的大小。企圖心可以強化信心，可以讓一個人對自我未來的目標產生堅定感，可以激發人們內心的無限潛能。

一個人最大的不幸莫過於丟掉自己的企圖心。但遺憾的是，這個世界上有太多這樣的人。他們從來不敢相信自己、不敢正視自己，結果把自己給忽略、給耽誤、給丟失了。

其實，每個人都是最優秀的，差別就在於如何認識自己、如何發掘和重用自己。一個人很難知道自己有多大能力，因爲隱藏在人體內的巨大能量是無法探知的。但有一點可以肯定，只要你相信自己的才華並不斷地努力，你的潛在能量就一定會被挖掘出來，而這能使你的人生變得無限光明。

卡內基說：「企圖心是激發信心的第一秘訣。」一個人只要把隱藏在身上的潛能挖掘出來，時刻保持強烈的自信心，敢於同他人和社會競爭，就一定能獲得成功。

沒有競爭意識，就沒有動力

競爭是推動個體不斷前進的一種精神力量。它的作用在於激勵人們努力奮鬥，促進個人的發展和整個社會的進步。一個缺乏競爭意識的人，註定不會有太大的出息。

某天，父親在客廳裏陪著女兒和她的男朋友天南地北地聊著。

父親問女兒的男友：「你喜歡打球嗎？」

男朋友回答：「不，我不是很喜歡打球，我大部分的時間都用來看書、聽音樂。」

父親繼續問：「那喜歡賭博嗎？」

男朋友：「不，我不賭博。」

父親又問：「你喜歡看電視上的田徑或是球類競賽嗎？」

男朋友：「不，對於這些競賽性的活動我沒什麼興趣。」

男朋友離開後女兒問父親：「爸，你覺得這個人怎樣？」

父親回答：「你和他做朋友我不反對，但如果你想嫁給他，我堅決不贊成。」

女兒詫異地問：「為什麼？」

父親說：「一般人養黃鸝鳥，絕不會將黃鸝鳥關在自家的鳥籠裏，主人會把牠帶到茶館，因為那兒有許多的黃鸝鳥。這隻黃鸝鳥在茶館，聽到同類此起彼落的鳥鳴聲，便會不甘示弱，也引吭高歌。這是養鳥人訓練黃鸝鳥的訣竅。」

女兒問：「這和我的男友有什麼關係呢？」

父親又說：「養鳥人刺激黃鸝鳥競爭的天性，來訓練黃鸝鳥展露優美的歌聲。若是沒有競爭，這隻黃鸝鳥可能就終身啞了，不能發出任何叫聲，因為沒有其他的鳥兒來與牠比較。」

女兒似有所悟地點點頭。

父親繼續道：「你的這位男朋友，經過我剛剛與他的一番談話，發現他既不運動，更不喜歡運動，也不喜歡球賽，排斥所有競賽性的活動。我認為，像這樣的男人，將來恐怕難以有所成就，所以反對你嫁給他。」

的確，沒有競爭鬥志的人，不可能喚起內心最大的進取動力。這樣的人在崇尚「勝者爲王」的社會中很難走得很遠。

波蘭出生的科學家安德魯·沙利和法國出生的科學家羅歇·吉耶曼於一九五五年同時宣佈，他們在各自的研究中發現，能從下丘腦分離出垂體釋放的「促腎上腺皮質激素釋放腦因子（縮寫CRF）」。從此，兩人展開了分離CRF的競爭，誰都想率先分離出CRF。在二十二年的競爭中，雖然都未能分離出CRF，但他們在這期間的科學研究成果是輝煌的。沙利率先分離、合成了「促甲狀腺激素釋放因子」和「黃體生成素釋放因子」，吉耶曼率先分離、合成了「生長激素釋放抑制因子」。二人的這些研究成果，證實了腦激素的存在，從而為控制某些重要疾病開闢了新的道路，為找出控制人口的安全方法提供了可能性。因而，他倆雙雙獲得了一九七七年諾貝爾生理學或醫學獎。

科學家曾對五年級兩個組的學生進行為期十天的加法練習，每天練習十分鐘。其中一組為無競賽組，他們只是憑自己的學習態度做練習，無其他誘因。另一組為競賽組，他們的學習成績每天都被公佈在牆上，給進步者和優勝者都標上紅星。結果表明，競賽組的成績一直呈上升趨勢，無競賽組的成績在前五天呈下降趨勢，以後開始緩慢回升。這就是說，競賽組的成績遠遠超過無競賽組。這個試驗明顯地說明競賽的激勵作用。

以上的事例正說明了一個人若缺乏競爭意識，就無法不斷地前進；而有著強烈競爭意識的人，因為把對方當做彼此的前進目標，也就有了奮進的動力，所以才會一步步走向成功，走向勝利！

現實生活中，有些在工作中勤於上進和學有所長的人，會遇到這種情況：某些比自己條件差的人卻先於自己取得了某種成功，或者比自己升遷得快，或者比自己更被老闆賞識和器重。這究竟是怎麼一回事呢？答案很可能是他們缺乏「競爭意識」。人類自古至今，總生活在各種各樣的競爭之中，一個人要在職場中生存和發展，就要有競爭意識，就要有一種比對手做得更好的意識。

勇於競爭和善於競爭，才是使自己在人群中脫穎而出和在事業上卓爾不群的基本要素。如果一個人一味埋頭趕路而絲毫不顧及其他對手的情況，缺乏在社會上立足的競爭意識，則很可能會成爲一同起跑的落伍者。一個人的聰明才智和能力只有在競爭中才能更有效地發揮出來。一個人要想變得更聰明、更能幹的最佳途徑莫過於參與競爭。沒有競爭意識，就不會有奮鬥和進取的動力。這樣的人，終究逃不過平庸和被淘汰的命運。

競爭是一種能力，成功者只有在競爭中才能感覺到生命的存在，只有在競爭中才能活得充實而有意義，只有在競爭中才能真正實現自我。總之，不論什麼方式的競爭，也不論競爭的對象是誰，競爭的具體內容怎樣，膽商高的人都會勇敢接受，並從中獲得超越後的心理滿足。

兩強相爭時，不要心慈手軟

在商場中，同行會爲產品佔領市場的份額而競爭；在學術界，學者會爲作品在學術界的影響而競爭；在政界，候選人會爲當選而競爭；在家庭中，兄弟姐妹會爲博得父母的寵愛而競爭；在婚戀中，眾多男女會爲取得異性的好感而競爭……

二十世紀初期，英國卜內門公司獨霸了中國的鹼市場，處於起步階段的化學工業如履薄冰，經營稱得上是險象環生。

一九一八年，中國第一家製鹼企業「永利製鹼公司」掛牌成立，總經理范旭東信心百倍，他決心通過自己的努力，打破英國人對鹼市場的壟斷地位，為企業爭得立足之地。然而居心叵測的英國人當然不會任由它發展壯大，他們毫不留情地對其進行了技術封鎖，使永利公司的生產技術停留在原始階段。

范旭東曾特意來到卜內門公司考察，不料傲慢的英國人竟有意把他帶到鍋爐房，輕蔑地說中國人根本不配前來參觀考察。英國人的狂妄和刁難激起了范旭東強烈的自尊心，他率領技術人員，進行了長達八年的攻堅戰，終於在一九二六年獨立研製出了優質的「紅三角」牌純鹼，在市場上受到了廣泛的歡迎。

英國人看到這種情況自然是憤怒異常，立刻想出了一個計畫。英國人很快調集了一大批純鹼，以原價百分之四十的超低價格向中國市場進行瘋狂傾銷，企圖憑藉自己強大的經濟實力，擠垮剛剛起步的「紅三角」牌純鹼。

在這緊張的時刻，如果也以低價來應戰，實力脆弱的永利公司將會很快入不敷出，在惡性競爭中被摧毀；如果不這樣做，公司的產品就會大量積壓，賣不出去，市場就會被英國人完全佔領，自己落得坐以待斃的可悲下場。

商業競爭，不是你死就是我死，不把對手擊垮，自己又怎麼能趁機而起呢？范旭東明白這個道理，他急得茶飯不思，寢食難安，日夜苦思對策。

一天，他從市場中得到了一個消息，知道卜內門公司在日本的純鹼銷售更大，收益也更多。頓時他計上心來，何不以其人之道還治其人之身呢？

於是他立刻調集了一批優質「紅三角」牌純鹼，東渡日本，以同樣的低價傾銷戰略，搶佔日本市場。英國人大吃一驚，急忙降價應戰，日本市場鹼價大跌，卜內門公司損失慘重。而范旭東投入日本市場的純鹼分量很少，損失自然要小得多。

惡性競爭的結果是英國人自討苦吃，卜內門公司迫不得已，只好宣佈投降。經過談判，英國人接受了范旭東的所有條件，簽署了協定：永利製鹼公司在中國市場佔有百分之五十五的份額，而卜內門公司不得超過百分之四十五；卜內門公司如在中國市場上進行鹼價變動，必須事先徵得范旭東的同意。范旭東大獲全勝，英國人對他充滿了崇敬之情，來到他的公司，要求參觀學習。范旭東毫不客氣，當即把英國人請到了自己的鍋爐房，頓時羞得英國人無地自容。

范旭東乘勝出擊，使自己的公司得到了極大的發展。一九二七年，「紅三角」牌純鹼在美國萬國博覽會上奪得金獎，更使公司的聲名大振，產品遠銷海內外各國。

競爭無處不在，而「殘酷」就是競爭的特點，它意味著此消彼長、你死我活的鬥爭。因此，競爭是不存在謙讓的，不該讓個人的同情心或組織的懦弱掩蓋了競爭，否則只會兩敗俱傷、一無所成。而膽商高的人在面對兩強相爭的時候，不會心慈手軟，因爲他們知道如果不敢去競爭，那麼失敗的一方必定是自己。

狼群分食的過程是有規律可循的：狼老大先食，其次是身強體壯者，最後是弱小者。一次分食不夠，牠們會再次組織進攻掠食，那些沒有吃飽的餓狼會拚命向前。狼群中的最大生存機會就是這樣留給狼老大或被稱為強者的狼，所以每隻狼都想當狼老大。

於是，狼老大的競爭很激烈，甚至到了你死我活的地步。每年到了母狼的發情季節，也就到了狼老大爭奪位置的季節。無論是想保住自己固有位置的狼老大，還是想篡奪狼老大位置的新手，都必須全力以赴，才能贏得這場戰爭，在這場戰鬥中不會有謙讓之說。

所以，心慈手軟對於卓越的領導者來說是致命的弱點。面對你死我活的鬥爭，對競爭對手心慈手軟，下不了手，就是對自己的殘忍；對團體所面對的競爭對手慈悲，就是對自己團體的殘忍。古往今來，失敗的人只能得到同情，而成功總是掌握在擁有強大力量的人手裏。

防禦競爭中，給對手有力的回擊

在防禦競爭中，主動及時的反擊比深思熟慮的策略更具有決定性意義。

泰諾是一種止痛藥，是由強生公司製造出來並上市銷售的，它的價格要比阿斯匹靈高百分之五十，且主要是銷給醫生和其他一些健康護理專家，並佔據著大部分的市場份額。

看到這一狀況，一家競爭對手認為他們發現了一個機會。因此，競爭對手於一九七五年六月推出了其產品「達特利」，它同樣具有泰諾的止痛功效，也同樣是安全無害的。當然，不同之處在於價格。購買一百粒泰諾藥片要花二點八五美元，而購買同樣數量的達特利只需一點八五美元。

在達特利廣告播出不到兩個星期後，強生公司通知競爭對手，說它要降低泰諾的價格，以同達特利競爭，並且強生公司還發出通知，要降低所有藥店中存貨的價格。競爭對手在得到泰諾要降價的通知後，以各種方式發起了進攻，為了搶時間，該公司甚至預付了電視廣告的費用，因為很明顯，要把價格改變的消息通知到全國十六點五萬個零售和批發商，是要花費一定時間的。

但是，對強生公司來說，困境很輕鬆地就被打破了，它向廣播電視通訊網、雜誌社、業主聯合會等機構發出了控告，指責強生的競爭對手低價傾銷達特利的行為違反美國法律。很快，廣播電視通訊網、哥倫比亞廣播電視公司和全國廣播公司都拒絕為達特利做廣告，這樣，這家競爭對手不得不咽下自己所種的一枚苦果。

強生公司的回擊進行得十分完善，達特利再也沒有取得百分之一以上的市場份額。但在另一方面，泰諾卻突飛猛進，由此反擊而產生的推動力使這一品牌達到巔峰。由於較低的價格宣傳報導等因素，泰諾在止痛藥市場上占了第一位，其市場佔有率高達百分之三十七。強生公司不僅完美地粉碎了一次競爭行為，而且由此使泰諾突升為當時美國最暢銷的藥品之一。

最佳的防禦就是不斷提升自己。防禦者提升地位的最好方法就是通過不斷推出新產品和新服務，讓既有的產品和服務變得過時，以此強化領導地位。

吉列公司穩控剃鬚刀市場，是被不斷稱頌的市場防禦典範，它最初憑藉「藍吉列」剃鬚刀及隨後的「超級藍吉列」佔據了剃鬚刀市場。二十世紀六〇年代初，競爭對手威爾金森刀具公司推出了不銹鋼剃鬚刀，開始搶佔市場。一九七〇年，威爾金森又推出了黏合刀片。這是一種以「最佳剃鬚角度」黏合在塑膠上的金屬刀片。這時，吉列開始集中力量，準備打一場漂亮的防禦戰。

吉列推出了「特拉克II」剃鬚刀，這就是世界上第一個雙刃剃鬚刀。公司在廣告中說：「雙刃總比單刃好。」很快，就有不少消費者開始購買該產品，並認為它勝過此前單片的超級藍吉列。

六年後，吉列公司又推出了「阿特華」剃鬚刀。這是世界上第一款可調節的雙刃剃鬚刀，比無法調節的雙刃剃鬚刀「特拉克II」還要好。這之後，吉列又毫不猶豫地推出了「好消息」剃鬚刀，這是一種廉價的一次性雙刃剃鬚刀，它的推出，對於吉列的另一個競爭對手比克公司來說是一次打擊，因為它也正想推出一次性剃鬚刀。

不過，「好消息」剃鬚刀對吉列的股東來說，不是一個好消息。一次性剃鬚刀的生產費用高，而售價卻比可更換刀片的剃鬚刀低，任何購買「好消息」而不買「阿特華」或「特拉克II」的人，實際上是在讓吉列虧錢。然而「好消息」剃鬚刀的推出是吉列公司一個出色的商業戰略，它阻止了比克公司在一次性剃鬚刀市場大獲成功的希望，並且讓比克公司為此付出了慘重代價。行業資料顯示，在頭三年裏，比克公司在一次性剃鬚刀市場中虧損了兩千五百萬美元。

而吉列則繼續它的競爭戰略。之後，它又推出了「皮沃特」剃鬚刀，這是世界上第一款一次性可調節剃鬚刀。緊接著又推出了「鋒速三」剃鬚刀，這是第一款三刀片剃鬚刀。正是一系列新產品的推出，使吉列終於逐漸擴大了它在剃鬚刀市場上的份額，目前它已經擁有了剃鬚刀市場百分之六十五的份額。

佔據市場領頭地位的公司必須時刻保護自己的現有業務免遭競爭者的入侵。最好的防禦方法是發動最有效的進攻，不斷創新，永不滿足，掌握主動，成爲本行業的先驅，從而不給挑戰者可乘之機。

4 勇於創新

——獨闢蹊徑勇拓荒，自成一統領風騷

勇於創新！世界是在不斷變化、不斷前進的，只有勇於創新的人才不會被激烈的社會競爭所淘汰。毫無疑問，用新思維突破常規觀念，超越自己的過去者，才能立於世界之巔。

必要時，不按牌理出牌

俗話說「兵以快勝，商以奇贏」，商戰中什麼合法策略都能用。當經營處於不景氣的時候，爲了改變困局，就要採取一些非常的方式，製造點聳人聽聞的新聞，來吸引大眾的

眼球，則可以趁時而發，取得預期效果。

在一個全國性的酒類博覽會上，國內知名品牌廠家蜂擁而至，一家名不見經傳的小廠也想占一席之地。但由於場面之大，遠超出酒廠領導的預測，小酒廠的產品和參展人員被擠在一個小角落裏，雖然產品是運用傳統工藝精心釀製的佳品，但從包裝外觀和廣告宣傳上，都很難讓經銷商認可。直到博覽會將近尾聲，小酒廠的產品依然無人問津，一無所獲，廠長為此一籌莫展。

這時供銷科的科長突然來了靈感，對廠長說：「讓我來試一下。」只見科長取兩瓶酒裝在一個網袋裏就往大廳中心走去，這一舉動使得廠長莫名其妙。

只見這位科長走到大廳中央人員密集的地方，突然「一不小心」，將兩瓶酒掉在地上，碎了，頓時大廳內酒香四溢。可以想見，到這個博覽會參展和訂貨的都是些品酒專家，當時很多人就從這飄散的酒香中得出了定論——這肯定是好酒。就憑這酒香，產品在一個多小時內被訂購一空。由於廠長說暫時不想擴大生產規模，以保證產品品質，很多經銷商只有望洋興嘆的份兒了。

從此，小廠的品牌，一舉成名，產品供不應求。

這位科長的舉動可謂是一種創新的推銷方式，要以正常的行爲方式去在如林強手中搶佔一塊市場，談何容易。可這位科長的超常規舉動就能把這個無名小廠推上浪峰，功成名就，這就是創新的力量。

日本一家經營咖喱粉的公司，爲了擺脫困境，曾經製造出要把富士山變成咖喱粉色的新聞，引起了大眾的注意，在當時起到了起死回生的效果。

這生產咖喱粉的公司在很長一段時間裏產品滯銷，堆在倉庫裏賣不出去，公司瀕臨破產。

為了挽救公司，大家都在想辦法進行促銷，一切可行手段都試過之後，公司的銷售量還是沒有上去。

銷售部經理換了一個又一個，銷售額依然沒有上升。在這危難時刻，第四任經理田中走馬上任，像其他三人一樣，這位總經理也沒有好辦法來解決這個難題。大家都清楚，公司產品賣不出去的原因是顧客對公司的品牌很陌生，在日常生活中，根本沒人注意這個品牌。而且咖喱粉不是緊俏商品，進口的、國產的，應有盡有，要讓人們回過頭來買自己的咖喱粉，實在是一件非常困難的事情。公司產品的銷量每天都在減少，公司的資金入不敷出，眼看就要關門大吉了。公司雖然想通過做廣告來打開銷路，但是由於沒有足夠的資金，如果大量廣告費用付出後仍不見成效，那麼公司就再也無法翻身了。但如果不拚死一試，就等於坐以待斃。所以，公司經過上下協商，一致認為應該背水一戰——做廣告。

接下來的問題就是做什麼樣的廣告了。

幾天來，田中經理一直在考慮著做廣告的問題。一次，他正在辦公室裏翻報紙，一條新聞吸引住了他。這條新聞說：有家酒店的工人罷工，媒體進行了跟蹤報導，罷工的問題圓滿解決，酒店恢復營業，原先不景氣的生意現在變得異常火爆。

在日本，勞資雙方的關係一般都比較和諧，偶爾出現一次罷工事件，就會成為新聞的熱點……

田中看著看著，眼前突然亮了起來，不禁想到：這家酒店之所以生意紅火，就是因為新聞媒體無意之中替它進行了宣傳……自己的公司為什麼不可以利用這種虛招進行一番自我宣傳呢？

這時一個巧妙的想法在他的大腦裏形成了，田中的臉上露出了笑容。他認為要幹就要幹出名堂，幹得轟轟烈烈。經過深思熟慮，田中立即叫來幾個「幹將」，關上房門，詳細地吩咐了一番……

幾天之後，日本的幾家大報，如《讀賣新聞》、《朝日新聞》等同時刊登出了這樣一條廣告：「專門生產優質咖喱粉的某某公司，他們決定雇數架飛機飛到白雪皚皚的富士山頂，將咖喱粉撒在山上。從現在開始，我們看到的將不是白色的富士山，而是咖喱粉色了……」這是一條令全體日本人都感到震驚的消息，許多人都感到非常意外。

富士山是一大名勝，不論在日本人心目中還是在世界人們的心目中，富士山都是日本的象徵。在這樣神聖的地方，居然有公司膽敢撒咖喱粉，絕不能容忍這種行為！

廣告剛剛刊出，日本的輿論就一片譁然。很多人雖然知道這家公司故弄玄虛，但是對如此的言辭還是難以忍受，紛紛指責這家公司的行為。本來名不見經傳的一家小公司，這次成了眾矢之的，連續多日在報紙、電視等各種新聞媒體上成為人們攻擊的對象。有的人甚至揚言，如果這家公司膽敢按照媒體所說的去做，他們將聯合起來讓它倒閉！

正是在輿論的一片譴責聲中，這家公司聲名大振，很多日本人都知道了它的存在。在廣告中所說的在富士山撒咖喱粉日子的前一天，各大報紙都刊登出了這家公司的鄭重聲明：鑒於社會各界的強烈反應，為了公眾利益，本公司決定取消原來在富士山頂撒咖喱粉的計畫……

反對的人們異常高興，在歡慶勝利的同時，田中和公司員工們也在歡慶他們的勝利。經過這樣一番「折騰」，日本人都知道了這家生產咖喱粉的公司，並且誤認為這家公司是一家實力超群、財大氣粗的公司。在這種形勢下，很多小商小販都紛紛投到該公司的門下，大力幫助該公司推銷咖喱粉。這樣，公司的咖喱粉一時間成了暢銷產品。田中經理通過製造轟動效應這一招救活了一家公司。從此，這家公司的咖喱粉在日本國內市場佔有率迅速提高。

當然，這樣的招數只能偶爾嘗試，不應該經常使用，並且一旦使用，就必須作詳細的計畫，把假戲做得比真戲還要真，否則就會弄巧成拙。

經商靠的是鬥智鬥勇，當將智慧、勇氣完全運用到商業活動中時，就是一場智力角逐賽。在角逐中，要敢於換思路，改變出牌的規矩，這樣也能殺對手一個措手不及。

創新思維助你成就大事業

成功的可貴之處在於創造性的思維。一個成大事的人只有通過有所創造，才能體會到人生的真正價值和真正幸福。創新思維在實踐中的成功，更可以使人享受到人生的最大幸福，並激勵人們以更大的熱情去繼續從事創造性實踐活動，爲自己的成大事之路奠定基礎，實現人生的更大價值。

提到創新，有些人總是覺得神秘，似乎只有極少數人才能辦到。其實，創新有大有小，內容和形式可以各不相同。創新活動不僅是科學家、發明家的事，而且它已經深入普通人的生活中，很多人都可以進行創新性的活動，生活、工作的各個方面都可以迸發出創造的火花。

成大事者在事業上新的追求、新的理想、新的目標會不斷產生，在爲新的事業奮鬥的過程中，實現了這些新的追求、理想、目標，就會產生新的幸福。世界上因創新成大事的人簡直是不勝枚舉。

著名的美國實業家羅賓．維勒說：「我成大事的秘訣很簡單，那就是永遠做一個不向現實妥協而刻意創新的叛逆者。」羅賓．維勒的言行是一致的。我們能從羅賓．維勒的身上看到創新思維對一個人成功所起的作用有多麼巨大。

當短筒皮靴成為全美一種流行時尚的時候，每個從事皮靴業的商家幾乎都趨之若鶩地搶著製造短皮靴供應各個百貨商店，他們認為跟著大潮流走要省力得多。

羅賓當時經營著一家小規模皮鞋工廠，只有十幾個雇工。

他深知自己的工廠規模小，要掙到大筆的錢確非易事。自己薄弱的資本、微小的規模，根本不足以和強大的同行相抗衡。而如何在市場競爭中獲得主動權，爭取有利地位呢？

羅賓有兩條道路可以選擇：

一是在皮鞋的用料上著眼，就是儘量提高鞋料成本，使自己工廠的皮鞋在品質上勝人一籌。然而，這條道路在白熱化的市場競爭中行走起來是很困難的，因為自己的產品產量比別人少得多，成本自然就比別人高，如果再提高成本，那麼獲利有減無增。顯然，這條道路是行不通的。

二是著手皮鞋款式改革。以新領先。羅賓認為這個方法比較妥當，只要自己能夠翻出新花樣、新款式，不斷變換、不斷創新，招招占人之先，就可以打開一條出路，如果自己創造設計的新款式為顧客所鍾愛，那麼利潤就會接踵而至。

經過一番深思熟慮，羅賓決定走第二條道路。

他立即召開了一個皮鞋款式改革會議，要求工廠的十幾個工人各盡其能地設計新款式鞋樣。

為了激發工人的創新積極性，羅賓規定了一個獎勵辦法：凡是所設計的新款鞋樣被工廠採用的設計者，可立即獲得一百美元的獎金；所設計的鞋樣通過改良被採用，設計者可獲五十美元獎金；即使設計的鞋樣不能被採用，只要其設計別出心裁，均可獲一百美元獎金。

同時，他即席設立了一個設計委員會，由五名熟練的造鞋工人任委員，每個委員每月額外支取一百美元。

這樣一來，這家袖珍皮鞋工廠裏馬上掀起了一陣皮鞋款式設計熱潮，不到一個月，設計委員會就收到四十多種設計草樣，並最終採用了其中三種款式較別致的鞋樣。羅賓立即召集全體大會，給這三名設計者頒發了獎金。

羅賓的皮鞋工廠對這三個新款式皮鞋試行生產。第一次將每種新款式皮鞋製作一千雙，製成後立即將其送往各大城市推銷。顧客見到這些款式新穎的皮鞋，立即掀起了一股購買熱潮。

兩星期後，羅賓的皮鞋工廠收到兩千七百多份數量龐大的訂單，這使得羅賓終日忙於出入各大百貨公司經理室大門，跟他們簽訂合約。因為訂貨的公司多了，羅賓的皮鞋工廠逐漸擴大起來，三年之後，他已經擁有十八間規模龐大的皮鞋工廠了。

不久危機又出現了。皮鞋工廠一多起來，做皮鞋的技工便顯得供不應求了。最令羅賓頭痛的情形是，別的皮鞋工廠盡可能地把工資提高，挽留自己的工人，即便羅賓出重資，也難以把其他工廠的工人拉過來。缺乏工人對羅賓來說是一道致命的難關。因為他接到了不少訂單，如無法給買主及時供貨，這將意味著他得賠償巨額的違約損失。

羅賓憂心忡忡。他又召集十八家皮鞋工廠的工人開了一次會議。他始終相信，通過集思廣益可以解決一切棘手的問題。羅賓把沒有工人可雇傭的難題告訴大家，要求大家各盡其力地尋找解決途徑，並且重新宣佈了以前那個動腦筋有獎的辦法。會場一片沉默，與會者都陷入思考之中，搜腸刮肚地想辦法。

過了一會兒，有一個小工舉起右手請求發言。羅賓嘉許之後，他站起來怯生生地說：「羅賓先生，我以為雇請不到工人無關緊要，我們可以用機器來製造皮鞋。」

羅賓還來不及表示意見，就有人嘲笑那個小工：「孩子，用什麼機器來造鞋呀？你是不是可以造一種這樣的機器呢？」

那小工窘得滿面通紅，惴惴不安地坐了下去。羅賓卻走到他身邊，請他站起來，然後挽著他的手走到主席台上，朗聲說：「諸位，這孩子沒有說錯。雖然他還沒有造出一種造皮鞋的機器，但他這個辦法卻很重要，大有用處，只要我們圍繞這個概念想辦法，問題定會迎刃而解。」

「我們永遠不能安於現狀，思維不要局限於一定的桎梏中，這才是我們永遠能夠不斷創新的動力。現在。我宣告這個孩子可獲得五百美元的獎金。」

經過四個多月的研究和實驗，羅賓的皮鞋工廠的大量工作就被機器取而代之了。

羅賓．維勒的名字在美國商業界就如一盞耀眼的明燈，他自己的成功，與他時時保持銳意創新的精神是密不可分的。

創新思維是一種積極的方法。凡成大事者都有超出常人的創新思維。在殘酷的競爭面前，創新思維會給謀事者帶來生機和活力。毫無疑問，用新思維突破常規觀念，超越自己的過去者，才能立於不敗之地。

擺脫思維定式的束縛

據說，長久關在籠子裏的鳥，就算從籠子裏放出來，這隻鳥也不會飛了。不僅是鳥，許多人都是這樣，當一種東西進入他的思維中時，如果不想要卻拿不掉，人們便接受了，不再去努力驅趕那些外界事物的影響。可見，那些束縛人的東西足以毀滅一些人自然的天性，使人成為另一種意義上的奴隸。

多年以前，一個在一所中學做了廿五年的清潔工被新上任的校長辭退了。這個清潔工陷入了極度的恐慌和煩亂之中。廿五年來，他除了會打掃垃圾，沒學過任何一種可以謀生的手段，失業就意味著等待死亡。他在房間裏呆坐到晚上十點多鐘，才意識到自己已經一天沒有吃東西了。他原有個嗜好，晚餐一定要有一小碟香腸，可是，現在沒有了。這時，他才想起唯一一家賣香腸小店的那位老太太剛剛去世。「哎，既然這裏沒有別家香腸店，我何不去開一家香腸店試試？」

第二天，他拿出所有積蓄，並加上艱苦的談判，把老太太的香腸店買了過來。幾天後，他在賣香腸時發現，好多顧客從別處買了麵包又到他這兒買香腸，然後把麵包掰開，把香腸夾在麵包裏邊走邊吃趕去上班。他想，自己何不也弄些麵包來賣，省得人們耽誤時間。他不但這樣做了，而且還把香腸蒸熱了夾在麵包裏賣，後來還改變了香腸的配料。夏天，他發現人們因為天氣炎熱而不到戶外購物，就雇人推車到各個住宅區，挨家挨戶地叫賣，因而受到人們的普遍歡迎。他的生意越做越大，後來開了分店，最後成了著名的「熱狗」大王。

意外的事情肯定要發生，成功的人會利用意外事件；不成功的人則轉向了內心，而且從不聽別人的說法。具備創造力的人，在成功之後，拒絕把自己固定在某一種職業上，他們敢於嘗試各種不同的事物。身爲電影明星，想演不同性格的角色，無論喜劇還是悲劇；

作爲一位歌唱家，則想演唱多種不同風格的歌曲；作家呢，則想撰寫體裁廣泛的文章、小說、劇本等。

一個曾經很著名的商人做生意失敗了，但是他仍然極力維持原有的排場，唯恐別人看出他的失意。

他想尋求以前的合作夥伴的幫助，於是就舉辦了一次宴會。他租用私家車去接客，並請表妹扮做女傭，佳餚一道道地端上，他以嚴厲的目光制止自己久已不嘗肉味的孩子搶菜。雖然第一瓶酒還沒喝完，他已然打開櫃中最後一瓶酒。但是當那些早已瞭解他的現狀的客人酒足飯飽，告辭離去時，每一個人都熱情地致謝，並露出同情的目光，卻沒有一個主動提出幫助。他徹底地失望了。他百思不得其解，一個人走在街頭，突然看見許多工人在扶正那些被颱風吹倒的樹，他們總是先把樹的枝葉剪去，使重量減輕，再將樹推正。

看到這，他突然醒悟了。於是，他放棄過去的場面，重新從小本生意做起，並以低姿態去拜訪以前商界的老友，而當人們知道他在做小生意時，都儘量給予方便，購買他的東西，並推薦給其他公司。

沒過幾年，他又在商場上站立了起來，而他始終記得那天晚上在街頭遇到的鋸木工人的一句話：「倒了的樹，如果想維持原有的樹枝，怎麼可能扶得動？」

無論是經商還是找人辦事，最重要的一條便是不受慣性思維的束縛，特別是遭遇失敗的時候，不妨換個方向，換種思路，只有跳出傳統思維的束縛，才能獨闢蹊徑。

不敢創新或者說不願意創新的人，他們頭腦中關於得、失、是、非、安全、冒險等價值判斷的標準已經固定，這使他們常常不能換一面去想問題。

許多最有創意的解決方法都是來自於換一面想問題，在對待同一件事時，從相反的方面來解決問題，甚至於最尖端的科學發明也是如此。所以愛因斯坦說：「把一個舊的問題從新的角度來看需要創意的想像力，這成就了科學上真正的進步。」

麥克是一家大公司的高級主管，他面臨一個兩難的境地。一方面，他非常喜歡自己的工作，也很喜歡跟隨工作而來的豐厚薪水——他的位置使他的薪水有只增不減的趨勢。但是，另一方面，他非常討厭他的上司，經過多年的忍受，最近他發覺已經到了忍無可忍的地步了。在經過慎重思考之後，他決定去獵頭公司重新謀一個別的公司高級主管的職位。獵頭公司告訴他，以他的條件，再找一個類似的職位並不費勁。

回到家中，麥克把這一切告訴了他的妻子。他的妻子是一個教師，那天剛剛教學生如何重新界定問題，也就是把你正在面對的問題換一個面考慮，也就是把面對的問題完全顛倒過來看——不僅要跟你以往看這個問題的角度不同，也要和其他人看這個問題的角度不同。她把上課的內容講給了麥克聽，這給了麥克一種啟發，一個大膽的創意在他腦中浮現。

第二天，他又來到獵頭公司，這次他是請公司替他的上司找工作。不久，他的上司接到了獵頭公司打來的電話，請他去別的公司高就。儘管他完全不知道這是他的下屬和獵頭公司共同努力的結果，但正好這位上司對於自己現在的工作也厭倦了，所以沒有考慮多久，他就接受了這份新工作。

這件事最美妙的地方，就在於上司接受了新的工作，結果他的位置就空出來了。麥克申請了這個位置，於是他就坐上了以前他上司的位置。

在這個故事中，麥克本意是想替自己找個新的工作，以躲開令自己討厭的上司。但他的太太教他換一面想問題，就是替他的上司而不是他自己找一份新的工作，結果，他不僅仍然幹著自己喜歡的工作，而且擺脫了令自己煩心的上司，還得到了意外的升遷。

世界是經常變化的，人也不能固守著自己的思維而不力求突破自我。有優勢的人常常以爲倚仗自己的優勢就可以無往不利，但他忽略了當外面的世界變化時，優勢也不會永遠保持下去，不突破習慣的束縛，優勢也會變成劣勢。而膽商高的人會將劣勢變爲優勢，不斷地與時俱進，開拓創新，以此來達到成功的目的！

勇於創新，經營特色

特色經營，就是要避開大眾的、一般的、普遍的形式樣式，選擇一些另類的、別人較少涉足的項目或經營手法，以異於常人的特色立足於商海中。而小本經營也只有標新立異、突出特色，才能在大公司林立的商海之中站得住腳跟。

有兩位農民籌了一筆錢，在深圳開了一家小飯店。開業後很長一段時間，由於經營沒有什麼特色，飯店門可羅雀、經營慘澹。後來，兩位農民覺得店後的那個花園可以開發成菜園，以自產的新鮮蔬菜來吸引顧客，也許會有所改觀。於是，他們聘請專業人士將花園改造成菜園。

憑藉著這位專業人士的出色能力，一段時間後，飯店花園就變成了一座集菜、果、花三者為一體的綜合園，裏面栽培的植物既可食用，又可觀賞。顧客來到這裏，不僅可以品嘗到剛從園中採摘來的新鮮蔬菜、水果，還可以到園中去散步，觀賞菜盤中的植物是怎樣生長的，去採摘園中的果蔬來品嘗。

憑藉著蔬菜花園，這家飯店很快就受到了人們的普遍關注。生意越做越好，利潤也非常可觀。

對經商者而言，要時刻牢記「沒有特色就沒有『錢』途」。只有用智慧挖掘、開發出特色，才能從千篇一律的市場中脫穎而出，從而在同以規模、品牌、效益爲主導的大企業的競爭中贏得生存的空間。

馮女士離職後，在南京開設了一家小麵館，經營手擀麵。雖然她做生意一直很賣力，麵的味道也不錯，但因為產品沒有特色，一直打不開市場。

有一次，馮女士為一位客人下麵條的時候，無意中發現了鍋內的白色高湯中漂浮著一縷紅色。仔細端詳，才發現是自己擀麵條的時候，不慎將幾片胡蘿蔔片黏了上去。她看著在高湯中翻滾著的麵條，突發奇想：這白湯白麵加上紅色的胡蘿蔔點綴得十分好看，我能不能將手擀麵做成彩色的呢？或許會受到南京食客的歡迎也說不定。

她一邊想著，就開始試驗起來。首先，由於麵條是入口食品，是不能用化學染色劑加工的，必須使用無污染、天然的、可食用的染色材料。她首先想起的是從蔬菜中提取汁液當染色劑。為此，她從菜市場購買了一堆蔬菜，將其洗乾淨後分別掰碎，放到榨汁機中攪爛，然後加上水，和著麵粉揉搓，最後製作成麵條。她定睛一看：各種色彩的麵條顯得十分漂亮。

馮女士不禁十分高興，然而，麵條一下鍋，她的高興勁兒就沒有了。原來用蔬菜汁和麵做出來的麵條雖然漂亮，但卻不筋道，一碰就會斷，吃到嘴裏也是爛糟糟的。這種麵條如何能受到顧客的青睞呢？後來通過向專家請教，她明白了問題出在麵粉上。因為她過去做麵條經常使用精製麵，這種麵條的纖維十分細，加上蔬菜汁等含有雜質的成分就會十分易碎，倘若換成粗麵粉就不會有這種問題了。馮女士回家試了試，果然如專家所說。

馮女士的彩色麵條最終製作了出來，後來專家又為她提供了一種純天然的添加劑，使她做出來的麵條既筋道又好看。馮女士給自己的麵條取名為彩虹麵。彩虹麵上市之後，受到顧客的歡迎，馮女士的小麵館很快便扭轉了經營形勢，開始邁上了良性發展之路。

另外，馮女士還發明出一種「複合型」的彩虹麵。譬如，蔬菜中沒有藍色與灰色，她便從白色的牛奶和紫色的蔬菜中提取的紫色汁混合，調製出灰色。然後再搭配灰色和綠色的蔬菜汁，調劑出藍色。至於紅色，則是從血糯當中提取的，那是她查閱了許多書才找到的「秘方」。經過一番艱苦的探索，馮女士製作出了真正的彩虹麵，就像真正的彩虹一般，一碗麵條當中有七種色彩，且全是天然調料，令食客吃得放心。對於馮女士的獨具匠心，許多顧客嘖嘖稱讚，說她像個美食家。

馮女士的麵條受到顧客們的讚賞，她的產品很快便打開了銷路。沒過多久，她便開設了好幾家專售麵條的連鎖店。

創新就是改變，就是標新立異，創新不是模仿。創新需要一種勇氣，想要獲得成功，就要學會改進，不斷超越、不斷進取，也只有這樣才能攀上財富的巔峰。

珠海市有一家別具特色的襪子店。這個店不大，只有十平方米。這家小店賣的是襪子，卻不是尋常的襪子，是市面上不常見的一種五趾襪。這樣的一個小店，因為賣的東西別具特色，因此每個月帶給店主的收益都超過萬元，這讓周圍很多精明的商人都大跌眼鏡，感到不可思議。

這個店的名字就叫「××五趾襪子專賣店」。店主譚某，是從江西萍鄉到珠海來的一個打工妹。譚某最初在珠海打了幾年工，攢了一點錢，就想自己做生意。但是，做什麼生意她卻一直舉棋不定，問周圍的朋友，也沒有一個人說得出一個好主意，譚某只好自己想辦法。最後她看中了襪子專賣店，並且將目標瞄準了那種能將腳趾分隔開來的五趾襪。這種襪子的最大優點就是因為將腳趾分隔，使人不容易得腳氣病。廣東氣候溫暖卻比較潮濕，患腳氣病的人很多，這是一種迎合市場需要的產品，卻因為不夠時尚，同時沒有人肯下力氣去推廣，以致在偌大的珠海想找一雙五趾襪簡直比登天還難。

譚某認準了這是一個機會，但她的決定遭到了朋友們幾乎一致的反對。他們認為：第一，從未聽說過有什麼襪子專營店；第二，像襪子這樣一種薄利小商品，得賣多少雙，才能將店租賺回來？但是譚某打定了主意，不為所動。相反，她認為朋友反對的理由恰恰是自己的機會。她的店很快開張了，第一次她就從浙江義烏進了一萬雙五趾襪，每雙的進價在五到十元，這批貨加上租賃店鋪和裝修的花費，不但用光了她所有的積蓄，還負了一部分外債。

然而，一開始她的生意並不景氣，有些冷言冷語開始在譚某耳邊繞來繞去，什麼「不聽老人言，吃虧在眼前」之類，但譚某堅持了下來。到第二個月，她就開始贏利，贏利雖然不多，卻顯現出了一個好兆頭。此後的經營雖然不時仍舊會有些磕絆，但總的來說比較順利。現在譚某靠賣五趾襪，每個月可以穩定獲得上萬元的收入。對一個小本起家的創業者來說，這已經是一筆不得了的收入了。

當然，並不是每個人都有這樣的好運抓得到獨門項目。但就是一般的項目，只要我們善於發掘，用富有自己特色的方法去進行經營，同樣也能把它變成屬於自己的特色項目，這就是特色經營的「變」字訣。高膽商的創業者會勇於創新，去挖掘、開發本店的特色，在商場中博得自己的一席之地。

標新立異才可獨領風騷

標新立異才可以獨領風騷，只有那些能不斷創新的人才可以不斷獲得成功。模仿與抄襲也許可以取得一點小小的成績，但這並不能持續永久。當形勢與環境發生變化時，唯有

敢於標新立異的人才可以從一個成功走向新的成功。

盛田昭夫和井深大一起創立的索尼公司的宗旨是：絕對不搞抄襲偽造，而專選別人今天甚至以後都不易搞成的商品。

如果在創建事業的最初，這條宗旨表明了公司的原則和奮鬥目標的話，那麼之後實施和堅持這條宗旨則成了盛田昭夫接連成為市場競爭大贏家的秘訣之一。

一般日本企業經營的基本方法是大量生產、大批銷售，但盛田昭夫走的並不是這條路。他的方式正如上述那一條宗旨所要求的，首先投資開發研究，創造出其他公司難以模仿的產品，即便是這種商品被其他競爭者趕上了，還有新的產品出現。盛田昭夫的方法在於標新立異，重在以新取勝，依靠技術不斷開拓新的市場。

二十世紀五〇年代初，收音機在日本還不是十分普及，但人們已經逐漸認識到了收音機的好處。收音機市場大有潛力可挖。很多製造商都看準了收音機市場必將火爆的那一天，因而紛紛大量生產。

當時流行的收音機並非很完美，而是存在很大的缺點。其內部幾乎全部使用笨重易熱的真空管，體積大得不得了，耗電量又高，並且不能隨身攜帶。

井深大和盛田昭夫在當時也被收音機市場的潛力引誘著，但又生怕背負未來市場過剩的競爭壓力。這時井深大總經理抓住了流行收音機的缺點，設想如果自己公司生產的收音機能夠克服這些缺點，必然會受消費者的青睞，獨佔收音機市場的鼇頭，成為技術革新的領導者。

盛田昭夫想要研製一種能攜帶甚至可以放在襯衣口袋裏的小型收音機，要實現這一點，就必須以半導體取代真空管。而半導體的專利權，當時只在美國有，發明它的是休克利博士。

他們專門為半導體的事去了一趟美國，想要引進休克利博士發明的半導體技術。以後，盛田昭夫與擁有半導體專利權的西方電氣公司簽訂了專利合約。最終，盛田昭夫推出了日本第一批小巧玲瓏的半導體收音機。這批第一次標有「SONY」字樣的產品一問世便令同行和消費者驚詫，「SONY」牌收音機一下子風靡日本，原來的真空管收音機頃刻之間成為陳舊的過時貨。

時隔不久，盛田昭夫生產出的更小的口袋型半導體收音機大批上市。這種收音機可隨身攜帶，就像手錶一般便捷，在社會上形成了一種新時尚，標新立異的索尼公司頓時引起人們的極大注意，「SONY」成了家喻戶曉的名牌。

標新立異使盛田昭夫贏得了消費者的心，在市場競爭中出奇制勝。同行企業在對盛田昭夫既嫉妒又羨慕的時候，他又開始了新的研究。

盛田昭夫在和同行的競爭中總能以新取勝。他寫過一段耐人尋味的話：「我們的計畫是用新產品來帶領大眾，而不是被動地去問他們要什麼產品。消費者並不知道什麼是可能的，但是我們知道。因此我們要去下一番工夫作市場調查，並且有不斷修正每一種產品及其性能、用途的想法，設法依靠引導消費者，與消費者溝通，來創造市場。」這段話體現了盛田昭夫的經營雄心，體現了索尼公司的一個基本精神，風靡全球的隨身聽就是這種精神的產物。

一天，總經理井深大提著手提式答錄機和一副耳機，來到盛田昭夫的辦公室，一臉無奈地說：「我喜歡聽音樂，可又不希望影響別人，又不能整天坐著不動，只好提著答錄機走，可這實在是太沉重了，這份疲累哪是我這老頭子能吃得消的？」

井深大這番抱怨的話一下子激發了盛田昭夫的思維與想像。他想，能否研製一種可以隨身攜帶的小型答錄機呢？如果研製成功的話，井深大總裁不就再也不會抱怨手提式答錄機的沉重了嗎？當然，它會更好地滿足那些須臾也離不開音樂的年輕人。

經過不斷的創新，一台「隨身聽」的樣品造出來了，這個新產品精緻而小巧，音效也非常的好。以盛田昭夫為首的技術骨幹認定「隨身聽」一定會風靡起來，但銷售人員則認為這種產品連一點銷路都沒有。於是，在公司內對「隨身聽」形成了反對派和支持派兩種截然不同的意見。面對反對聲，盛田昭夫堅持己見，並說明自己負全部責任。由於「隨身聽」適合消費者的需要，價錢也適合年輕人的「腰包」，結果一上市就被搶購一空，供不應求。面對雪片般飛來的訂單，索尼公司必須以自動化生產來應付。與此同時，「隨身聽」也大大刺激了索尼公司的耳機研製，使它躋身於全世界最大耳機製造商之列，在電子產品大國日本也佔據了百分之五十的市場。

由於美名遠揚，連著名指揮家卡拉揚等音樂大師也來索尼公司訂購「隨身聽」。幾十年來，索尼公司在盛田昭夫的標新立異思想指導下，發明創新，用創新賺得了豐厚的利潤。

由此可見，創新是人生成功的靈魂。商場如戰場，在這個行業裏，沒有一個品牌能不思進取而不被淘汰，要想適應市場而不被淘汰，就要不斷推出新產品。在性能、在品質上都要不斷超越對手，超越自己。所以面對飛速發展的科學技術，面對激烈的競爭，我們必須學會創新，學會標新立異。

高膽商的人在商場上勇於創新，勇於標新立異，時不時地開發一些新產品，以適應社會的發展需求。而那些低膽商的人，只會畏首畏尾，認爲自己沒有能力，即便有了好想法也不敢公之於眾。所以做一個高膽商的人吧，千萬不要害怕創新，要知道只有標新立異，你才能傲視群雄！

問題不止一個正確答案

工作中的大多數問題都並非只存在一個正確答案，它往往會有很多正確答案。我們應該努力去尋找第二個，第三個……正確答案。往往第二個乃至第十個答案才是解決問題的真正有效的答案。

哈佛大學的彼得．林奇教授曾給學生出過這麼一道思考題：一個聾啞人到五金商店去買釘子，先用左手做持釘狀，捏著兩隻手指放在櫃檯上，然後右手做錘打狀。售貨員遞過來一把錘子，聾啞人搖了搖頭，指了指做持釘狀的兩隻手指，售貨員終於拿對了。這時候又來了一位盲人顧客……

問題隨之就出現了。「同學們，你們能否想像一下，盲人將如何用最簡單的方法買到一把剪子？」教授問。一個學生是這樣回答的：「噢，很簡單，只要伸出兩個指頭模仿剪子剪布的模樣就可以了。」全班同學都表示同意。教授沒有否定學生的答案。不過，他明確指出：「其實，盲人只要用嘴說一聲就行了。」

兩個答案都沒有錯，但卻凸顯出不同的思維方式：學生回答問題之前，由於大腦中已輸入教授提供的「打手勢」的資訊，當盲人出現時，他們便產生預見性，陷入「打手勢」的心理定式而無法跳出來；教授卻能擺脫以往經驗，打破思維定式，以一種全新的思維方法來思考問題。

人們在現實中都追求正確、反對錯誤，可是這種觀念卻不適合創新思維。對於創造性思考來說，如果你強烈地認同「犯錯是一件壞事」，那麼你的思維就會受到限制。犯錯是創造性思考必要的副產品，所有的思考技巧都會產生不正確的答案，但那是唯一的路。錯誤可以成爲成功的墊腳石，是因爲錯誤可以告訴我們什麼時候該改變方向了。我們可以從失敗中、錯誤中獲得經驗教訓以及新的希望。

創新意味著從無到有，因而充滿著風險和不確定性，遭到挫折或失敗是正常的，但風險往往又蘊涵著機遇和未來。麥當勞連鎖店的創始人克羅克認爲：「成就必須是在戰勝了失敗的可能、失敗的風險後才能獲得的東西。沒有風險就沒有取得成就的驕傲」。所以，一些優秀的企業總是熱情地鼓勵嘗試和冒險，積極支持員工的創新思想和創新行動，同時又能寬容地對待失敗，甚至鼓勵犯錯誤，以保護員工創新的熱情和積極性。

時代華納公司的已故總裁史蒂夫．羅斯曾說過：「在這個公司，你不犯錯誤就會被解雇。」矽谷流傳的一句名言是「失敗是可以的」。那裏的企業普遍推崇的價值觀就是「允許失敗，但不允許不創新」，「要奬賞敢於冒風險的人，而不是懲罰那些因冒風險而失敗的人」，以至有人認爲，「失敗是矽谷的第一優勢」。這些都表現出勇於變革的公司對待創新失敗的寬容態度，它實際上已經成爲一種理所當然的創新理念。

在ＩＢＭ發生的一個事件，典型地體現出企業對待創新失敗的寬容態度。

ＩＢＭ公司一位高級負責人，曾經由於在創新工作中出現嚴重失誤而造成一千萬美元的巨額損失。許多人提出應立即把他革職開除，而公司董事長卻認為一時的失敗是創新精神的「副產品」，如果繼續給他工作的機會，他的進取心和才智有可能超過未受過挫折的人。結果，這位創新失誤的高級負責人不但沒有被開除，反而被調任同等重要的職務。公司董事長對此的解釋是：「如果將他開除，公司豈不是在他身上白花了一千萬美元的學費？」後來，這位負責人確實為公司的發展作出了卓越的貢獻。

企業界正在流行一個說法：「你不射門，你就百分之百沒有命中率。」創新是一種具有高度自主性的創造性活動，依賴於不同思想、意見的相互交流、撞擊，依賴於全體員工的積極參與和真誠投入。正如英特爾公司的一位專案經理歐佩達所說的：「我們盡可能給予基層員工更多的責任，讓他們比過去更多地參與公司的經營。」

企業作爲一個經營運作主體，靠獲得利潤來維持發展，每一家公司都需要用新的眼光來關注這個世界的動態，以便採取相應的措施，謀求拓展。只有不斷地創新，公司才能跟得上時代的步伐，才能得到發展；不創新，企業就沒有生命力。因此，公司的每個職員都應是創新之人。

職員傑西是公認的好同事，年年工作量都名列前茅，可是兩次晉升的機會都沒有他。先後提升的兩個同事資歷沒他老，工作量也比他少，不用說他心裏當然不服，其他同事也為他憤憤不平。公司經理知道後和他們討論自己的看法：他認為傑西雖然工作態度很好，踏實肯幹，但是從無創意，在市場變化環境中，只有踏實肯幹是不夠的，思想古板只會使市場停滯不前，這樣最終只會被淘汰出局。

思想無創意不能不說是個遺憾，傑西只能被動地等待組織上分配工作，無法主動出擊，而別人即使工作沒有他那麼踏實，卻有開創性，積極主動地向市場找需求，所以毫無開拓精神的傑西陷入困境是自然的事，他只好自認倒楣了。

有人認為既然我是小職員，領導者說什麼就是什麼，越聽話領導者越喜歡，越沒有腦筋，簡單甚至愚蠢，領導者才越賞識你。其實這又是錯誤的觀念，如果你沒有任何創造精神，你在工作上沒有任何主動精神，那麼久而久之再開明的企業領導者也是不會喜歡你的。更深一步地來說，領導者喜歡你和重用你是兩回事，領導者離不開你和提拔你也是兩回事，如果你要得到領導者的重用，就要學會去創造性地完成領導者交辦的各項任務。

在完成任務的過程中一定要發揮自己的主動性、創造性，必要的時候可以進行一些變通，要善於並敢於變通，以免該斷不斷，坐失良機。領導者往往喜歡那些「領導者想得到的他能做到，領導者沒想到的他也能辦到」的下屬，但領導者賞識的善變絕非亂變，要變得合理、變得有據、變得有效才行。

獨闢蹊徑，尋找新方法

「條條大路通羅馬」，當大路走不通時，從小路也可以到達。因此不要使自己的思維拘泥於傳統的、大眾的方式中。要敢於、善於獨闢蹊徑，尋找新方法，從而更有效地解決問題，達到出奇制勝的效果。

一八五〇年，美國西部出現了淘金熱，十九歲的利維也隻身前往三藩市，加入這股被發財熱浪所驅使的人流之中。然而，當他看到熙熙攘攘、成千上萬的狂熱淘金者後，就改變了淘金的初衷，決定另闢發財門徑。他先是開辦了一家銷售日用百貨的小商店並製作野營用的帳篷、馬車篷用的帆布。利維認為：「淘金固然能發大財，但能為那麼多人提供生活用品也是一樁可以賺到錢的好生意。」

一天，利維正扛著一捆帆布往店裏走，他發現很多淘金工人都穿著破爛的褲子，便上前詢問。原來這些淘金工人成天和泥水打交道，普通的褲子經不住穿，幾天就破了。利維聽後，很受啟發，一條生財之道馬上在他的腦海中形成輪廓。

於是，他立即將一位工人帶到裁縫店，按他的要求做了兩條帆布褲子。這就是世界上最早的牛仔褲。牛仔褲由於結實耐磨，很快就在淘金工人中熱銷起來。

在淘金熱中，利維和其他常人不同，利維從淘金這種繁重的體力勞動中發現淘金人需要結實耐用的工作服。於是，他調整思路，放棄所有人都熱衷的淘金事業，立即展開以帆布為布料製成牛仔褲的生產事業，把產品賣給上述眾多淘金客，從此走上了致富之路。

所以，同一件事，不管別人有沒有這樣做，也沒有必要去管別人怎麼做，更不能因爲過去是這樣做，現在就也得這樣做。換一種思路，換一種方法，在解決問題的同時，你會發現結果可能更好。當你的前面已經是一條死路，或者是一條擁堵不堪的路時，你就沒有必要隨波逐流，跟著大家拚命地往上擠。

尋找新方法，可以讓一個企業擺脫困境，重新踏上發展之路；尋找新方法，可以更大限度地發揮員工的創造精神，爲企業作出更大的貢獻；尋找新方法，可以讓一個企業在成功的基礎上邁出一個新的距離。

我們都知道，瑞士手錶以其精準的性能、耐用的品質和經典的款式名聞百年。可是總有一些其他國家的手錶製造者雄心勃勃地試圖與手錶王國一爭高下。「西鐵城」手錶就是其中比較有實力的一個。當時，日本研製成了性能良好的「西鐵城」手錶，再一次向手錶王國發起了強烈的衝擊。

可是，想在手錶王國瑞士幾乎壟斷了手錶業的情況下，打開產品銷路並不是一件容易的事。剛上市的時候，「西鐵城」手錶根本不受人賞識，更無法為自己爭取一席之地。連續的虧損，「西鐵城」總經理犯愁了，為此，他專門召開公司高級職員會議，來商量對策。

當時，許多人都將打開銷路的目光停留在廣告上了。經過很長時間的討論，最終大家通過各抒己見綜合出來一個奇異的方法。

沒過多長時間，「西鐵城」通過新聞媒介發佈了一條令人震驚的消息：某天某時將有一架飛機在某地拋下一批「西鐵城」手錶，誰拾獲手錶，錶就歸誰。這條消息在社會上引起了很大的轟動，街頭巷尾都在談論這則消息。

到了指定的日子，人們懷著好奇和懷疑的心情，像潮水般地擁向指定地點。人們果然看到一架直升機飛了過來，當飛臨人群上空時，果然向人群旁的空地上下起了「錶雨」。期待已久的人們擁上去撿錶。由於拋下的錶數量特別多，所以很多人都有所收穫。而撿獲手錶的人們在驚喜之餘發現「西鐵城」手錶從空中丟下後，居然還在走動，甚至連外殼都未受損害，因此對「西鐵城」手錶的品質連連稱奇。人們不禁感歎：「『西鐵城』的錶真是精良耐用，名不虛傳。」當時，電視台又播放了這次拋錶的實況錄影，使「西鐵城」的品牌很快深入人心，那些沒有在現場撿錶的人也對「西鐵城」手錶充滿興趣，紛紛搶購，這樣一來「西鐵城」錶的銷路一下子就打開了。而「西鐵城」也因此逐漸成為世界知名的手錶品牌。

故事告訴我們，在當今這個充滿競爭的社會，如若我們依然採用一種循規蹈矩的生存姿態，依循別人的模式和思路，禁錮自己的思維，做事情總在原地打轉，則無異於一種自我潰敗。只有大膽一些，靈活一些，獨闢蹊徑，想別人不敢想的，做別人不敢做的，才能獲得更廣闊的發展空間。

愛因斯坦曾經說過：人是靠大腦解決一切問題的。創新方法並不是神秘莫測、高不可攀，只要你轉變思路，很多好點子都是可以想出來的。對於一個人、一個企業來說也是一樣，創新就是最大化地發揮智慧的力量，找出完成工作的最好的方法，出色、順利地完成工作，在競爭中立於不敗之地。

5 勇擔責任
——一份承擔一份膽，頂天立地真豪傑

勇擔責任！一個敢於承擔責任的人，必定是一位成功人士，因為他明白責任高於一切。倘若一個人拋棄了責任，那麼他就不是一位優秀的員工、一位卓越的領導人。而且，無論何時何地，人們都喜歡勇於負責的人，這樣的人其人緣也特別好。

做一個勇於承擔責任的人

在一個企業的內部，不同崗位的員工擁有不同的崗位職責，每個人都不應該因為領導不在或者沒有人監督，就放鬆了對自己崗位職責的要求。忠於職守是每一個員工價值和責任感的最佳體現。

老王是個退伍軍人，幾年前經朋友介紹來到一家工廠做倉庫保管員，雖然工作起來也不繁重，無非就是按時關燈、關好門窗、注意防火防盜等，但老王卻做得超乎常人的認真，他不僅每天做好來往的工作人員提貨日誌，將貨物有條不紊地放整齊，還從不間斷地對倉庫的各個角落進行打掃清理。

三年下來，倉庫居然沒有發生過一起失火被盜案件，其他工作人員每次提貨也都會在最短的時間裏找到所提的貨物。就在工廠建廠二十周年的慶功會上，廠長按老員工的級別親自為老王頒發了獎金五千元。好多老職工不理解，老王來廠裏才三年，憑什麼能夠拿到這個只有老員工才有資格的獎項？

廠長看出了大家的不滿，於是說道：「你們知道我這三年中檢查過幾次咱們廠的倉庫嗎？一次也沒有！這不是說我工作沒做到，其實我一直很瞭解咱們廠的倉庫保管情況。作為一名普通的倉庫保管員，老王能夠做到三年如一日地不出差錯，而且積極配合其他部門人員的工作，對自己的崗位忠於職守，比起一些老職工來說，老王真正做到了愛廠如家，我覺得這個獎勵他當之無愧！」

可以想像，只要你在自己的位置上真正領會到「認真負責」四個字的重要性，踏踏實實地完成自己的任務，不論老闆是否在場，都能兢兢業業，那麼，你遲早會得到回報。

無論是一個企業還是一名員工，要是在工作中對待所有的事情都抱著「我認真負責」

的態度，那麼可以肯定的是，這家企業會令任何人爲之震驚，這種員工會贏得足夠的尊敬與榮譽。

一個沒有責任感的員工不會是一個優秀的員工，每個公司、每個老闆都很清楚自己最需要什麼樣的員工，哪怕你是一名普通的員工，做著最普通的工作，只要你能擔當起自己的責任，你就是公司中最受歡迎的人，也是老闆最需要的員工。

無論何時何地，人們都喜歡勇於負責的人。哪怕是一個普通的員工，只要他具備了勇於負責的精神，他的能力就能得到充分發揮，潛力便能夠不斷地得到挖掘，在爲公司創造出巨大效益的同時，也爲自己的事業發展創造更多的機會和可能。勇於負責的精神是一種全力以赴、善始善終的崇高精神，一旦這種精神主宰了一個人的心靈，滲透進一個人的個性中，它就會影響一個人的行爲和氣質。這也是一種對自己負責、高度自律的特質。

有一天，一個在大學期間替人割草賺錢的青年打電話給凱麗達夫人說：「您需要割草嗎？」

凱麗達夫人答道：「不需要，我已經有一位割草工了。」

青年又說：「我會幫您拔掉草叢裏的雜草。」

凱麗達夫人答道：「我的割草工已經做了。」

青年又說：「我會幫您將草和走道的四周割齊。」

凱麗達夫人說：「我請的那人也已經做了，謝謝你，我不需要新的割草工人。」

接著，青年就將電話掛斷了。這時，他的室友問：「你自己不就在凱麗達夫人家割草嗎？為何還要打這個電話呢？」

青年說：「我只想知道自己做得到底好不好！」

在平常工作中，我們要多問自己：「我做得怎麼樣？」這就是責任。其實，工作本身就意味著責任。優秀的員工都知道如何為自己的行為負責，他們認為，自己作出了決定，就應該承受相應的責備或讚揚。然而，在有些時候，一個人在作決定時，的確會受到各種客觀情況的影響。例如，資訊閉塞、缺乏常識、時間不充足或精力不夠集中等。假如你真的因此而犯錯，就可以通過事實、證據與邏輯委婉地加以說明。不過，若責任真的在你，那你就要勇敢地把責任承擔起來。

從某種角度來說，企業的任何一個部門都為企業承擔著責任。同理，任何一個部門的員工都為部門擔負著責任。一個人有缺點與錯誤並不可怕，可怕的是消極地對待缺點與錯誤。勇於承認錯誤和擔負責任對企業與員工自己都不是壞事。在工作中，有些人生怕做錯事或做不好事而表現得小心翼翼、害怕擔負責任，在遇到自己一定要做的事情時，表現得優柔寡斷或者過於依賴別人的建議，這種人註定被淘汰出局。

據統計，美國華盛頓郵局的退信部門每年要收到七百萬封無法投遞出去的信件。這些信件中，有幾百萬封連地址都沒有寫。很多信是來自商務寫字樓的。你覺得，出現這些失誤的職員們會得到升遷的機會嗎？芝加哥一個大商行的經理說，他不得不在商行裏安排很多糾察員，以及時解決那些因不求精確、經常犯錯的習慣而帶來的問題。

我們知道，一些不負責任的員工在工作中總是一味地追求工作的數量而往往忽視工作的品質。他們想做的很多，可是工作品質不高。他們沒有認識到，做好哪怕一件事情，其意義也遠遠大於做成千上萬件半途而廢的事情。因此，這類員工往往不會有好的業績，更不會贏得老闆的讚賞。

在工作中，如果一個人是失敗者，那麼他多半是個不負責任的人。要知道，生活會以各種形式回報那些有責任感的人。如果你不希望失敗，那麼請你先從轉變自己的思想和認識開始，努力培養自己勇於負責的工作精神。一個人只有具備了勇於負責的精神之後，才會產生改變一切的力量，也才能從根本上避免失敗。勇於承擔責任的員工，不僅會贏得尊重，還能爲自己的前途鋪平道路。

在工作中，如果能夠多一些認真，學會勇於承擔責任，那麼，成功和榮譽絕對不會把你丟棄。我們中許多人之所以一事無成，就是因爲在他的思想和認識中，缺乏對勇於負責精神的理解和掌握。他們常常以自由享樂、不負責任、不受約束的態度對待自己的工作和生活，最後只能落得個失敗下場。

不要把責任推給別人

現在，勇於承擔責任的人已經越來越少了，都學會互相推諉和轉讓責任，還美其名曰「轉讓風險」。當你初涉職場的時候，會有一些前輩非常老到地對你說：「凡事不要攬責任，你才會在公司裏不犯錯誤。」話是不錯，這樣可以避免引火焚身，但是你在老闆眼中從此就是一個縮頭縮腦的人，凡事都不敢負責任的人。

三隻饑寒交迫的老鼠一起去偷油，牠們決定採用疊羅漢的方式，輪流喝油。當其中一隻老鼠爬到另外兩隻老鼠的肩膀上，「勝利」在望時，不知什麼原因，油瓶突然倒了，巨大的響聲驚醒了主人，牠們只好抱頭鼠竄，落荒而逃。

回到鼠洞後，牠們聚在一起開了個內部會議，討論這次集體偷油失敗的原因。

最上面的老鼠說：「因為下面的老鼠抖動了一下，所以，我不小心碰倒了油瓶。」

中間那隻老鼠說：「我感覺到下面的老鼠抖動了一下，於是我也抖動了一下。」

而最下面的老鼠說：「我隱約聽見有貓的叫聲，所以抖動了一下。」

原來如此——看起來誰都沒有責任。企業中經常會遇到類似的情境。

在某家公司的內部會議上我們就可以聽到類似的推諉。行銷部經理說：「最近銷售不理想，我們得負一定的責任，但主要原因在於對手推出的新產品比我們的產品先進。」

研發經理「認真」總結道：「最近推出新產品少是由於研發預算少，大家都知道杯水車薪的預算還被財務部門削減了。」

財務經理馬上接著解釋：「公司成本在上升，我們能節約就節約。」

這時，採購經理跳起來說：「採購成本上升了百分之十，是由於原產地一個生產鉻的礦山爆炸了，導致不銹鋼價格急速攀升。」

於是，大家異口同聲說：「原來如此！」言外之意便是：大家都沒有責任。

最後，人力資源經理終於發言：「這樣說來，我只好去考核原產地的礦山了？」

這樣的情景經常在不同企業上演著——當工作出現困難時，各部門不尋找自身的問題，而是指責相關部門沒有配合好自己的工作。相互推諉、扯皮，責任能推就推，事情能躲就躲，最後，問題只有不了了之。

互相推諉、扯皮不僅嚴重影響工作績效，同時還會對企業的發展造成巨大的損失。

Ａ公司是重慶一家中等規模的食品公司。由於廠房地勢較低，每年都要經歷一到兩次的抗洪搶險。有一年夏天，老闆出差到海南去了。出差之前，他叮囑幾位主要負責人：「時刻注意天氣預報。」

有一天晚上，遠在海南的老闆給幾位負責人打電話，因為他看到天氣預報說有雨，擔心廠房被淹。當時，廠房所在地已經下雨了，可能由於天氣原因，老闆一連打了幾個電話都打不通，最後打到了人力資源部經理的家裏，讓他立即到公司查看一下。

「嗯，我馬上處理，請放心！」接完電話，人力資源部經理並沒有到公司去，他心裏想：這事是安全部的事情，不該我這個人力資源部經理去處理，何況我的家離公司還有好長一段路，去一趟也費事。於是，他給安全部經理打了一個電話，提醒他去公司看一下。

安全部經理接到電話後十分不悅，認為人力資源部經理無權管理安全部的事情。於是，他也沒有去公司，心想：「反正有安全科科長在，不用管它了。」

安全科科長沒有接到電話，但他知道下雨了，並且清楚下雨意味著什麼，但他心裏想有好幾個保安在廠裏，用不著他操心。當時，他正在陪朋友打麻將，為了避免「干擾」，他甚至把手機也關了。

只有幾個保安留在廠裏。但是，用於防洪抽水的幾台抽水機沒有柴油了，他們打電話給安全科科長，科長的電話關機，他們也就沒有再打，也沒有採取其他措施，早早地睡覺了。值班的那一位保安睡在值班室裏，睡得最沉，他以為雨不會下很大。

到凌晨兩點左右，雨突然大起來，值班保安被雷聲驚醒時，水已經漫到床邊！他立即給消防隊打電話。

消防隊雖然來得很及時，但由於通知太晚，三個車間全部被淹，數十噸成品、半成品和原輔材料泡在水中，直接經濟損失達數百萬元！

事後，追究責任時，每一個人都說自己沒有責任。人力資源部經理說：「這不是我的責任，而且我是通知了安全部經理的。」

安全部經理說：「這是安全科科長的責任。」

安全科科長說：「保安不該睡覺。」

保安說：「本來可以不發生這樣的險情，但抽水機沒有柴油了，是行政部的責任，他們沒有及時買回柴油來。」

行政部經理說：「這個月費用預算超支了，我沒辦法。應該追究財務部責任，他們把預算定得太死。」

財務部經理說：「控制開支是我們的職責，我們何罪之有？」

老闆聽了，火冒三丈：「你們每個人都沒有責任，那就是老天爺的責任了！我並不是要你們賠償損失，我要的是你們的責任感和工作態度，要的是你們對這件事情的反思，要的是不再發生同樣的事故，可你們卻只會推卸責任！」

A公司這樣的事例確實令人痛心、發人深省。如果公司的每一位員工都能夠主動地承擔責任，不把責任推給別人，公司就不會有這麼大的損失。企業是每個人的，責任不分你我，在責任面前，每個人都要敢於承擔，這樣企業才能實現永續發展。

找藉口就是推卸責任

任何藉口都是推卸責任。一個具有強烈責任感的員工會把尋找藉口的時間和精力用到工作中去，努力去實現目標，敢於承擔責任。事實上，每一個藉口，都暗示著員工的懦弱與不負責任。

傑克在一次與朋友的聚會中神情激憤地對朋友抱怨老闆長期以來不肯給自己機會。他說：「我已經在公司的底層掙扎了十五年，仍時刻面臨著失業的危險。十五年，我從一個朝氣蓬勃的青年人熬成了中年人，難道我對公司還不夠忠誠嗎？為什麼他就是不肯給我機會呢？」

「那你為什麼不自己去爭取呢？」朋友疑惑不解地問。

「我當然爭取過，但是爭取來的卻不是我想要的機會，那只會使我的生活和工作變得更加糟糕。」他依舊憤憤不平，甚至義憤填膺。

「能對我講一下那是為什麼嗎？」

「當然可以！前些日子，公司派我去海外營業部，但是像我這樣的年紀、這種體質，怎能經受如此的折騰呢？」

「這難道不是你夢寐以求的機會嗎，怎麼你會認為這是一種折騰呢？」

「難道你沒看出來？」傑克大叫起來，「公司本部有那麼多的職位，為什麼要派我去那麼遙遠的地方，遠離故鄉、親人、朋友？那可是我生活的重心呀！再說我的身體也不允許呀！我有心臟病，這一點公司所有的人都知道。怎麼可以派一個有心臟病的人去做那種『開荒牛』的工作呢，又髒又累，任務繁重又沒有前途……」

他仍舊絮絮叨叨地羅列著他根本不能去海外營業部的種種理由。

這次他的朋友沉默了，因為他終於明白為什麼十五年來傑克仍沒有獲得他想要的機會。並且也由此斷定，在以後的工作中，傑克仍然無法獲得他想要的機會，也許終其一生，他也只能等待。

藉口的根源在於缺乏責任心，找藉口只會使你與成功失之交臂。事後爲自己找藉口，說明你在用藉口向別人表明你拒絕吸取教訓，你想找藉口爲自己開脫責任。如果你總是在事後爲自己找藉口推脫責任，而不去深刻反思，認真總結，那麼，以後遇到類似情況，成功仍然會與你無緣。一位成功學大師說過，失敗者抱怨他人，成功者反思自己。有一個發生在美國海軍陸戰隊的故事，生動地說明了這個道理。

有一天，一名軍官下部隊去看望士兵。在軍營裏，軍官看見一名士兵戴的帽子很大，大得快把眼睛遮住了，他走過去問這個士兵：

「你的帽子怎麼這麼大？」

「報告長官，不是我的帽子太大，而是我的頭太小了。」士兵立正說道。

軍官聽了哈哈大笑：「頭太小不就是帽子太大嗎？」

士兵說：「一個軍人，如果遇到什麼問題，應該先從自己身上找原因，而不是從別的方面找原因。」軍官點點頭，似有所悟。十年後，這名士兵成了一位偉大的將軍。

找藉口會讓一個人在工作中避難就易，失去擔當責任的勇氣。如果整個企業都形成了找藉口推脫責任的風氣，那麼，整個企業的凝聚力和執行力就會大打折扣。

威廉．安肯在擔任維亞康姆機械公司銷售經理期間，該公司的財政發生了困難。這件事被駐外負責推銷的銷售人員知道了，工作熱情大打折扣，銷售量開始下滑。到後來，銷售部門不得不召集全美各地的銷售人員開一次大會，威廉親自主持會議。

首先是由各位銷售人員發言，他們一一站起來以後，似乎每個人都有一段最令人震驚的悲慘故事要向大家傾訴：商業不景氣、資金短缺、人們都希望等到總統大選揭曉以後再買東西，等等。

當第五個銷售員開始列舉使他無法完成銷售配額的種種困難時，威廉再也坐不住了，他突然跳到了會議桌上，高舉雙手，要求大家肅靜。然後他說：「停止，我命令大會停止十分鐘，讓我把我的皮鞋擦亮。」

隨後，他叫來坐在附近的一名黑人小工，讓他把擦鞋工具箱拿來，並要求這位工人把他的皮鞋擦亮，而他就站在桌子上不動。

在場的銷售員都驚呆了。人們開始竊竊私語，覺得威廉簡直是瘋了。皮鞋擦亮以後，威廉站在桌子上開始了他的演講。他說：「我希望你們每個人，好好看看這位小工友，他擁有在我們整個工廠和辦公室內擦鞋的特權。他的前任是位白人小男孩，年紀比他大得多。儘管公司每週補助他五美元的薪水，而且工廠內有數千名員工，但他仍然無法從這個公司賺取足以維持他生活的費用。」

「這位黑人小孩不僅可以賺到相當不錯的收入，既不需要公司補貼薪水，每週還可以存下一點錢來，而他和他前任的工作環境完全相同，也在同一家工廠裏，工作的內容也完全一樣。」

「現在我問諸位一個問題：那個白人小男孩拉不到更多的生意，是誰的錯？是他的錯還是顧客的錯？」推銷員們不約而同地說：「當然，是那個小男孩的錯。」

「正是如此，」威廉接著說，「現在我要告訴你們的是，你們現在推銷的機器和去年的完全相同，同樣的地區、同樣的物件以及同樣的商業條件。但是，你們的銷售業績卻大不如去年。這是誰的錯？是你們的錯還是顧客的錯？」

同樣又傳來如雷般的回答：「當然，是我們的錯。」

「我很高興，你們能坦率承認自己的錯誤。」威廉繼續說：「我現在要告訴你們，你們的錯誤就在於，你們聽到了有關公司財務陷入危機的傳說，這影響了你們的工作熱情，因此你們就不像以前那般努力了。只要你們回到自己的銷售地區，並保證在以後三十天之內每人賣出五台機器，那麼，本公司就不會再發生什麼財務危機了。請記住你們的工作是什麼，你們願意這樣去做嗎？」

下邊的人異口同聲地回答：「願意！」

後來他們果然辦到了。那些被推銷員們曾強調的種種藉口：商業不景氣、資金短缺、人們都希望等到總統大選揭曉後再買東西，等等，彷彿根本不存在似的，統統消失了。

找藉口的人永遠將眼光盯著別人，認爲出現問題是別人的事，與自己無關，而不懂得在問題中反省自身，承擔起自己的責任。這樣的員工永遠也不會有太大的發展，由這樣的員工組成的企業也不可能基業常青。

挺身而出，幫老闆解決問題

一個責任感強的員工應當在老闆和公司最需要的關鍵時刻挺身而出，爲老闆分憂解難，幫老闆解決問題。公司的經營隨時都會出現許多意外的事件，給公司和老闆帶來棘手的問題，有些迫在眉睫，必須馬上解決，這時候你就要在知道自身能力的情況下，挺身而出，幫老闆解決所遇到的問題。

不要在心裏說：反正不是我的事，還有別人，我何必要出頭，做吃力不討好的事。不要以爲自己現在還處於公司最底層就逃避責任，就不敢去做，猶豫徘徊。

一位諮詢公司的顧問談起了他曾經服務的一家公司，該公司老闆精力旺盛，而且對流行趨勢的反應極其敏銳。他才華横溢、精明幹練，但是管理風格卻十分獨裁，對下屬總是頤指氣使，從不給他們獨當一面的機會，人人都只是奉命行事的小角色，連主管也不例外。

這種作風幾乎使所有主管離心離德，多數員工一有機會便聚集在走廊上大發牢騷。乍聽之下，不但言之有理而且用心良苦，彷佛全心全意為公司著想。只可惜他們光說不練，把上司的缺失作為自己工作不力的藉口。

一位主管說：「你絕對不會相信，那天我把所有事情都安排好了，他卻突然跑來指示一番。就憑一句話，把我這幾個月來的努力一筆勾銷，我真不知道該如何再做下去。他還有多久才退休？」

然而，有一位叫祥剛的主管卻不願意加入抱怨者的行列。他並非不瞭解頂頭上司的缺點，但他的回應不是抱怨，而是設法彌補這些缺失。上司頤指氣使，他就加以緩衝，減輕下屬的壓力，又設法配合上司的長處，把努力的重點放在能夠著力的範圍內。

受差遣時，他總是儘量多做一步，設身處地體會上司的需要與心意。如果奉命提供資料，他就附上資料分析，並根據分析結果提出建議。

有一次，老闆外出，在那天半夜裏，保安緊急通知幾位主管，公司前不久因違紀開除的三名員工糾集外面一幫「朋友」打進廠裏來了，已打傷了數名保安和員工，砸爛了寫字樓玻璃門。其他幾位主管因為對老闆心懷不滿而不願擔負責任，就乾脆裝做不知道。而當祥剛接到通知後，立刻趕赴現場，他首先想到的就是報警，接著又請求治安員火速增援。為控制局面，他用喇叭喊話，同對方談判，穩住對方，直到民警和治安隊員趕來將這幫肇事者一網打盡。

這件事情過後，祥剛贏得了其他部門主管的敬佩與認可，老闆也對他極為倚重，公司裏任何重大決策必經他的參與及認可。

企業的發展不可能風平浪靜，企業的管理也不可能滴水不漏，老闆的才能也不可能沒有欠缺，一個勇於負責的員工應當在老闆需要的時刻挺身而出，該出手時就出手，爲老闆分擔風險，這樣你必將贏得其他同事的尊敬，更能得到老闆的信任和器重。而那些認爲多一事不如少一事、逃避責任的員工，是永遠不會進入老闆視野的，也永遠成不了公司的核心員工，成不了公司發展的核心力量。

敢擔當的人才能贏得老闆青睞

老闆青睞的員工，個個都是負責任的人。只有主動對自己的行爲負責、對公司和老闆負責、對客戶負責的人，才是老闆心目中優秀的員工。

作爲一個員工，要切記的是：當工作中出現了問題，如果是自己的責任，應該馬上勇於承認，並設法及時補救。胡亂推卸責任並試圖將自己置之事外，以爲上司沒察覺的做法是很愚蠢的。上司之所以能夠排除萬難建立他的事業，必有他的過人之處，對一些小問題也自然能分辨誰是誰非。

「我警告我們公司的人，」美國塞文事務機器公司前董事長保羅·查萊普說：「如果有誰說『那不是我的錯，那是他（其他同事）的責任』，若是被我聽到的話，我馬上就開除他。因爲說這話的人顯然對我們公司沒有足夠興趣——如果你願意，站在那兒，眼睜睜地看著一個醉鬼坐進車子裏去開車，或一個沒有穿救生衣、只有兩歲大的小孩單獨在碼頭邊上玩耍——好吧！可是我不容許你這樣做。你必須跑過去保護那兩歲的小孩才行。同樣的，不論是不是你的責任，只要關係到公司的利益，你都該毫不猶豫地加以維護。如果你想使老闆相信你是個可造之才，最好最快的方法，莫過於積極尋找並抓牢維護公司利益的機會，哪怕不關你的責任，你也要這麼做。」

微軟初創業時，一天，一名叫麗塔的女雇員匆匆走進比爾·蓋茨的辦公室，一屁股坐在椅子上。

她在公司客戶服務部工作，幾周以來，客戶們紛紛打來電話抱怨貨物發運有誤，弄得她應接不暇。她對這種情況感到厭煩透了，要求比爾採取點措施，不然她就準備辭職了。

「好吧，麗塔。」比爾·蓋茨像往常一樣說，「我會搞清楚是怎麼回事的。」她道了謝，起身離去。

像麗塔這樣的員工總能得到他們尋求的東西：一點安慰，一點保證。但她卻因此暴露了自己的心態：我是一個「小人物」，不應當成爲處理問題的人；我只想每天來上班，一切都順利就行，我可不想動腦筋並承擔任何責任。

事實上，用這種推卸責任的態度去工作的雇員，無異於告訴老闆或主管，他們不打算承擔更多責任，不想用自己的能力去找出解決問題的辦法。因此也很難得到老闆的重視。

不要以爲上司都是「忠奸不分」的人。如果你已經推卸責任而上司仍然用你的話，那並不說明他贊同你的做法，或許僅僅是因爲他一時找不到更適合的人手，而你又有其他長處可用。雖然他不願當眾揭穿你推卸責任的行爲，但是，在上司的心中，早已把你定位成了一個並不可靠的人。

不要覺得「我只是按照上司的指令行事，錯不在我」。這樣想你就錯了，在企業上層領導的眼中，每個企業雇員都應是責任人。所以，不要把因爲服從而犯下的錯誤推給上司。作爲一名優秀的員工，必須將對事業負責任作爲自己服從的第一準則！

微軟有幾萬名員工，每一個人都肩負著一份工作責任。對此，比爾．蓋茨認爲：「讓員工感到自己的責任，他們才能更高效率地進行工作，推進工作的進展速度。」

現如今的企業，老闆越來越需要那些敢做敢當，勇於承擔責任的員工。因爲，在現代社會裏，責任感是很重要的，不論對於家庭、公司、社交圈子都是如此。它意味著專注和忠誠。

工作本身就意味著責任。在這個世界上，沒有不需承擔責任的工作。在需要你承擔重大責任的時候，你應馬上去承擔它，這就是最好的準備。如果不習慣這樣去做，即使等到條件成熟了以後，你也不可能承擔起重大的責任，你也不可能做好任何重要的事情。

不要害怕承擔責任，只要立下決心，你一定可以承擔任何正常職業生涯中的責任，你一定可以比別人完成得更出色。

巴頓將軍指出，在作戰中每個人都應付出並堅決地服從，要到最需要你的地方去，做你必須做的事，而不能忘記自己的責任。切記，千萬不要利用自己的功績或手中的權力來掩飾錯誤，從而忘卻自己應承擔的責任。

堅決服從上司的指令，並讓人們看到你如何承擔責任和如何從錯誤中吸取教訓，這不僅僅是一種對待工作的態度，而且也會使同事和上司對你更欣賞和信賴。

沒有勇於擔當的心，就沒有成功

強烈的責任感會讓人表現得更加出色，但遺憾的是，許多人都沒能瞭解這一點，他們眼中看到的只有責任帶給自己的沉重負擔，因而選擇了逃避，放棄了承擔責任的義務。

誠然，尋找藉口雖然可以一時推卸掉責任。但是卻因影響了執行而給他人留下了不好的印象。在執行中一遇到困難就千方百計尋找藉口推卸責任，這種小花招雖然讓你一時逃避了責任，但你有沒有想過什麼都不做的後果？

在困難面前消極逃避，你的工作能力自然得不到提高，長此以往，執行力也將大打折扣。只有迎難而上，積極應對，認真分析問題，找出解決的方法，並堅定不移地執行下去，才是正確的工作態度。當然，這需要你花費很大的精力，你可能要查閱大量的資料，可能要進行大量的市場調查，可能要加班加點坐在電腦前冥思苦想，可能要虛心向上司及有經驗的同事請教，但這些都是你必須要做的。在一次又一次攻克難關的過程中，你會積累起豐富的實踐經驗，個人的執行力自然會隨之大爲提高。況且，你的自信心也會隨之不斷增強，當你堅信有能力克服一切困難時，你就不會再找藉口推卸責任了。

巴頓將軍曾說過：「自以爲是而忘了自己責任的人，一文不値，遇到這種軍官，我會馬上調換他的職務。一個人一旦自以爲是，不負責任，就會遠離前線作戰，這是一種典型的膽小鬼的表現。唯有勇於負責任的人，才會爲自己從事的事業心甘情願地獻身！」

現實中有些人爲了逃避責任，在問題面前不作任何決定，事事請教上司。一旦出現差錯，他們就會理直氣壯地說「是上司讓我這麼做的」，言外之意我可是服從領導、絕對執行的好員工，一切責任都應該由上司負，至少也應該由上司負主要責任。持有這種觀點的人是非常可笑的，再自以爲是付諸實施就是可悲的了。

有沒有想過，在所謂的服從領導、絕對執行的背後，就是能力低下和缺乏主動工作的精神。沒有一個上司喜歡這樣的員工，如果你是一個初入職場的新人，對於你的勤於提問，上司一般會不厭其煩地指導你；如果你事事請教，會浪費上司的時間和精力，打亂上司的工作安排，難免會引起上司反感，當你再把責任推到他頭上時，自然就會爲你不負責任的行爲付出沉重的代價。

要知道逃避責任只會自食其果。不願承擔責任的員工，很難把自己的本職工作做到盡善盡美。因爲他無論幹任何事情都小心翼翼，唯恐會出現什麼差池需要自己承擔責任，所以就會喪失創造力。而員工的第一職責就是做好本職工作，只有把本職工作做到最好，才能得到企業的支持和領導的認可。如果不能把本職工作做好，最終的結果就是被公司辭退，這是毫無疑問的。

不管何時何地，勇於承擔責任對個人、對企業、對國家、對社會都是不可缺少的品質。如果一名士兵想成爲好軍人，就一定要遵紀守法，有強烈的自尊心，爲自己的部隊與國家感到無比的驕傲，對同志與領導有高度的責任、義務感，對自己表現出的才能充滿信心。這樣的要求同樣適用於公司的員工。習慣於逃避責任的員工，往往很難避免失業的厄運。

所有的公司員工，都有維護企業利益與形象的責任和義務，如果在該負責任的時候逃避責任，就會讓公司的利益受損。因爲員工就是企業的代言人，員工的形象在某種程度上就代表著企業的形象。假如一家企業的員工有不負責任的表現，那麼整個企業就會給人一種不負責任的感覺，這種企業又如何能在社會上立足呢？

如果你不想使自己陷入孤立之中，那麼就不要逃避責任。每個人在工作中都難免會出現一些失誤，重要的是出現失誤後的態度。如果抱著「所有的錯都是他人造成的」的態度，總是一味地抱怨他人，不從自己身上找原因，那麼就會引起同事的不滿，這會爲以後的合作造成障礙。如有錯誤，敢於承擔，不逃避責任，這樣才能贏得更大的成功，否則只會喪失成功。而那些逃避責任的人，也永遠不會得到人們的尊重。

某報社有一位非常有才華的青年編輯，可這位編輯工作懶散，毫無責任意識。有一次，報社到了發稿時間，他卻依然慢條斯理，最終影響了報紙的出報時間。當報社追究責任時，他卻為自己找了很多理由，企圖讓報社來承擔損失。可想而知，這位滿腹才華的編輯幾乎成了過街老鼠，同事們群起而攻之，最後這位編輯不得不自己承擔責任。

這樣的人想要得到尊重與提升幾乎是不可能的，通常情況下，人們更喜歡去尊敬那些能力一般卻盡職盡責的人。

一個盡職盡責的人，無論做什麼工作，無論他的薪水多麼微薄，無論他的上級多麼的不賞識，他都會在工作中積極地投入自己的全部精力與熱情，並勇於承擔責任，他都會爲自己的工作成就感到驕傲與自豪，同時也會贏得別人的尊重。以主人翁的精神和勝利者的心態來對待工作，工作自然就會成爲非常有意義的事。

勇於承擔責任，出現問題時不逃避責任。只有這樣，我們在工作中才能一帆風順。反之，如果一個人在應該承擔責任時，總是選擇逃避、推脫，那麼等待他的只有失敗。要知道，逃避責任的結果只有一個，那就是失敗。

EQ

中篇 情商第二

情商是一個人獲得成功的關鍵。心理學家霍華德・嘉納說：「一個人最後在社會上佔據什麼位置，絕大部分取決於情商因素。」

有一個生意人，沒上過什麼學，可是如今卻掌控五家公司，其中包括兩家上市公司，總營業額每年接近八十億。他說：「管理人員比我懂管理，市場人員比我懂市場，技術人員比我懂技術。我的最強項是考慮公司的戰略，怎麼去處理各方面的關係。」學識僅僅是基礎，說明不了什麼，公司的成敗，能發展到什麼程度，在很大程度上取決於領導者的情商。

高情商者可以充分發揮自己的潛能，調節自己的情緒和心態，可以與周圍的人和環境保持良好的親近度，因此會獲得更多的機遇，從而提前實現自己的夢想。

1 瞭解自我
——三省吾身勤內視，正確認知定準位

如果一個人不能瞭解自我，認識自我，反省自我，欣賞自我，而是一味地活在他人的眼光中，那麼他就會陷入迷失的境地，不能夠找到屬於自己的人生方向。自知者智，唯有認清自己才是走向成功的前提。

自省才能看見真實的自己

在紛繁複雜的社會中生存，高情商者不會忘記給自己抽出一些時間進行自我反省。因爲，唯有自省才能看見更真實的自己。

一個人在自己的生活經歷中，在自己所處的社會境遇中，能否真正認識自我、肯定自我，如何塑造自我形象，如何把握自我發展，確立自我意識，將在很大程度上影響或決定一個人的前程與命運。換句話說，你可能渺小而平庸，也可能美好而傑出，這在很大程度上取決於，你是否能夠自省，充分地去認識自己，進而改變自己。

有這樣一段話說得很好。雄鷹說：「蝸牛奮力可以爬上金字塔頂峰徜徉，而我勇於反省自己，也可以展翅翺翔，傲視藍天。」綠葉說：「紅花耀眼出眾，獨當一面，而我勇於反省，也可裝點春色，爲人們帶來美的享受。」小溪說：「雨滴奮力可以衝破雲霄降落，而我勇於反省，也可以俯視山川，爲人類默默耕耘。」

一個真正成熟的人，應該在充分認識客觀世界的同時，也充分看透自己。或許我們常常會遇到這樣一些人，他們身上有些缺點那麼令人討厭：他們或愛挑剔、喜爭執，或小心眼、好忌妒，或懦弱猥瑣，或浮躁粗暴……這些缺點不但影響著他們的事業，而且還使他們不受人歡迎，無法與人建立良好的關係。許多年過去了，這些人的缺點仍絲毫未改。細究一下，這些人心地並不壞，他們的缺點未必都與道德品質有關，只是他們缺乏自省意識，對自身的缺點太麻木了。

有那麼一隻鴿子，老是不斷地搬家。但是不知道為什麼，每次新窩住了沒多久，牠就感覺總有一種濃烈的怪味，讓牠喘不上氣來。不得已的情況之下，牠只好一直搬家。然而就算不停地搬家，這個問題還是一直困擾著牠，於是牠就把自己的煩惱告訴了一隻經驗豐富的老鴿子。老鴿子說：「你搬了這麼多次家根本沒有用啊，因為那種讓你困擾的怪味並不是從窩裏面發出來的，而是你自己身上的味道啊。」

這就像我們現實中的人類一樣，有些人總是不斷地埋怨別人的過錯，指責別人的缺點，他們覺得周圍的環境和人處處跟自己作對；還有人總是認爲自己「曲高和寡」，一般人無法理解自己豐富而深刻的思想。實際上，他們並沒有意識到真正的問題不是來自於周圍，而是來自於他們自己本身。像這樣的人，必須試著認清自己，認真而深刻地反省自己。

孟子提出：「愛人不親，反其仁；治人不治，反其智；禮人不答，反其敬。行有不得者，皆反求諸己。」意思是說，我愛別人而別人不親近我，應該反問自己的仁愛之心夠不夠；我管理別人而未能管理好，就應該反問自己的知識能力夠不夠；我禮貌待人而得不到回應，就要反問自己的態度夠不夠恭敬。任何行爲得不到預期效果，都應該反躬自問，好好檢查自己。

夏朝時，一個背叛的諸侯有扈氏率兵入侵，夏禹派他的兒子伯啟抵抗，結果伯啟被打敗了。他的部下很不服氣，要求繼續進攻，但是伯啟說：「不必了，我的兵比他多，地也比他大，卻被他打敗了，這一定是我的德行不如他，帶兵方法不如他的緣故。從今天起，我一定要努力改正過來才是。」

從此以後，伯啟每天很早便起床辦公，粗茶淡飯，照顧百姓，任用有才幹的人，尊敬有品德的人。過了一年，有扈氏知道了，不但不敢再來侵犯，反而自動投降了。

由此我們可以看出，假如遇到失敗或挫折的時候，能夠像伯啓一樣深刻地反省自己，肯虛心地檢討自己，馬上改正有缺失的地方，那麼最後的成功，一定會出現在我們面前。反省就是檢查自己的思想和行爲，並作出評價，從而改正過失。孟子曾說過：「仁者如射，射者正己而後發。發而不中，不怨勝己者，反求諸己而已矣。」仁者立身處世也像射箭一樣，射不中，不怪比自己技術好的，只應從自身找原因。

自省，讓我們清空心中的欲念，重拾身邊哪怕只是微小的幸福與感動；自省，讓我們清點心中的渴望，重獲身邊哪怕只是點滴的歡笑與淚水；自省，讓我們打點生活的行裝，重整身邊哪怕只是絲毫的堅毅與信念，從而在自省後找到心的歸宿，靈魂的彼岸。

自我省察不僅僅是對自己的缺點的勇於正視，它還包括對自己的優點和潛能的重新發現。認識了自己，你就是一座金礦，你就能夠在自己的人生中展現出應有的風采。認識了自己，你就成功了一半。

人生幾十年，你會經歷很多事情。說出來永遠要比做了容易，又有幾個人能真正地認識並改正自己的錯誤呢？工作中最需要自我反省，不僅是在自己做錯的時候要反省，倘若你在取得一點成績之後自我反省一下，那麼你將取得更好的成績。

每個人都有屬於自己的芳香

高情商的人從不羨慕、憧憬他人，他們堅信自己擁有屬於自己的芳香。而低情商的人卻總是在羨慕別人，憧憬別人的財富與成功，他們總是在試圖表現出自己其實並不具備的品質，最終使自己心神疲憊。其實，我們每個人都有自己的芳香，只要做好我們自己就已經足夠了。做一個高情商的人，堅信自己擁有屬於自己的芳香吧。

有一個年輕人，很希望能夠做出一番自己的成就來。開始，他也總是嘗試著鼓足勇氣去做每一件事。但是，漸漸地他就對自己失去了信心，結果一事無成，因此，他感到很自卑。

有次，他去拜訪了一位成功的長者。他希望從那位長者口中獲得一些成功的啟示。在見面之後，他問了長者一個問題：「為什麼別人努力的結果總會成功，而我努力的結果卻那麼糟糕呢？」

長者微笑著搖了搖頭，反問他：「如果，現在我送你『芳香』兩個字，你首先會想到什麼呢？」

思忖了一會兒，年輕人回答說：「我會想到糕點，雖然我開辦不久的糕點店已在前些日子停業了，但是我仍會想到那些芳香四溢的糕點。」

長者點了點頭，然後，便帶他去拜訪一位動物學家朋友。在見面後，長者問了對方一個相同的問題。

動物學家回答道：「這兩個字，首先會使我想到眼下正在研究的課題——在自然界裏，有不少奇怪的動物，利用身體散發出來的芳香做誘餌，捕捉食物。」

之後，長者又帶他去拜訪一位畫家朋友，也問了對方這麼一個問題。

畫家回答道：「這兩個字，會使我聯想到百花爭豔的野外，還有翩翩起舞的少女。芳香，能夠給我的創作帶來靈感。」

從那位畫家朋友家中出來之後，年輕人仍不明白長者的用意。

在返回的途中，長者順便又帶他去拜訪了一位久居海外，剛剛回國探親的富商。在談話中，長者也問了對方這麼一個問題。

那位久居海外的富商動情地說：「這兩個字，會使我聯想起故鄉的土地。故鄉土地的芳香，令我魂牽夢繞。」

辭別那位富商之後，長者才問那個年輕人：「現在，你已經見過不少出色的人物了。那麼，他們對『芳香』的認識與你相同嗎？」

年輕人仍不解地搖了搖頭。

長者繼續問道：「那他們對『芳香』的認識，有相同的嗎？」

年輕人又搖了搖頭。此時，長者笑了，然後意味深長地說：「其實在生活中，每一個人都有與眾不同的芳香，你也一樣呀，擁有自己的芳香。為什麼你現在做的不像別人那麼出色呢？那是因為你只是在看別人如何欣賞他們自己的芳香，而把你自己的芳香給忽視了。」

任憑世事紛紜，你都要好好把握你自己，千萬別忽視了自己的芳香。很多時候，你不用想得太多，只要走屬於你的道路，做好你自己就行了。

有一個沒有工作的人到微軟應聘一份清潔工的工作。在經過面試和清潔試工以後，人事部門告訴他被錄取了，向他要Email，以寄發錄取通知和其他文件。

他說：「我沒有電腦，更別提Email了。」

人事部門告訴他：「對微軟來說，沒有Email是無法想像的，所以微軟不能用你。」

他很失望地離開微軟，口袋裏只有幾美元。他只好到便利商店買了十公斤的馬鈴薯，挨家挨戶地轉手賣出。兩個鐘頭後馬鈴薯賣光了，獲利四十美元。接下來他又做了好幾次生意，把本錢增加了一倍。他發現這樣可以掙錢養活自己，於是，他便認真地做起這種生意來。

憑藉個人努力和一些運氣，他的生意越做越大，還買了車，增加了人手。五年內，他建立了一個很大的「挨家挨戶」的販售公司，提供人們只要在自家門口就可以買到新鮮蔬果的服務。最後，他成了百萬富翁。

之後，他考慮到為家人規劃未來，於是計畫買一份保險。簽約時，業務員向他要Email。他再次說出：「我沒有電腦，更別提Email了。」

業務員很驚訝：「您有這麼樣一個大公司，卻沒有Email。想想看如果你有電腦和Email的話，可以做多少事啊！」

他說：「我會成為微軟的清潔工。」

每個人都有自己合適的道路，而高情商者選擇了一條適合自己的道路，這樣生活從此也變得五彩繽紛。做人就要走專屬於自己的那條路，只有做好了自己，你的人生才能煥發出別樣的風采。

真誠相待，回歸真我

生活在世上的每一個人，都有自己的處世風格，而只有真實才是保持做人本色的本真體現。高情商者從不虛僞，他們懂得真誠相待，保持真我。在人生的漫漫長路上，他們堅持著自己想要的，始終本著自己的原則，一如既往地挺起脊樑做人。

從某種意義上來說，保持自我也是一種成功。在人生中，有些事情是我們必須做的，哪怕是一生只做一次，哪怕因此而付出巨大的代價，我們都必須不顧一切地勇往直前。

一位護士剛從學校畢業，在一家醫院做實習生，實習期為一個月。在這一個月內，如果能讓院方滿意，她就可以正式獲得這份工作；否則，就得離開。

一天，交通部門送來一位因遭遇車禍而生命垂危的人，實習護士被安排做外科手術專家——該院院長亨利教授的助手。複雜艱苦的手術從清晨進行到黃昏，眼看患者的傷口即將縫合，這位實習護士突然嚴肅地盯著院長說：

「亨利教授，我們用了十二塊紗布，可是你只取出了十一塊。」

「我已經全部取出來了，一切順利，立即縫合。」院長頭也不抬，不屑一顧地回答。「不，不行！」這位實習護士高聲抗議道，「我記得清清楚楚，手術中我們用了十二塊紗布。」院長沒有理睬她，命令道：「聽我的，準備縫合。」這位實習護士毫不示弱，她幾乎大聲叫起來：「你是醫生，你不能這樣做！」

直到這時，院長冷漠的臉上才露出欣慰的笑容。他舉起左手裏握著的第十二塊紗布，向所有的人宣佈：「她是我最合格的助手。」

而這位實習護士理所當然地獲得了這份工作。

保持真實是做人的本色，真實是一個人一生中不可或缺的品格，真實就是堅持自己的原則，不喪失自我，不爲眼前的利益卑躬屈膝，從而在生活中把握自己的方向。

隨著我們自己變得越來越真實，我們就能看到表面之下的靈魂，不再擔心年齡、外表和日漸稀疏的頭髮，這個時候，我們看到了精神的美。

有一個飯店老闆的女兒叫茉莉，她想成為歌唱家，可是她的臉蛋兒長得並不好看：她的嘴巴很大，牙齒向外突。每一次公開演唱的時候，她總是想把上嘴唇拉下來蓋住她的牙齒。她極力想表現得很美，結果，她使自己大出洋相。

在夜總會裏有位聽過茉莉唱歌的客人，認為她很有天分。他對茉莉直率地說：「我跟你說，我一直在看你的表演，我知道你想掩蓋的是什麼，你覺得自己的牙齒長得很難看，對不對？」茉莉羞憤不已，可是那個客人繼續說道：「難道說一個人因為長了齙牙就罪大惡極了嗎？不要執意去遮掩，張開你的嘴巴，如果觀眾覺得你不在乎的話，他們就會喜歡你的。再說，那些你想遮起來的牙齒，說不定還會給你帶來好運呢。」

茉莉受到了極大的鼓勵，她接受了這位客人保持真實的忠告，不再去注意她的牙齒。從那時候開始，她只想著她的觀眾，她張大了嘴巴，熱情而愉快地歌唱，終於，歌聲使她成了一流歌手。並且，當紅的喜劇演員還以學她的樣子為榮。

真實是一種力量，更是做人的本色。失去本色的人生是無光澤的人生。一個人最爲看重的幸福和成功只能從自己生命的本色中去獲得。

富翁看重金子，而本分的莊稼人卻看重腳下那片拴緊他們靈魂的土地，因爲他們深信「泥土裏面有黃金」。

當我們與自己內心和諧一致的時候，我們覺得自己是真實的。真實就像循環的能量一樣幫助我們充滿活力。保持做人的本色，就是不要丟掉自己真實的一面，用你真實的一面去體察，你就能夠透過膚淺的表像，看到一個人的實質。所以，若想發現自己獨一無二的價值，就請時刻保持自己做人的本色，回歸真我。

要贏得欣賞先欣賞自己

有句格言說得好：「不是因爲遭遇了挫折，我們才迷失自我；而是因爲我們迷失了自我，才會有那麼多的失敗。」

有較高情商的人是從來不會迷失自己的，因爲他們懂得欣賞自己。對於自我，他們坦然地承認，欣然地接受，不排斥自己，不欺騙自己，當然也從不拒絕自己，更加不會怨恨自己。欣賞自我是人們在培養高情商的道路上必走的一步。

一個不懂得自我欣賞的人只會與自卑爲伍，是得不到別人的欣賞和認可的，永遠與快樂保持著距離。

大衛．梅克是與《財富》、《商業週刊》並駕齊驅的、影響力極大的雜誌《福布斯》的總編。一次會上，他宣佈將要解雇一名員工。散會後，有位員工實在太擔心、太緊張，因為他感覺自己在公司的表現似乎很糟糕，忐忑不安之餘他忍不住就直接去找大衛．梅克問：「您要解雇的人是不是我？」大衛．梅克看了他一眼，然後慢悠悠地說：「本來我還沒想好要解雇誰，現在，既然你提醒了我，那麼就是你了。」就這樣，那位員工當場就被炒了魷魚。

顯然，這位被大衛炒掉的員工是個一點兒也不懂得欣賞自己的人，因此，大衛才否定了他的價值。其實，每個人都有自己的優點和缺點。有的人因爲缺點而全盤否定自己，把那些本來沒什麼的弱點和不足變成了沉重的心理包袱，壓得自己喘不過氣來，整天只能在生活的陰影中自怨自艾；有的人始終用欣賞的目光來看自己，即使看到自己有不少的缺點，他們也不會否定自己，他們認爲即使缺點也是自己的一部分，它們和優點共同塑造了世間獨一無二的自己，他們相信自己能夠超越缺陷，能夠將它轉化成自己的優勢。

義大利著名女星索菲婭．羅蘭曾榮封奥斯卡影后，並獲得奥斯卡終身成就獎，是光芒萬丈的一代國際巨星。

然而，十六歲她第一次試鏡時，攝影師、造型師、化妝師們都抱怨她的鼻子太長、臀部太大。於是，導演建議她把臀部減去一點兒，把鼻子縮短一點兒。但索菲婭．羅蘭並沒有像大多數演員一樣對導演言聽計從。她告訴導演，她覺得鼻子和臀部正是自己的特色，她欣賞自己。

當時，很多人都說她太驕傲，竟然連導演的意見也不聽。不過，導演卻因此而越發地注意她，想聽聽她對此的說法。索菲婭．羅蘭自信地說：「我的鼻子確實與眾不同，但是我為什麼要和大多數人長得一樣呢？至於臀部，無可否認，它確實有點過於發達，但那也是我的一部分。它們正是我的特色所在，我願意保持我的本來面目，並且堅持認為那就是最美麗的。我相信一個人想要被大眾接受，就一定要自己先欣賞自己。」

索菲婭．羅蘭說服了導演，並迅速地走紅，幾乎沒有人不被她渾身上下散發出來的自信所吸引。二〇〇〇年，已經六十六歲的她還被評為「二十世紀最美麗的女人」。

的確，一個欣賞自己、信任自己的人比一個否定自己、自卑的人更加容易成功。當我們能夠自我欣賞的時候，才能夠不斷挖掘自己的潛能，才能夠擁有自信的力量去超越自我，也才能夠成功。比爾．蓋茨就是一個很欣賞自己、相信自己才能的人。

比爾．蓋茨廿二歲那年，已經成了哈佛的一年級學生，在就讀哈佛大學期間，他曾向世界第一部微型電腦的開發者艾德・羅伯茨要求在他的電腦上採用自己編制的BASIC語言，對方因為他年紀小而根本不相信他的話。但比爾・蓋茨最終在其電腦上順利通過了測試，這讓羅伯茨驚歎不已，並且馬上決定按比爾・蓋茨的條件購買軟體。

當比爾・蓋茨決定放棄學業轉而從事電腦行業時，沒有人相信他能夠成功，甚至連他的父母都不相信。其後，蓋茨的父母委託一位在電腦行業和商業界都很有威望的人——斯托姆來說服比爾・蓋茨，但結果卻是這位公認的辯才斯托姆被比爾・蓋茨說服了。

今天，比爾・蓋茨在眾人眼中已經是一個電腦軟體巨人，是一位萬眾矚目的富豪。但是，一路走來，誰能夠說如果沒有對自我的欣賞、始終堅守的自信，他還能夠有今天的成就？

事實上，大凡成功的人都是自我欣賞的。一個自卑的人是很難成功的。其實，每個人都有屬於自己的優點，你也不例外。不要總是看到自己的缺點，如果你拿別人的優點與自己的缺點進行比較，怎會不受打擊？你不妨做一些自己一直感興趣的事情，興許一不小心不但克服了自卑，還意外找到了自己的事業方向。

渴望成功的人，別把大量的腦能量都消耗在自我懷疑、自我否定上，要學會欣賞自己、相信自己。慢慢地，人們就會因我們的自我欣賞而欣賞我們。

堅決不做別人的翻版

生活的環境是複雜的，但只要做到了保持本色，你會發現一切都變得如此簡單。高情商的人從不過度在意別人對自己的看法，重要的是他們懂得爲自己而活著。他們堅信，在這個世界上自己永遠是獨一無二的。無論如何，他們都會保持本色，從不做別人的翻版。

年輕的時候，覺得在長輩面前不應該太過唐突；上了年紀又怕在晚輩面前失了尊嚴；在學校的時候總以爲老師說的是真理，遇上專家學者、地位高而受人尊敬的人士，更是只能點頭稱是；工作了以後不敢反駁頂頭上司，不敢和同事發生爭論……我們總是懼怕別人的眼光，總是擔心別人會不喜歡自己，於是被動地迎合別人，依附別人，放棄自己的思考、自己的權利，甚至放棄自己的夢想，結果只能獲得平庸的生活和卑微的尊嚴！到底是哪裏出了問題？

有一次，雪峰禪師和岩頭禪師共遊南方，同行的還有一位小和尚。行至湖南鼇山時，遇到大雪不能繼續前進，便留下來小住。

兩位禪師整天討論禪悟，小和尚沒什麼事情做，於是就每天坐禪。過了幾天，岩頭禪師便責備他不該每天坐禪。受到岩頭禪師的訓導和指示，小和尚不再坐禪，每天不是東遊西蕩就是睡覺。這樣又過了幾天，雪峰禪師又責備他修行懶惰，只知道睡覺卻不坐禪。

一時間，小和尚不知道如何是好，坐禪不對睡覺也不對，於是，他委屈地跟雪峰禪師說：「師父，不是我不坐禪，是岩頭禪師責備弟子不該只知道坐禪，所以弟子……」還沒等小和尚說完，雪峰禪師就一棒打了過來，大聲喝道：「我的話你竟敢不聽。該打！」

小和尚被打得有點兒莫名其妙，但又不敢再說什麼，便坐下來打禪了。這時正好岩頭禪師路過，看到小和尚又在坐禪，便生氣地喝道：「你竟敢違逆本座的意思，你不想得到佛法了嗎？」說著也給了小和尚一棒。

小和尚苦著臉說：「兩位師父，我知道你們都是為我好，可是你們一個讓我這樣，一個讓我那樣，我真的不想違逆你們，但是我又不知道該怎麼做。」

聽完小和尚的話，雪峰禪師與岩頭禪師同時拿起棍棒，正準備往小和尚腦袋上打去，小和尚突然站了起來，說：「不許你們再打我了，你們的話，我一個都不聽。佛法就是讓人求得自我、自在，所以，以後我想睡覺就睡覺，我想坐禪就坐禪，我想幹什麼就幹什麼！」

雪峰禪師與岩頭禪師相視一笑：小和尚終於開悟了，他明白雖然他們是得道的大師，但自己才是最重要的。

芸芸眾生，每個人都必然有適合自己的位置。在個人的成長經歷中，保持自身的本色以及創造力是非常必要的。我們完全沒有必要去一味地追隨別人的腳步，迎合他人的口味，別人不應該成爲我們的標準，爲什麼我們不能堅持自己的主張呢？

人生是短暫的，屬於自己的快樂又是非常少的，爲什麼不抓住有限的時間給自己展翅飛翔的機會？爲什麼不掙脫別人的束縛放開手腳大幹一場，哪怕只是引吭高歌一番？我們應該過自己的，而不是別人賜予的生活！

記住，我們不是別人的翻版，別人也不是我們的鏡子。不要在別人的壓力下失去自己的尊嚴。

清楚地瞭解自己的價值觀

人們所處的自然環境和社會環境，包括人的社會地位和物質生活條件，決定著人們的價值觀念。自然，生活在社會上的每個人都有自己不同的價值觀。

相信你一定遇到過棘手的情況，遲遲下不了決心。這其中的原因乃是你不知道這種情況下什麼是最重要的價值。事實上，一切決定都根植於清楚的價值觀。

高情商的人往往不會猶豫，他們一般能夠很快地作出決定，那是因爲他清楚地知道自己人生最重要的價值何在。價值觀有如人生的指南針，引導人走出人生中各種困境。

不同的價值觀帶給人不同的人生。無論任何人，他的價值觀只能經過他自己痛苦的選擇後才決定下來。

海倫是個地方報紙的專欄作家，專門報導內幕新聞，薪水很高，朋友都覺得她很幸運，然而，她從來就不覺得自己成功。

為什麼？因為她非常重視人道主義：她喜歡幫助人，她需要幫助人。寫這種專欄不但不能滿足她幫助人的願望，還令她有剝削別人的感覺。

也許別人不會有這種感覺，也許別人喜歡寫這種專欄，可是最重要的是：海倫有不好的感覺，她根本就不喜歡寫這種專欄。寫這種專欄，對她來講，就是一種自己害自己的決定。看不起自己的工作，使得她看不起自己，也使她覺得不成功。

假如海倫清楚自己的價值觀，接受自己的價值觀，那麼她一定會找個新的工作，比如改寫能幫助人的專欄。

簡單地說，價值觀就是每個人判斷是非黑白的信念體系，引導我們追求所想要的東西。

我們一切行爲的目的都在於實現我們的價值觀，否則就會覺得人生有缺憾，沒有意義。價值觀會主宰我們的人生方式，影響我們對周圍一切的反應。

有什麼樣的決定就會造成什麼樣的命運，而主宰我們作出不同決定的關鍵因素就是個人的價值觀。愛因斯坦說：「一個人的真正價值首先決定於他在什麼程度上和在什麼意義上從自我解放出來。」

一個人要想體現自己的人生價值，他就必須清楚自己的價值觀，同時確實按照這個價值觀過其人生。如果我們不知道自己人生中什麼是最重要的，什麼價值是我們確實應該堅持的，那麼怎會知道該建立什麼樣的人生價值呢？又怎樣能知道該作出何種有效的決定呢？

不管你的價值觀是什麼，但千萬別忘了，它就是你人生的指南針，引導著你人生的去向。每到你面臨選擇的關頭，它就會引導你作出決定，使你拿出必需的行動。

這個指南針如果你使用不當，就會給你帶來挫折、失望、沮喪，甚至人生就此掉進陰暗的世界；然而你若使用得當，它就會帶給你無窮的力量，讓你的人生充滿自信，不論處在任何狀況下都抱樂觀態度。而後看出是許多成功人士所共有的一個特質。

好好思考你目前所持的價值觀，它們是怎麼塑造出今天的你的？今後你要堅守正確的價值觀，修正錯誤的價值觀，因爲你的一切決定都受制於所持的價值觀，半點都由不得自己。

一旦你知道了自己的價值觀爲何，就會明白何以會選擇那樣的人生方向；當你知曉自己的價值體系，也就會明白爲什麼有時候會難以下決定，爲什麼內心有時候會掙扎。

馬斯洛說過：「音樂家作曲，畫家作畫，詩人寫詩，如此方能心安理得。」當你知道了自己的價值觀後，就能更清楚明白自己的作爲，不會今天一下子向東，明天一下子向西。

每個複雜的體系，不論它是一部機器，或是一台電腦，其各部分結構都得協調一致，相互支持，方能達成最佳的運作，如果各行其是，沒多久便會停機，人類也不例外。我們的行爲若無法與內心最重要的願望相符，那麼便會在內心產生對立，成功也就遙遙無期了，更甭談什麼發揮潛能了。

如果一個人正在追求某件東西，但在內心卻與自己的信念相衝突，那他就會陷入內心的混亂。我們若想發揮潛能，若想能改變、成功、興盛，就得清楚自己以及他人的法則，同時確實知道衡量成敗的標準。否則，我們只是個富有的乞丐。

更好地發揮潛能和你的價值觀是分不開的。許多人犧牲自己的價值觀，去做自己不願意做的事，這就是他們不能發揮他們潛能的原因。該做老師的人做了企業家，該做企業家的人卻跑去當老師；該做管理員的跑去做推銷員，該做律師的跑去當醫生，應該做醫生的卻自己創業做老闆——這種入錯行的人太多了。他們註定要失敗，因爲他們沒有選擇能激發潛能的生活。要想發揮潛能，要想成功，你一定得確立你的價值觀。換句話說，你必須根據對你來說最重要的事情來擬定你的目標。

活出自我，活出精彩人生

人生是精彩的，每個人的人生都應不同。高情商的人善於用自己的心靈、自己的雙手去構築自我的天地。

生命是上帝賜予我們的財富，我們應該好好利用生命的每一天。相信沒有人喜歡總活在他人的影子裏，觀看他人的風景而忘記了自己的步伐。過去的時光我們已經無法挽留，我們只能好好珍惜我們未來的每一天。每一個人的先天條件是不一樣的，不要刻意去模仿他人，我們應該尋找自己的價值，活出自己的風采。

大約在兩千年前，燕國壽陵有一位少年，他有一個很大的毛病，就是對自己沒有信心，總覺得別人什麼都好，而自己處處不如別人，總是覺得低人一等。他常常哀歎命運待他不公，鄰家的某某比他英俊，誰誰比他強壯，別人的吃穿住行都比他好。時間久了，他甚至忘記了自己是誰，總是在模仿著別人。

有一天，這個少年在路上聽到幾個人聊天，說邯鄲人走路姿勢非常美，於是他心動了，回家左思右想也想像不出邯鄲人的步法，於是收拾行囊，打算去當地學習人家走路。到了邯鄲以後，小夥子眼睛都直了，果然是美。那些小孩兒，走姿活潑而輕巧；那些青年，走姿輕鬆而瀟灑；那些女人，走起來婀娜多姿……他看到誰，就學誰走路的姿勢，結果半個月過去了，他不但誰的姿勢都沒有學會，反而連自己以前如何走路也記不起來了，最後只能爬著回自己的故鄉。

這就是「邯鄲學步」的故事。模仿並沒有錯誤，可是當模仿超過了自我的限度，那麼就是過猶不及了。我們每一個人都有自己的優點和特點，如果無視自己的價值，非得讓自己去走別人的路，那麼恐怕最終會迷失了自己。

每一個人都有適合自己的鞋子，如果非得去套別人的鞋子，那不但不舒服，反而可能會擠壞我們的腳。所以穿自己的鞋，走自己的路，讓別人說去吧。

對於人生而言，每一個年齡段都有每一個年齡段的精彩，十歲的單純，二十歲的活力，三十歲的奮鬥，四十歲的穩重，五十歲的知天命，六十歲的人生感悟，等等，我們沒必要站在二十歲去羨慕他人的四十歲，更沒有必要站在四十歲去慨歎青春已逝。何必去羨慕別人呢？站在當前，就要活出當前的精彩，那麼生命才沒有遺憾。

人還應該對自己好一點，爲自己而活。但是，有多少人是爲自己活的，又有多少人活出了自我？小時候我們爲苦口婆心的父母活，上學後爲循循善誘的師長活，工作後爲名利、世俗觀念活。一旦爲別人而活，你就總是會顧慮別人怎麼看你，怎麼說你，你就很難有自己的主見，並且很容易被他人之見左右，那你就必然失去自己心靈的自由，生活在別人的意志中。所以，我們要拒絕爲別人而活，需要說「不」時，要斷然說「不」，那不是不友善，不是冷默，而是一種責任、立場，更是一種善意，對自己，也對別人。

盧梭說：「大自然塑造了我，然後把模子打碎了。」這話聽起來自負，但這適用於每一個人。你可能成不了曹雪芹、貝多芬、牛頓，但是你完全可以成為你自己。其實做自己喜歡的自己並不很難，只需要像一位作家所說的那樣：「為自己活，照自己的方式做一些自己喜歡的事，不在乎別人的批評意見，不在乎別人的詆毀流言，只在乎那一份隨心所欲的舒坦自然。」我們完全可以將命運牢牢掌握在自己的手中，活得瀟灑一點，活出自我個性，活出自我的率真。

當然，活出真我，更需要正確認識自我，科學評價自我，從而超越自我。世界上沒有兩片完全相同的葉子，必須找到你與眾不同的長處，並根據自己的特點去設計成功，追求成功，才可能得到屬於你的那份成功。換個態度對待生活，活出自己的精彩吧！

都是自卑惹的禍

自卑會使人陷入消極的漩渦中，只看到陰暗，見不到陽光。要戰勝自卑就要相信自己，只有相信自己才能超越自己，從平庸變得傑出，而高情商的人從來都不會讓自卑掌控自己。

自卑的心理每個人或多或少都會有一些，因為一個人不可能永遠都充滿自信，關鍵的問題是，我們要想辦法走出自卑的陰影。自卑就像我們心中的陰雲，只有撥開它，我們才能享受到燦爛的陽光，擁有人生的快樂。

凱薩琳是來自美國阿肯色州的學生，也是她所在鎮裏唯一來哈佛讀書的人。在她即將起程到哈佛大學前，當地的人都為她能到哈佛上學而感到自豪，她自己也慶幸能有這樣好的機遇。

但是，凱薩琳的興奮勁還沒過，就忽然發覺情況不妙，甚至是很糟糕。原來哈佛並不是夢想中的天堂，她上課聽不懂，說話帶土音，很多大家都知道的事自己卻一無所知，而許多她知道的事大家卻又覺得好笑。這讓凱薩琳第一次感覺到自己是那麼無知，她與同學的差距太大了，根本沒有共同語言。

凱薩琳感到極度的自卑，她開始變得沉默寡言，她不明白自己為什麼要到哈佛來受這份羞辱，同時更加懷念在家鄉的日子，在那裏，可沒有人瞧不起她。感到孤獨無助的凱薩琳，覺得自己是全哈佛最自卑的人。

因為上課聽不懂，她的成績非常差，可是她又不願意去求助於同學和老師，她覺得那樣會讓大家更加瞧不起她。她和大家越來越疏遠，晚上常常以淚洗面，後來她患上了嚴重的抑鬱症，只好退學回家休養。

一個人如果有了自卑心理，往往會從懷疑自己的能力到不能表現自己的能力，從不善與人交往到孤獨地自我封閉。本來經過努力可以達到的目標，也會因爲認爲「我不行」而放棄追求。

有一位女作家在二十幾歲時，就已經有作品出版。可是，她依然自卑感十足。因為她有點胖，她總覺得衣服穿在任何人身上都比在自己身上好看得多。

每當出席宴會時，她總要在出發之前打扮幾個小時，可是一走進宴會廳，看到在座的各位女士個個花枝招展的樣子，又自卑起來，感到自己打扮得一團糟。

一次，女作家被邀請去參加一個宴會，她忐忑不安地去了。這時，她在門外遇到另一位年輕女士，年輕的女士問她：「你也是要進去參加宴會嗎？」

她微微一笑，扮了個鬼臉道：「大概是吧！」年輕的女士繼續說：「我一直在附近徘徊，想鼓起勇氣進去，可是我很害怕，總擔心別人會議論我什麼。」

她十分不解，她站在有光照的台階上看著她，覺得她很漂亮，比起自己來要好得多。她坦言：「我也害怕。」雙方相視一笑，緊張的情緒不翼而飛。

她們走向前面人聲嘈雜、情況不可預知的地方，在彼此的相互鼓舞下，開始和別人談話。這是一次很好的鍛煉機會，女作家第一次覺得自己已經不再扮演局外人的角色了，而是成為這群人中的一員。

所以在一些場合下不要太在意別人的看法，否則就會對自己失去信心。在想盡辦法取悅他人的時候，情形可能更加糟糕。這時，你會在腦海中不停地假想別人對你的看法，當然一般不會往好的方向想。此時，你就會有過度的否定回饋、壓抑及不良的表現，自卑感會油然而生。

基安很小的時候，隨母親從義大利到了美國，在汽車城底特律度過了悲慘的童年，痛苦和自卑成為他的不良印痕。

他那碌碌無為的父親告訴他：「認命吧，你將一事無成。」這個說法令他很沮喪。

有一天，母親告訴他：「世界上沒有誰跟你一樣，你是獨一無二的。」從此，他心裏燃起了希望之火，他認定自己是第一，沒人比得上他。自信奠定了成功的基礎。

他第一次去應聘，這家公司的秘書要他的名片時，他遞上一張黑桃A。結果立刻得到面試的機會，經理問他：「你是黑桃A？」

「是的。」他說。

「為什麼是黑桃A？」

「因為A代表第一，而我剛好是第一。」

就這樣，他被錄用了。後來，他果真成功了，成了世界第一。他一年推銷一四二五輛車，並創造了金氏世紀紀錄。

每個人在某個階段或多或少都會有自卑感，若能採取積極的措施克服自卑感，就能從失敗和絕望中走向成功。

走出自卑的陰影首先就要學會正確地評價自己，發現自己的長處，發現自身價值，堅信「天生我材必有用」。其次要學會自我激勵，積極暗示自己「我能行」、「別人能幹的事我也能幹」、「堅持就是勝利」等，增加自己戰勝困難與挫折的力量。再次要確立更為積極的自我形象，要學會自愛。這就要求必須要有健全的自尊心、自信心，無須自我懷疑，自我摒棄，更不能依賴別人來證實你的價值。我們自己確認自己的價值。這樣就有了一個良好的自我形象，從而愉快、充實地實現人格自我重塑並達到不斷完善的目的。

2 調控情緒

——喜怒哀樂不外露，牢記衝動是魔鬼

諾貝爾獎獲得者亞歷克西斯·卡瑞爾博士說：「不知道抗拒憂慮的人，都會短命而死。」人的情緒不僅對人的身心健康有至關重要的作用，而且影響著個人的成長與發展。低情商者會被情緒所控制，讓自己陷入失敗的深淵；而高情商者則能控制好情緒，進而創造條件，獲得成功。

控制自己不良的情緒

低情商者用情緒來左右行爲，而高情商者則用行爲來控制情緒。很好地控制自己的情緒，便可以避免一些不愉快的事情發生。所以，自制是每個人都應具備的品質。

自制是一種難得的素養，懂得自制的人才能控制別人，冷靜的人是永遠的勝者。讓自己的情緒不加控制地表現出來，常被人認爲是性格率直，是一種可愛的表現。人們常認爲這樣的人心地單純，沒有城府，交往起來更讓人放心。那麼，因爲這一點我們就能隨意發洩情緒嗎？我們必須認識到有很多場合，在很多時間裏是不容許我們隨便發洩情緒的，任何一個人都會產生情緒，如果誰都可以不分場合地任意發洩，那就會亂成一團了。所以，自我控制便成了一種難得的美德。

我們需要控制的情緒有很多，在我們所有的情緒中，最需要克制的便是憤怒，因爲憤怒會使人失去理智思考的機會。在許多場合，因爲不可抑制的憤怒，使人失去了解決問題和衝突的良好機會。而且，一時衝動的憤怒，可能意味著事情過去後得付出高昂的代價。

在實際生活中，憤怒導致的損失往往可能是無法彌補的。你可能從此失去了一個好朋友，失去一批客戶，失去一份工作，甚至失去婚姻。所以，當我們遇到意外的狀況時，要學會控制自己的情緒，輕易發怒只會導致相反效果。而及時地制怒，做到有禮有節，則會得到別人的尊重。

西元前二〇三年，正是楚漢相爭最激烈之時。西楚霸王項羽離開成皋城率軍東進，此舉被劉邦認為是奪取成皋城的大好時機。因此，當秋高氣爽時節，劉邦率數萬大軍把成皋城圍了個水泄不通。

成皋城內，項羽手下鎮守城皋城的大將曹咎堅守城池，拒不出戰。他深知劉邦大軍遠道而來，人睏馬乏，糧草有限，只要壁壘堅守，劉邦大軍將不日而退。因此，儘管劉邦大軍在城下耀武揚威地挑釁，曹咎均置之不理。劉邦急得不得了，倘若再僵持下去，糧草很快便要用盡，而且一旦項羽派救兵來，便很難取勝。劉邦召集謀士商議。有個謀士深知曹咎性格暴躁剛烈，便獻計每天派數百軍士輪流在城下辱罵曹咎，使曹咎暴跳如雷喪失理智。

此計果然生效。一開始只有十幾名、數十名漢軍騎兵在城下來回大罵曹咎，罵的話非常難聽。曹咎怒氣沖沖，但他謹記項羽臨走時的囑咐：無論如何不要出城與漢軍作戰，只要嚴守成皋城，拖住漢軍，就是建功。所以曹咎強忍怒氣，不予理睬。誰知漢軍更加猖狂，一連數天，加上謾罵曹咎隊伍的漢軍士兵越來越多，有的躺在城下叫罵，有的揚起白布招魂幡，上面寫著曹咎的名字破口大罵。最後，一介勇夫曹咎終於忍無可忍，他提刀上馬，帶領士兵殺出城門。漢兵大亂，紛紛逃離。曹咎怒火萬丈，非要把漢軍殺敗，他率軍渡汜水時，軍隊剛過去一半，就遭埋伏的漢軍攔截出擊。漢軍前後夾擊，直殺得曹咎潰不成軍。

曹咎無處可逃，看看部下軍士們屍橫遍野，成皋城早已插上漢軍旌旗，只好在悔恨與無奈中拔劍自殺。

可歎一代勇將竟然葬身唇舌之間，這都是因爲他遇事不能沉著冷靜，因而中了別人的激將法，從而令他自殺身亡。

不良情緒的產生是客觀的，自然的，但不良情緒又是對身心有損害的，所以必須控制。一個心理健康的人是能夠用理智戰勝情緒，而不做情緒的俘虜的。因此，掌握和運用科學的方法進行自我控制，是克服不良情緒最直接的，也是最有效的辦法。它可以使自己處於良好的情緒狀態，從而有益於自己的身心健康，進而推動事業的成功。

調整情緒，放鬆心靈

人的一生中，會遇到許許多多的情感挫折，必然會經常處於不良情緒的困擾之中。當一個人被消極的情緒所困擾時，應當設法進行克服，否則會影響自己的身心健康，如果情緒上所受的抑制太多，甚至還會發展成爲不良的性格。

尋找適合自己的自我控制方法，調節好自我的情緒，使我們時常處於良好情緒的狀態之中，可以使我們的生活更加美好，身心更加愉快。

我們知道，善用鍒的人永不把發條上得太緊，善駕車的人永不把車開得過快，善操琴的人永不把琴弦繃得過緊。情商高的人總在調整自己，給自己的心靈鬆綁。

馬太・亨利是一個非常有名的宗教家。有一天，他在傳教的路上遇到了一夥強盜，被洗劫一空。這一天，他在日記中寫道：真的要感謝上帝，我真的是太幸運了。我在此之前竟然從沒有遇到過類似不幸的事情；強盜只是搶走了我的錢，我的性命安然無恙，況且他們並沒有搶去我所有的財產；是他們搶我的錢，而不是我搶他們的錢。

在被搶之後能想出這麼多自我安慰的理由，亨利真不愧是一個情緒轉向的高手，結果是亨利的心情並沒有受到這次遭遇的影響。

我們都看到過交通擁擠的十字路口，在紅綠燈失控時的「慘狀」：整個路面成了車的海洋，不耐煩的司機在裏面鳴笛和叫喊，喇叭聲充斥於耳，整個交通處於癱瘓混亂狀態。這個時候就體現出交警的重要性，該停的停，該轉的轉。如果沒有交警的管理疏導，不知道這種混亂會拖延到什麼時候，造成什麼後果。人的情緒有時就如雜亂的交通一樣讓人頭疼，這時你就要做自己的「心靈交警」，給這些情緒做一個嚮導，實現合理的情緒轉向。

情商高的人會適時調整並接受自己的情緒。所以，當他們感到沮喪、生氣或緊張時，他們會用同樣的開闊和智慧來對待。他們不但沒有因為感覺不好就對抗這些情緒，或感到恐慌，反而自在地接納了這些情緒，知道這些終會過去。這種做法讓他們可以溫和而優雅地離開負面情緒，進入心靈的正面狀態。

下次你感到難過時，請不要抗拒它，試著去放輕鬆。看看除了恐慌，你是否能夠保持優雅與鎮定。不要對抗自己的負面情緒，只要你很優雅，它就會像落日一樣消失在夜幕中，在這種不在意的情緒狀態下就實現了成功的轉向。

情緒的轉向歸根結底要取決於產生情緒的行爲、態度的轉變，只有你將這些先轉變了，作爲它們產物的情緒才會轉變。

當對方勃然大怒時，你不要認爲他是個「脾氣暴躁的人」，而要認爲他是一個「感情豐富」的人；當對方對你的話置之不理時，你不要認爲他是個「不可理喻」的人，而要認爲他是個「挺有個性」的人；假如對方一直喋喋不休地只談自己，你不要覺得他是個「厚顏無恥」的人，而要認爲他是個「性格直爽」的人；對方向上司打小報告時，你不要認爲他是個「阿諛逢迎者」，而要認爲他是上司的「得力幫手」；假如你對別人的用錢謹慎不滿意，你不要罵他「吝嗇鬼」，而要肯定他是個「節儉的人」……

遺憾的是，情商較低的人常常過多地把他們的注意力、精力放在那些使他們痛苦不堪的思想上，以致情緒總是鬱鬱不振。反之。情商高的人雖然也會犯錯誤，但他們的高明之處就在於不拘泥於已有的事實，而把目光投向如何解決、如何改善現狀這些有建設性的目標上，所以他們的情緒相對而言都較穩定、積極。

輕鬆愉快的情緒究竟是證明了某人的偉大和非凡，還是只意味著有一個良好的心情？其實人的感覺既決定不了人的價值，也決定不了人的思想和行爲。有些人是積極主動、充滿活力的，大多數人是平凡的，還有些人則是懦弱的。不過只要本人願意努力，其不足之處是可以補償的。不足並不意味著先天的懦弱，金無足赤，人無完人，世上沒有全知全善全能的人。

普羅斯特說過：「真正的發現之旅，並不一定在於尋求新的景觀，還在於擁有新的眼光。」只要你調整新的眼光，世界就會變得不一樣，這樣情緒的轉向就並非難事了。

盡力掙脫恐懼情緒的束縛

恐懼是當我們面臨（或想像有）威脅時，或者可能受到傷害的時候自然產生的一種情緒。所以恐懼情緒是我們的本能，恐懼可衍生出緊張、焦慮、不安、害怕、惶恐等消極情緒。

一家出版物的撰稿人員採訪了兩千五百人後發現，這些人總共有七千多種不同的恐懼，諸如擔心喪失地位、擔心面臨貧困、擔心傳染到疾病、擔心某種未知的疾病或遺傳病加重、擔心小孩夭折以及許多其他充滿迷信的恐懼等。

恐懼能極大地削弱人的能力。它往往會破壞人的思維能力，也會毀滅一個人的創造性、激情和自信。恐懼能對一個人的所有思想、情緒和各種努力產生不良的影響，還會破壞人的抱負和成就感。

恐懼使人沮喪，使人感到壓抑，使人受到束縛。被恐懼纏身的人，其積極主動、富於創造力的心態會變得消極和漠然，而這種變化對渴望成功的人來說則是致命的。恐懼的後果，尤其在那些恐懼思想盛行的地方，會使得生命源泉乾涸。而無所畏懼則對人的身體和心靈都有著與恐懼情緒完全相反的影響。無所畏懼能開闊人的心胸，陶冶人的性情，使人精神飽滿，並能增強人的思維功能。

恐懼無異於在人的頭腦中引發了一場思想的浩劫，使人臆想各種各樣不祥的事情；而信心則是治癒恐懼的一劑良藥，因爲恐懼只看到黑暗和陰影，而信心則能看到雲朵邊緣的陽光和雲層背後的太陽。恐懼向下看，總是往最壞的方面想；而信心則往上看，總是往最好的方面想。恐懼使人悲觀，而信心使人樂觀。恐懼總是預測會失敗，而信心總是預測會成功。充滿信心的人不可能擔心貧窮，害怕失敗，也不可能產生懷疑，而懷疑往往是所有災難中最大的災難。

高情商者完全可以通過控制自己的思想，將自己從恐懼這個惡魔的糾纏中擺脫出來。只要他願意這樣做，就一定能做到。別人無法讓我們從內心感到恐懼，他們也許可以做一些使我們感到恐懼的事情，但只有當我們允許自己的大腦接受這種根本不存在的暗示時，我們才會變成恐懼心理的受害者。

任何事情只有在進入了我們的大腦之後，才可能對我們產生作用或影響我們，而這也同樣適用於周圍的環境。沒有一種環境可以讓健康的頭腦產生恐懼，除非我們已事先在頭腦中給它提供了一個港灣，容許它發生作用，否則，任何事都不能對我們產生絲毫的影響。

只有當我們打開門，才能讓它進來，而我們擁有決定性的力量，接受我們所喜歡的事物，拋棄我們不喜歡的事物。我們可以在精神上對任何可能帶來恐懼的事物關上大門，只允許那些帶來和諧、完美、力量和歡樂的事物進來。一旦對恐懼打開了大門，就很難再次把它關上了。低情商者常常受到這個惡魔的迫害，他們的每個行爲都會受到它那邪惡影響力的感染或控制。

這些不幸的人並沒有意識到，他們的生活爲什麼如此地受到限制；他們沒有意識到，正是恐懼扼殺了他們的自主性，減少了生活的歡樂，縮短了人的壽命。對效率來說，恐懼感也是所有障礙中最大的障礙。一種有效的生活往往意味著一個人擁有很大的自由，能夠有一種擺脫那些阻礙進步事物的自由感。

設想一下，如果你已經答應三個月之後在一個重要場合上作一次演講，但你又是一個敏感、害羞的人，而且還深受恐懼的迫害，那麼你一想到公開演講這件事，就會有一種莫名的、充滿焦慮的和存在於潛意識中的恐懼感立刻開始來困擾你。然後，你意識到，自己開始計算離舉行演講的星期數、天數和小時數。那麼此時，你也就正在經歷維克多·雨果曾生動地描述爲「一個即將受懲罰者的最後幾小時」那種精神上的痛苦，而這種害怕和恐懼，從第一個星期開始會在你的心中不斷地變得越來越明確，痛苦不斷增加，直到那個折磨你的演講時刻的前夕。

於是，你睡不著了，你沒有了食欲，你甚至不喜歡任何事。你試圖擺脫它，但無論你做什麼，那即將走進的會場的場景依然浮現在你眼前，你看到了各種各樣可怕的可能性。你確信你不會獲得演講的成功。你想像著，如果你沒有恰當地發揮出自己的水準的話，你自己、你的朋友和家人可能會蒙受恥辱。你在自己的頭腦中如此生動地描繪了可能遭受的恥辱與失敗的恐懼，實際上，在你的精神領域中已經遭受了比在現實中更爲嚴重的巨大痛苦。

當想像著我們可能遇到的失敗、恥辱和不安時，我們實際上已多少次地受到了這樣一種折磨，已多少次地感受到了這樣一種痛苦！隨後，事實上，因爲我們在自己的思想中和身體內引入了我們所恐懼、所害怕的東西，這又使得我們所恐懼的事情更有可能在我們身上發生！

恐懼扼殺了渴望與雄心，摧毀了勇氣與鬥志，使人喪失積極的主動性。沒人能估計出由於恐懼感而造成的對人的能力的破壞有多麼大！由於恐懼，人們本來可以實現的偉大業績在頃刻間就崩潰，誰又能想像這樣的結局？由於恐懼，高尚的衝動受到了抑制，輝煌的夢想也被扼殺了，而高貴的想像也最終變得一文不值！

恐懼根源於無知。因爲我們意識不到我們可能達到的神聖高度，所以我們時常感到恐懼；我們只開發出自身力量和潛能的一小部分，而我們體內卻存儲著更大的力量和財富，它們還沒有被挖掘出來。

人類生活總是希望更上一層樓，比現在變得更富有、更偉大和更崇高，即使在人類目前最喜歡的事物上也是如此。我們也都希望自己變得更好，有更好的環境，比今天最快樂的人還要快樂。如果我們沒有達到這個目標，我們沒有信心達到這個目標，這是我們自己的過失，因為我們已經成了恐懼感的奴隸。

倘若我們是一群高情商者，那麼我們則不會受恐懼情緒的控制，因為我們一定會意識到，在我們體內有一些永不被腐蝕、永不被破壞的東西——那時我們將不再害怕任何事情。這種意識將會消除我們所有的恐懼和懦弱，重新樹立起我們的自信，並使我們以征服者的姿態大踏步地向前邁進。

學會用理智戰勝憤怒情緒

古波斯詩人薩迪說過：「事業常成於堅忍，毀於急躁。」可以說，學會控制情緒是我們成功和快樂的要訣。實際上，沒有任何東西比我們的情緒更能影響我們的生活。要時刻保持自己清醒的頭腦，用理智戰勝情緒。

低情商者任情緒控制行為，高情商者讓行為控制情緒。只有積極主動地控制自己的情緒，才能掌握自己的命運！而一旦情緒失控，憤怒就像決堤的洪水那樣淹沒人的理智，會讓人做出不可思議的蠢事。

在美國西部草原上，有一種吸血蝙蝠，身體很小，卻是野馬的天敵。這種蝙蝠時常附在野馬身上，用尖利的嘴刺破野馬的皮膚，吸取鮮血。無論野馬怎麼亂蹦亂跳，狂奔竄逃，都對弱小的蝙蝠無可奈何。野馬用蹄子踢，用身體撞，對蝙蝠一點作用都沒有，蝙蝠仍然叮在野馬身上、頭上、腿上，終於，野馬因為暴怒和失血，無奈地死去了。

其實小小的蝙蝠吸取的血液極其有限，真正導致野馬死亡的，是牠的暴怒。伏爾泰曾經一針見血地指出：使人疲憊的，不是遠方的高山，而是鞋裏的一粒沙子。同樣，使人走向瘋狂的，不是環境，而是他的情緒和心態。

從心理上講，愛發怒之人一般氣量狹小，虛榮心過強，或缺乏修養，自制力差。暴怒、狂怒，還會破壞人的健全思維能力，瓦解自制力，使人做出失去理智的事情，傷害他人，最終給自己帶來不必要的麻煩。「怒從心上起，惡向膽邊生」，說的就是這個道理。

從生理的角度來看，動輒發怒是情緒不健康的表現。人在發怒時，會心跳加快，呼吸急促，肌肉繃緊，毛髮倒豎，鼻孔張大，雙眼圓瞪，咬牙切齒，要消耗比平時人得多的能量。過度的發怒，還會造成神經緊張，臉色蒼白，渾身發抖。發怒過多，心臟、大腦、腸胃都會受到損害，嚴重者會奪人性命。在《三國演義》中聰明蓋世的周瑜就是被諸葛亮氣得吐血而死，白白葬送了身家性命。

綜觀世界，大凡有所成就的人，其性格情緒都是非常鮮明而穩定的。對於一般人來說，情緒如何控制是一大難題。所以，脾氣火暴的人應該有意識地學會控制自己的情緒，學一些小竅門：比如，當你感到氣憤難消時，就在心中暗誦中文拚音表以制怒；著名作家巴波與人吵嘴時，就把舌尖放在嘴裏轉十圈，以使心情平靜下來。

有時，產生的不良情緒是不易控制的。這時，必須採取迂迴辦法，把自己的情感和精力轉移到工作學習或活動中去，使自己沒有時間和可能沉浸在這種情緒之中，從而將情緒轉化。

消除不良情緒，最好的方法莫過於使之「宣洩」。切忌把不良情緒埋於心裏。如果你感到悲痛欲絕或委屈至極時，可以向至親好友傾訴，也可以靠運動來發洩，或者拿起筆將自己的不滿和苦惱寫在紙上，這樣心裏會好過點。

當情緒不佳時，還可以去看看電影，打打乒乓球，或者漫步於林蔭小徑，或者游泳、划船等。改變一下環境，離開讓你心情不快的地方，能改善你的自我感覺，能重新整理一下思想情緒，消除不良的因素，從而釋放自己。再者，幽默與歡笑也是情緒的調節劑，它能緩衝惡劣的情緒。幽默給人以快樂，使人發笑，而笑可以驅散心中的積鬱，也是衡量一個人能否與周圍環境適應的尺度。

要真正做到遇事不怒，還得在平時加強自我道德修養、培養良好性格、保持樂觀向上的精神，這樣才能夠防「怒」於未然。如果你實在感到憤怒，那麼就試著微笑吧。

努力擺脫焦慮情緒的困擾

生活中，每個人都會產生焦慮的情緒。焦慮中的人，總處於惴惴不安中，無理由地預感將來會發生什麼不祥或不幸的事情。低情商者往往在心理上招架不住，使自己陷入過度疲憊的狀態，會表現得坐臥不寧、魂不守舍、煩躁慌亂、情緒低落，甚至容易被激怒。而高情商者遇到各種焦慮情況時，則能夠很快地恢復正常狀態，很快地排除困難，闖過難關，並能總結經驗教訓，避免下次重蹈覆轍。

三十歲的李先生，是一個同齡人眼中的成功人士。他在一家大公司裏做著一份不錯的工作，每月拿著不菲的薪水，身邊還有一位溫柔可人又對他體貼入微的太太。然而，這些並沒有使他遠離痛苦。

最近，李先生對從事了八年的工作忽然失去了興趣，總是覺得發展空間越來越小，晉升的可能也不大，而每天的重複勞動更是使他覺得是在浪費生命。他想跳槽，一時間又找不到合適的工作。漸漸地，他開始對什麼都打不起精神，總是莫名其妙地覺得煩惱，還經常為一些小事與太太產生摩擦。雖然經常在事後感到對不起太太，但下一次他還是控制不了自己。

李先生試過各種方式擺脫痛苦：聽音樂，劇烈運動，甚至跑到海邊大喊。然而，這些最多只能使他得到短暫的舒暢。回到現實中，工作仍然令他難以忍受，心情仍然是非常糟，摩擦也持續不斷地發生……在與焦慮的搏鬥中，屢戰屢敗的他幾乎要崩潰了！

在生活中，我們很多人都經歷過類似的困惑，那麼，我們怎樣才能改變這種被焦慮的陰雲籠罩著的生活呢？心理學家告訴我們，擺脫焦慮，可從以下三個步驟著手。

第一步，找出病根

當我們不知道自己爲什麼焦慮的時候，會讓我們更加焦慮。好多煩惱交織在一起，剪不斷、理還亂。

其實，很多煩惱看上去千頭萬緒，但仔細分析後不難找出根源所在。比如李先生的焦慮源於工作狀況的變化——在目前的位置上，發展的空間到了極限；每天重複性的工作，使他感到自我價値難以實現；想改變，可晉升的可能又幾乎爲零，跳槽又找不到合適的工作，便感覺對自己的工作失去了控制。於是，心情在痛苦與彷徨中變得越來越糟，越來越焦慮，以至於影響了生活，對工作也越來越失去興趣。這樣，李先生便陷入了一個惡性循環的怪圈，難以自拔。所以李先生要想擺脫焦慮，可以先從改變糟糕的工作狀況入手。

第二步，看看自己能做什麼

也許自己能做的只有三件事：努力地改變能改變的，平靜地適應不能改變的，冷靜地發現二者的區別。

先看改變的可能性——李先生已經觸摸到了事業的天花板，但這並不等於說，他在事業上已經寸步難行了。李先生還有四條路可以選擇：創業、跳槽、充電、留守。對已經有八年本行業經驗又雄心勃勃的李先生來說，讓自己的能力與才幹爲自己服務，選擇創業，開創真正屬於自己的一片天地不失爲一條很好的道路。充電也是很好的想法，畢竟李先生離開校園已經八年了，現在回去，帶著豐富的實踐經驗去深入研究本領域最前沿的課題，待到重整旗鼓之時，便可遊刃有餘。

但是，創業需要有足夠的金錢、能力與面對風險的勇氣；而充電不僅要付出金錢與時間，更需要對讀書有一定的興趣。如果李先生的現實情況不允許他走這兩條路，想跳槽又暫時沒有合適的工作的話，那麼就目前的狀況而言，李先生只有走最後一條路，那就是——留守。但是，留守並不等於消極地坐以待斃，更不等於無所作爲地消磨時光，而是一種因「動」的條件不成熟而作出的「靜」的選擇。在靜態的留守中，李先生可以耐心地等待發展機會出現，也可以平靜地面對工作，去發現工作中的新空間，發現自己的新價值。

第三步，做！

我們被焦慮困擾，是因爲我們「愛」上了焦慮本身。就如李先生，開始爲工作而焦慮，後來又爲焦慮而焦慮，最終陷入其中不能自拔。

其實，只要我們知道自己現在能做什麼、應該怎樣做，將自己的注意力傾注於目前的事情上，爲所能爲，順其自然，一段時間後，我們會發現：焦慮，已經被時間這劑良藥完全治癒了。

物質上的進步需要付出精神上的代價，但焦慮並不應該是它的必然結果。焦慮時，不妨想一想「我爲什麼會這樣」、「現在，我能做些什麼」，然後，滿懷信心地付諸行動。柳暗花明之後，你也許會感歎：「擺脫焦慮，原來如此簡單！」

千萬不要陷入內疚之中

積極的情緒具有改變人生的力量，但消極的心理障礙往往能夠扼殺一個人的積極心態。低情商的人不能夠擺脫這種心理障礙，進而開始不斷地懷疑、質問，活在自憐的情緒中不能自拔。而高情商者卻不會被消極的心理所束縛，他們總能用自己的理智戰勝一切消極。因爲，他們懂得如何讓自己變得積極，即使因爲自己的過錯而被迫陷入絕境，他們也能樂觀地面對。

在生活中，我們常常會因爲做錯了事而感到後悔、內疚，從此情緒陷入消極。其實，過去的已經過去，內疚自責完全是沒有必要的。

兩位年長女性在同一星期內去世。

在第一個家庭，死者兒子說：「我覺得母親過世是我的錯。我應該堅持送她去醫院，才不致延誤病情。如果我堅持的話，她今天一定還活著。」

另一家的兒子說：「我覺得母親去世是我的錯，要是我沒有堅持送她去醫院就好了。一連串的檢查、治療，環境又無法適應，她吃不消。」

……

許多人常不知不覺陷入內疚的情緒當中，有的內疚當年對先生不夠好，所以先生病倒；有的內疚太專注於工作，以致疏於照料孩子；也有的內疚當年沒聽父母的話，導致……

世界上有太多的人集中注意力於過去的事，他們對已做的事或已說過的話感到頹喪或懊惱，使「現在」完全被對過去行爲的感覺所霸佔。

心理學家羅伊·鮑梅斯特的研究發現，一般人每天自責的時間總計約爲兩小時，其中三十九分鐘是中度至嚴重愧疚。

爲什麼這麼多人會陷入內疚的泥潭？多半是因爲：如果你不感覺內疚，就會被人家認爲你很「壞」、不近人情。這均與「在乎」有關。若你真的在乎某人或某事，你就應該爲你所做的不得宜的事感到內疚。

內疚是沒有用的，為從前的過錯悔恨、自責無濟於事，意志薄弱的人才會這麼做，悔恨內疚有時被用來當做裹足不前的藉口，大部分人都犯過這種愚蠢的錯誤。

內疚是在浪費你的情緒精力，也是在浪費生命。為什麼？因為內疚不只是關乎過去，因過去的事而影響現在，更重要的是，任何內疚均不能改變既成的事實。

過去的事已經過去，過去的無法挽回。不要追尋凋落的花，不要緬懷過去，要想一想現在該做什麼，應朝希望前進，以新的想法面對挑戰。

喬治是一位忙碌的仲介商人，從早到晚，幾乎所有的時間都投入了工作。他年邁的雙親住的地方離他的家只有一小時的路程。喬治非常清楚自己的父母是多麼樂於見到他和全家團聚，但他總是以工作為重，很少到父母那裏去，跟父母親的關係自然漸漸疏遠。不料，他的父親突然去世了，喬治接下來幾個月都活在內疚之中，回憶父親曾為自己做過的所有的事，懊惱自己在父親有生之年未能盡孝心。

在悲痛平靜下來後，喬治意識到：再大的內疚也無法使父親死而復生。認識到自己的過錯之後，他改變了以往的做法，常常帶著妻兒去看望母親，與母親保持密切聯繫。漸漸地，母親終於追回失去已久的歡樂。

從過去的錯誤中學到教訓，而且絕不重蹈覆轍是一種反省，是健全而必要的成長歷程。內疚是不健康的，因爲你毫無意義地把現在的精力耗費在對以前的事感到悔恨、不安以及沮喪上，這是沒有用的。

高情商者懂得這樣的道理：爲去年的收穫澆水是一無所獲的。無論你對過去感到如何慚愧，內疚本身將不會改變任何事物。過去的事情已經過去，我們應該吸取過去的經驗教訓，以修正自己的行爲方式。

擺脱心理的控制

情商偏重於我們日常生活中所強調的自知、自控、熱情、堅持、社交技巧等非智力方面的一些心理品質。這些心理品質構成了我們通常所說的生活智慧。由此可見，心理的力量是不容忽視的。

有位心理學家很喜歡告訴別人這樣一個故事。

「上大學時，為了賺取所需的食宿費用，我照顧一位獨居的老婦人，做一些雜七雜八的工作。這位老婦人常失眠，往往要吞下一粒安眠藥才能安然入睡。有一天晚上，這位老婦人跑來敲我的門說：『很抱歉打擾你，睡不著，安眠藥又吃光了。不知你身邊有沒有安眠藥？』

「我很快地回答：『我有安眠藥，太太。放在樓下，我這就下樓去找一粒給你。』

「我知道老太太的視力不佳，無法辨別青豆與安眠藥丸。我回到樓上，說：『這是一顆特大號的安眠藥，它很管用，把它服下你很快就會入睡了。』

「這位老婦人當真服下這顆藥丸，而且睡了她這一生當中最好的一覺。從那天開始，她每天要求我給她那種特殊的『藥丸』。」

其實，這顆所謂的特殊的「藥丸」不過是一顆普普通通的青豆而已，但它卻能給老太太帶來香甜的睡眠。其實這就是一種心理作用。

以下這種惡作劇也能反映心理對人的影響。

首先找幾個朋友幫你玩這個遊戲，選擇一個對象，當作這場惡作劇的「犧牲品」。再安排幾個人都在同一個早上輪流見到這位「犧牲品」。

你對他說：「你今天看起來好蒼白啊！一定是生病了。」然後另一個人遇見他後說：「你好像是得傳染病了。」又一個人說：「你在發高燒嗎？你的樣子好可怕，趕快去看醫生吧。」

如果以很逼真的方式來說這些話，那麼那位犧牲品將會真的生起病來。這就是心理的力量！心理對人究竟能起多大作用？過分強調心理作用是否「唯心論」？無論如何，心理的力量都是我們在不知不覺中就能深深地感受到的。比如，你遠方的親人得了重病，這時突然有人叫你接長途電話。此時，緊張感就會籠罩你，你心跳加快，腿發軟，頭發暈，彷彿馬上就要倒了，這就是心理作用。

實際上心理狀態不僅影響人的生理狀態，甚至可以說影響到人一生的成功與幸福。一個人不善交際，往往並不是由於技巧掌握得不夠，而是心理素質沒過關，被自卑、靦腆、羞怯心理所控制。人的煩惱也幾乎毫無例外是屬於心理上的。心理障礙正是導致人煩惱、苦難乃至生活失敗的根源，它可以撲滅人心靈的光明，掩蓋人魅力的光輝，使你顯得怪異，不受人歡迎。

世界著名整容外科醫師瑪律茨講述了這樣一件事：

紐約一位股票經紀人，長得英俊瀟灑，待人和藹可親，備受人歡迎，因此事業也非常成功。一次，公司發生了火災，很不幸，這位英俊的經紀人半邊臉都被燒壞了。自此以後，他整個人都變了，脾氣異常暴躁，稍一受刺激就大發雷霆，動不動就罵妻子、打兒女。他的生意也漸漸差了，顧客都怕他。

妻子不忍見他如此，就花了一大筆錢請瑪律茨為他整容。瑪律茨運用高超的整容醫術，最終將這位經紀人的疤痕治理得基本不見痕跡。過了一段時間，瑪律茨突然接到一封感謝信，信中說：「我們全家都真誠地感謝您！您不僅醫好了他面部的傷痕，您將他整個人都醫好了。自從您治好他臉上的傷痕後，他又和以前一樣了，在家裏是好丈夫、好父親，對同事也謙讓有禮。他的生意又重新繁榮興旺，事業又開始獲得成功。可以說是您讓他獲得了新生！」

瑪律茨看到這封信後，內心感慨萬分：一個人的面部整容是次要的，重要的是心理整容。從此，瑪律茨就將心理整容作爲終身的事業。

低情商者常會這樣說：「我膽小」，「我醜醜」，「我怎麼比得上別人」，「我有缺陷」。這些理由束縛了他的本性之美，阻礙了他潛力的發揮，使他顯得沒有魅力。這些就是他的枷鎖，可能也是你的枷鎖。你的一生，你的幸福，就被這類無形的枷鎖鎖住。你已經不再自由，心靈受到控制。

你有沒有問過自己，是否你想做的事、你認爲是正確的事，你都敢去做呢？是否你在別人面前總是保持自然大方，展露自己的魅力呢？可能沒有一個人敢理直氣壯地回答「我敢去做」，「我表現自然了」。人，都被一些無形的東西控制著，只有奮力去砸爛這些枷鎖，擺脫這種控制，身心才能獲得一種真正的自由。

要獲得成功就要先獲得自由！心靈的自由有助於最大限度地發揮我們的潛能，有助於展現我們的自然之美，而這一切正是高情商的體現。

3 自我激勵——凌雲壯志沖霄漢，馬不揚鞭自奮蹄

常言道：世上無難事，只怕有心人。要知道，成功只屬於意志堅定的人，成功只屬於鍥而不捨的人，成功只屬於自立自強的人！只要脊柱不彎，就沒有過不去的坎兒，而這樣的人也必定屬於高情商者。所以，相信自己吧，你一定會成功！

多一分信心，就多一分成功

別人看得起，不如自己看得起。只有相信自己的價值，充分認識自己的長處，敢於堅持自己的理想，才能保持奮發向上的勁頭。

常言道：世上無難事，只怕有心人。沒有翻不過的山，沒有蹚不過的河，只是因爲不相信自己能力的人多了，世界上才有了「困難」這個詞。

包玉剛就是以一條破船闖大海的成功者，不過他當年卻遭受了不少人的嘲弄。包玉剛並不在乎別人的懷疑和嘲笑，他相信自己會成功。他抓住有利時機，正確決策，不斷發展壯大自己的事業，終於成為雄踞「世界船王」寶座的名人巨富。他所創立的「環球航運集團」，在世界各地設有二十多家分公司，曾擁有兩百多艘的商船隊，載重量超過兩千萬噸。他擁有的資產達五十億美元，曾位居香港十大財團的第三位。包玉剛的平地崛起，令世界上許多大企業家為之震驚：他靠一條破船起家，經過無數次驚濤駭浪，渡過一個又一個難關，終於建起了自己的王國，結束了洋人壟斷航運界的歷史。回顧一下他成功的道路就能看出，他在困難和挑戰面前所表現出的堅定信念，對我們每個人都有很大的啟發。

包玉剛不是航運家，他的父輩也沒有從事航運業的。中學畢業後，他當過學徒、夥計，後來又學做生意。三十歲時曾任上海工商銀行的副經理、副行長，並小有名氣。三十一歲時包玉剛隨全家遷到香港，他靠父親僅有的一點資金，從事進口貿易，但生意毫無起色。他拒絕了父親要他投身房地產業的要求，表明了欲從事航運業的打算。因為航運業競爭激烈，風險極大，親朋好友紛紛勸阻他，以為他發瘋了。

許多人失敗的原因，不是因為天時不利，也不是因為能力不濟，而是因為自我心虛，自己對自己沒信心，最終成為自己成功的最大障礙。

但是包玉剛卻信心十足，他看好航運業並非異想天開。他根據在從事進出口貿易時獲得的資訊，堅信海運將會有很大的發展前途。經過一番認真分析，他認為香港背靠大陸、通航世界，是商業貿易的集散地，其優越的地理環境有利於從事航運業。三十七歲的包玉剛決心正式搞海運，他確信自己能在大海上開創一番事業。於是，他拋開了他所熟悉的銀行業、進口貿易，投身於他並不熟悉的航運業。當時，對於他這個窮得連一條舊船也買不起的外行，誰也不肯輕易把錢借給他，人們根本不相信他會成功。他四處借貸，但到處碰壁，儘管錢沒借到，但他經營航運的決心卻更加強了。後來，在一位朋友的幫助下，他終於貸款買來一條二十年航齡的燒煤舊船。從此。包玉剛就靠這條整修一新的破船，掛帆起錨，躋身於航運業了。

如果我們展示給人的是一種自信、堅毅和無所畏懼的印象，如果我們具有那種震懾人心的自信，那麼，我們的事業就可能會獲得巨大的成功，而包玉剛就著實體現了這一點。

有一個很小很小的島，因為覺得自己實在是太小了，於是就自慚形穢地向上帝訴苦說：「上帝啊！你為什麼讓我生得這麼渺小可憐呢？放眼世界，幾乎任何一塊土地都比我來得高。別人總是巍然而立、高高在上，甚至聳入雲端，顯得那麼壯觀偉大，我卻孤零零地臥在海面，退潮時高不了好多，漲潮時還要擔心被淹沒。請您要不然將我提拔成喜馬拉雅山，要不然就將我毀滅吧！因為我實在不願意這樣可憐地活下去了。」

上帝看著這個小島，對它說：「看看你周圍的海洋，它們占地球面積的四分之三，也就是說，有四分之三的土地在那下面，它們吸不到一點新鮮的空氣，見不到半分和煦的陽光，你有幸能夠成為露出海面的四分之一，還有什麼可抱怨的呢？」

聽了上帝的話，小島豁然開朗地說：「請饒恕我的愚蠢，維持我崇高的卑微吧！感謝上帝，我已經太滿足了！」

我們每一個人生活在世界上，也像這個小島一樣，曾經爲自己的渺小卑微而苦惱過。但是想一想：我們有幸成爲一個健康的人，過著正常的生活，可以自由地選擇自己喜歡的職業，追求自己的理想，探尋成功的道路，這一切又是多少人夢寐以求而得不到的啊！所以，無論是做人還是做事，都要有一股子的自信心：相信自己！

信心是一種自我激勵的精神力量，若離開了自己所具有的條件，信心也就失去了依託，難以將希望變爲現實。大凡想要有所作爲的人，都須腳踏實地，從自己的腳下開始，踏出一條遠行的路來。任何事情，你只要有決心去做，並願意盡最大的努力，你就一定會獲得成功。

超越自己，你是最棒的

人生的志向並不是超越別人，而是超越自己，是刷新自己的紀錄，以今日更新更好的表現凌駕在昨天的成績之上。一個人追求的目標越高，他的情商和才智就發展得越快，對社會就越有益。

高情商的傑出人士並不會把成就視爲一個固定的終點。這類人最大的特點之一，就在於他們能夠不斷地朝未來邁進，應對新的挑戰，並且對於應該完成的工作具有非常清楚的概念。

知足者，目光短淺；知足者，故步自封。知足，使人愚昧，鬥志消磨，給人帶來「常憂」而不是「常樂」。人生，只有不知足，才能超越；靈魂，只有不知足，才能達到一個高度，進入一種境界。永不滿足於已有的成就，以更大的熱情去獲取更大的成功，不斷給自己加壓，不斷給自己創造成功的機會，永遠不讓發動機熄火，才能使自己的生命之車駛至盡可能遠的奇境。

理查・派迪是史上贏得獎金最多的賽車選手，他的一生不知經歷了多少個驚心動魄的瞬間，經歷了多少次難忘的比賽，但是其中最令他難忘的卻是他第一次賽完車回來向他母親報告賽車結果時的情景。當時他興高采烈地衝進家門大喊：「媽媽，有三十五輛車參加比賽，我跑到了第二！」

「你輸了！」母親回答道。

「但是，媽媽，您不認為我跑到第二已經很優秀了嗎？這是一個有那麼多賽車手參加的比賽。」

「理查，你用不著跑在任何人的後面！」母親嚴肅而堅定地說。

在接下來的二十多年中，理查開始稱霸賽車界，他的許多項紀錄到現在也無人能及。他從未忘記母親的教誨：你不需要跑在任何人的後面！

是的，一旦你從內心決定要取得第一，要做最棒的一個，那麼你就一定能取得不可思議的成績，因爲你給自己設定了一個更高的自己，這個更高的自己是永遠達不到的，這樣你就永遠處於一個不斷追求、不斷突破的境界中，還有誰能企及呢？

做更高的自我也就是提高自己的成就的動機。成就動機是在具有優勝標準的情境中追求成功的動機，指個人在主動參與事關成敗的活動中，不畏失敗，克服困難，以期達到目標並獲得成功的心理歷程。一個人事業成就的大小與成就動機的高低密切相關。當你獲得了更高的成就動機，一個新的自我心像就成形了。

如果一個人想在周圍人的心目中確立自己的地位，獲得別人對自己的尊敬，得到他人的好評與贊許，也就是想做一個高於現實的自我，那麼他就會在學習工作中認真積極，更富有責任心，全力以赴地追求成功。每一個人要想獲得成功就必須盡力提高自己成就動機的水準，用高標準嚴要求來把握和衡量自己，把自己放在一個更高的水準。就像是在即將奔赴的前方懸上一盞明亮的引路之燈，照亮前路的同時，還可以多一份鼓舞人心的力量。

在自我的世界中，超越自我是自己對自己的戰鬥，是巔峰對巔峰的飛躍，質和量都必須具備最強的突破力。這是一個永不停息的自救行爲。一個成熟的個體是能夠洞察自己的弱點的，能夠有意識地尋找知識和力量來克服它，從而有效地解脫自身的束縛。

真正的自由是能夠超越自我的人獨享的樂趣，往往在別人不易察覺的一刹那，你就已經贏得了一個更堅強更卓絕的自我。

拿破崙．希爾認爲環境不可能束縛個性，任何人只要能夠在現有的環境中執著於自我的實現，最終都可以突破環境，也就是說，從最糟糕的環境中也能造就出優秀的自我心像，很多人只局限於對於現存自我的抱怨和憤恨中，似乎成功只有在舒適的、合乎個人狀態的環境中才能實現，而不去積極主動地在現存的狀態中幻想更高的自我心像。

每一個自我都必須處於不斷的更新之中。經常進行新的自我策劃，就可以在不斷的成長中脫胎換骨，生命的品質也會在這不斷的變化中趨向更高的境界。

相信自己一定能成功

成功意味著許多美好、積極的事物。成功是人生的發展目標。人人都希望成功，每個人都想獲得一些美好的事物。每個人都希望自己是自己人生的主宰，沒有人喜歡巴結別人，過一種平庸的生活，也沒有人喜歡自己被迫進入某種狀態。

人生最實用的成功經驗，就是「堅定不移的信心能夠移山」，可是，在我們的生活中，真正相信自己能移山的人並不多，而真正移山的人就更少了。

雖然我們無法靠希望移動一座山，也無法靠希望來實現目標，但只要你有信心，你就能移動一座山。只要你相信你能成功，你就會贏得成功。

在日本，某味精公司的社長對全體工作人員下達了「成倍地增長味精銷售量，不論什麼意見都可以提，而且每人必須提一個以上的建議」的命令。

於是，營業部門考慮營業部門的建議，宣傳部門琢磨宣傳部門的，生產部門計畫生產部門的，大家紛紛提出銷售獎勵政策、引人注目的廣告、改變包裝的形狀等方案。

然而，一位女工卻苦於提不出任何建議來。她本想以「無論如何也想不出」為由而拒絕參加，但考慮到這是社長的命令，並且言明不論什麼建議都可以，所以她覺得拿不出建議有些不合適。就在某日晚飯時，她想往菜上撒調味粉，由於調味粉受潮而撒不出來，她的兒子不自覺地將筷子捅進瓶口的窟窿裏，用力往上攪，於是調味粉立時撒了下來。

在一旁看著的女工的母親對女兒說：「如果你提不出社長讓提的建議，你把這個拿去試試看。」

「這個？」

「把瓶口開大呀！」

「這樣的提案……」女工本來有些不以為然，但是又無其他建議可提，於是就提出了把味精瓶口擴大一倍的提案。

審核的結果出人意料。女工提出的建議竟進入十五項得獎提案之中，領得獎金三萬日元。而且此提案付諸實施後，銷售額倍增，為此，女工又破例從社長那裏領取了特別獎。

受寵若驚的女工想：「出主意，出主意，原來以為很難，沒料到這樣的提案竟然也得了獎。像這樣的提案，一天能提上兩三個。」

創新並不一定需要天才。創新只在於你能夠找出新的改進辦法。任何事情的成功，都是因爲找出了把事情做得更好的辦法，世界上的所有大發明、大發現均是如此。

上述的這位日本女工，與其說是通過這次的提議獲得了三萬日元的獎勵，還不如說通過這次提議而獲得了一種自信心。我們可以設想，等以後公司再有這樣的活動時，這位日本女工絕對不會再說自己沒有任何提議了，她會成爲一個提議專家。她說不定會因此而成爲一個成功的人。人的自信心就是如此重要，它會使一個普普通通的人成爲一個事業上的成功發展者。

可能你會說，我很勤奮，但就是對自己缺乏信心，不相信自己能夠成功。的確，這是一種消極的力量。當你心裏不以爲然或懷疑時，就會想出各種理由來支持你的「不相信」。懷疑、不相信、潛意識要失敗的心理傾向，以及不是很想成功的心態，都是失敗的主要原因。那麼，在生活中，如何培養你的自信心呢？

在聚會、開會等場合，你要專挑前面的位子坐。可能你已經注意到，在上述場合，後面的位子總是最先被坐滿。大部分佔據後排座位的人，都希望自己不會太顯眼，而他們怕受人注目的原因就是缺乏自信心，坐在前排能建立你的信心，你可以把它當成一個規則試試看，從現在開始就儘量往前排坐。坐前排是比較顯眼，但成功又何嘗不是一種顯眼呢？

練習用你的目光正視別人

眼睛是心靈的窗戶，一個人的眼神可以透露出許多有關他精神世界的資訊。面對一個不敢正視你的人，你可能就會問自己：他想隱瞞什麼呢，他怕什麼呢？如果你不正視別人，你的眼神就意味著：在你旁邊我感到很自卑，我感到我不如你，我怕你。而如果總是躲閃別人的眼神則更糟，它通常告訴別人：我有罪惡感；我做了或想了我不希望你知道的事情；我怕一接觸你的眼神，你就會看穿我。如果你正視別人，就等於告訴他：我很誠實，而且光明磊落，正所謂「君子坦蕩蕩」。

把你走路的速度加快百分之廿五

心理學家將懶散的姿勢、緩慢的步伐跟對自己、對工作以及對別人的不愉快感受聯繫在一起。但是，姿勢和速度可以改變，你可以借著這種改變調整你自己的心理狀態。如果你仔細觀察會發現，身體語言是心靈活動的結果。那些屢遭打擊、被排斥的人，連走路都拖拖拉拉，完全沒有自信心。所以，使用這種加快百分之廿五的方法，抬頭挺胸走會好一點，你就會感到你的自信心在滋長。

經常練習當眾發言

在生活中，你會發現，有許多思維敏捷、天資很高的人，卻無法發揮他們的長處參與討論，不是他們不想參與，而是因爲他們缺少信心。儘量當眾發言，就會增加信心，下次發言就更容易一些。所以，從現在開始，你不要放過任何一個發言的機會，不要懷疑自己，你的發言的確很精彩。

經常性地放聲大笑。笑能給自己很實際的推動力，它是醫治信心不足的一服良藥，不僅如此，笑還可以化解別人的敵對情緒。放聲大笑，你會覺得好日子又來了。現在，你就放聲大笑一次，然後體會一下其中的滋味。

信念不倒，希望永存

信念，使高情商的人們勇敢地面對冷峻的現實，使他們拋棄了絕望和怯懦，成爲生活的強者。信念是意志行爲的基礎，是個體動機目標與其整體長遠目標相互的統一，而缺乏信念的低情商者不會有堅強的意志，更不會有積極主動的行爲。

信念是一種心理動能，其行爲上的作用在於通過士氣激發人們潛在的精力、體力、智力和其他各種能力，以實現與基本需求、欲望和信仰相應的行爲志向。

一九五八年，斯考特．漢密爾頓出生以後，孱弱多病，面黃肌瘦。經專家會診，小斯考特．漢密爾頓患腸道麻痺病，影響食物的吸收，有的醫生甚至認為他只能再活六個月。還好，小斯考特．漢密爾頓通過靜脈注射營養液，奇蹟般地活了下來，但他的生長發育受到了抑制，個子長不高。很多孩子嘲笑他，管他叫「花生豆」。

他住在醫院裏一直到九歲。他只能在心裏計畫著：報復那些嘲笑他管他叫「花生豆」的孩子們。

多年以後，斯考特回憶道，在他的潛意識裏面，「那一切的經歷讓我夢想在體育上能取得一些成功」。有時，斯考特的姐姐蘇珊會去滑冰場滑冰，他總是跟著一起去。斯考特站在場外，那麼虛弱瘦小、發育不良，鼻子裏還插了一根直到胃裏的鼻飼管，平時那根管子的另一頭就用膠帶貼在他的耳朵後面。

一天，斯考特看著他的姐姐在冰面上飛馳，突然轉身對父母說：「聽我說，我想試試滑冰。」兩個正在談話的大人嚇了一跳，難以置信地看著病弱的孩子。

結果是，斯考特試了，並且一發不可收拾，他喜歡上了滑冰，並開始狂熱地練習。在滑冰時他找到了樂趣，他可以勝過別人，而且身高和體重在滑冰場上並不重要。

在第二年的健康檢查中，醫生吃驚地發現，斯考特竟然又開始長個兒了。雖然對他來說想達到正常的身高已經不可能了，但是他和他的家人不在乎這一點。重要的是，他正在恢復健康，正在獲得成功，正在實現自己的夢想。

後來，沒有哪個孩子再嘲笑戲弄斯考特了。正好相反，他們全都歡呼著衝上前去請他簽名。他在世界職業滑冰巡迴賽中一系列高難度的冰上動作讓觀眾如癡如狂。

目前斯考特已經退役，不再當職業滑冰選手了，但是他仍舊是冬季運動中受人尊敬的教練、顧問和評論員。

雖然斯考特身高只有一點五九米，體重才五十二公斤，但是他肌肉健美，精力充沛，自信而自強，身高無法限制他的信念和力量。

信念之於人生，如同舵手之於航船。航船沒有舵手，就會在大海中迷失方向，就會在暗礁險灘中葬身，就會被驚濤駭浪所吞沒。人生沒有信念，就會在前進中迷失自我，生活就將變得黯淡無光，生命也就變得沒有意義。活著也只不過剩下一個軀殼，活著也只不過是行屍走肉。

信念之於人生，如同羽翼之於飛鳥。飛鳥沒有羽翼，就不能展翅高飛，就不能掠過長空，就只能望空興歎。人生沒有信念，就不能獲得成功，就不能實現宿願，就只能怨天尤人，生命也就變得毫無價值。活著也只不過是渾渾噩噩，無所事事，活著也只不過如無根的浮萍，隨波逐流。

人生需要信念，如同花草需要養分。沒有養分，花草就會枯萎殆盡。即使苟活，也只不過是殘紅、慘綠，再也沒有生機與活力。

人生需要信念，堅定的信念。人生的道路固然難以一帆風順，固然佈滿荊棘、充滿坎坷，但只要有堅定的信念，就總會看到希望，看到曙光。即使前路有再多的艱難困苦，即使前方的風浪再大，也會執著追求，無怨無悔。人生的價值並不在於成功後的榮光，而在於追求的本身，在於信念的樹立與堅持的過程。

在生命的旅途中，我們常常會遇到各種挫折和失敗，不要輕易說自己什麼都沒有了，其實人生如沙漠，信念就是能帶你走出沙漠的生命之舟。有了信念，你便可以撥開雲霧，見到光明，見到希望；有了信念，你便能夠乘風破浪，順利駛向成功的彼岸。

用激情點燃你的生命

競技場上，運動健兒們不屈不撓，爭爲人先，是激情；舞台上，演奏者手揮五弦，如癡如醉，是激情；檯燈下，作家時而奮筆疾書，時而凝眸沉思，是激情；月光下，情侶相依相擁，忘情熱吻，是激情；草原上，羚羊如箭飛馳，獵豹緊追不捨，是速度的較量，更是激情的角逐……

激情是一種很強勁的情緒，是不斷鞭策和激勵我們前進的動力。一個人若是充滿激情去做事，給人的感覺是活力四射，而他自己也會覺得做起事情來興趣盎然，對未來充滿希望。此時，他渾身上下散發的就是蓬勃向上的朝氣。相反，一個人如果沒有激情，做起事來就會顯得無精打采，沒有半點生氣，事情做完了，能力卻沒有提高，最後只能淪爲平庸之輩。

激情讓生命勃發，人生喪失了激情，必將處於死氣沉沉和黯淡無光之中，只有點燃激情，才能化腐朽爲神奇。

艾力遜是美國的一位心理學家。一次，愛力遜到美國中南部的一個小城講學，一位朋友請求他順道看看他獨身的姑母。

他的朋友說：「我的姑母獨自居住在一間古老的大屋裏，沒有一個親人陪伴她，她孤獨而又死板，不肯改變生活方式，你看有沒有辦法令她改變？」

愛力遜隨朋友去探訪這位古怪的老太太，發覺這位女士比形容中更為孤單，一個人關在黑暗的百年老屋內，屋裏沒有一點點生氣。

愛力遜是一位十分溫文爾雅的男子，他很禮貌地對老太太說：「能讓我參觀一下您的房子嗎？」

無精打采的老太太帶著愛力遜一間又一間地看去。愛力遜真的想參觀老屋嗎？倒也不是，他是在尋找一樣東西。終於在一個房間的窗台上，愛力遜找到幾盆小小的非洲紫羅蘭——這屋內唯一有活力的植物。

老太太看到愛力遜似乎對這幾盆非洲紫羅蘭很感興趣，於是便有些高興地說：「我沒有事做，就是喜歡打理這幾盆小東西，這一盆已經開始開花了。」

愛力遜說：「好極了！您的花這般美麗，一定會給很多人帶來快樂。您能否打聽一下，城內什麼人家有喜慶的事，結婚、生子或生日什麼的，給他們送一盆去，他們一定會非常高興。」

一向性情孤僻的老太太真的依愛力遜所言，大量種植非洲紫羅蘭，並送給周圍的鄰居，身邊幾乎每個人都接受過她送來的花。

老太太的生活也因此而大為改變，本來不透光的老屋，窗子被打開了，明媚的陽光灑射在那些色彩鮮豔的小紫花上。而這位孤獨無依的老太太，現在成了一位受大家歡迎和愛戴的人。她的老屋中常常有人進進出出，時時飄出歡笑之聲。古稀之年的老太太臉上洋溢著激情，彷彿年輕了十歲。

愛力遜巧妙地用幾盆「非洲紫羅蘭」，啟動了潛藏在孤單的老太太體內的激情，從而將她從孤獨的「黑屋」中解救了出來。所以，那幾盆非洲紫羅蘭，無疑是老太太生命中的「激情之花」。

如果你覺得自己的人生蒼白無力，如果你對什麼事都提不起興致來，那麼，試一試「策略派」心理治療師愛力遜的辦法：尋找到讓你的生命重新煥發奇光異彩的「紫羅蘭」。只有點燃你的生命激情，才能爲你的人生注入新的動力，生命才會鮮活起來。因爲只有激情，才能引爆生命的潛能。

剛轉入職業棒球界沒有多長時間，威爾斯就遭受到了有生以來的最大一次打擊：他被約翰斯頓球隊解雇了。球隊的經理認為，他的動作無力，所以讓他捲舖蓋走人，並且對他說：「你這麼慢吞吞的，根本就不適合在棒球場上打球。威爾斯，你在離開這兒以後，不管到什麼地方做任何事，如果再提不起精神來，你就永遠不會有出路。」

而就威爾斯個人來說，除去打球外可以說是一無所長，只好去了賓夕法尼亞州的賈斯特球隊。隨後參加的是大西洋聯賽，一個級別非常低的棒球聯賽。與約翰斯頓隊的一百七十五美元相比，他每月只有廿五美元的工資，令他找不到一點工作的激情。可是他想：「我必須做到激情四射，因為我還要活命。」

來到這個球隊的第三天，威爾斯就認識了一個老球員丹尼。丹尼勸他不要參加這種低級別的聯賽。威爾斯非常沮喪地說：「在我還沒找到更好的工作以前，我什麼都願意做。」

一周以後，在丹尼的引薦之下，威爾斯順利地加入了康涅狄格州的紐黑文球隊。在這裏沒有人認識他，更不會有人責備他。在那一刻，威爾斯在心底暗自發誓：「我要成為整個球隊中最具活力、最有激情的球員。」這一天也成為他生命中最難忘的日子。

威爾斯每天都如同一個不知道疲倦與勞累的鐵人一樣，在球場上來回奔跑，球技也提高得非常快，特別是投球，不僅迅速而且極為有力，有的時候竟然能夠震掉接球隊友的護手套。

在一次重要的比賽中，威爾斯的球隊遇到了實力強勁的對手。當天的溫度達到了三十九攝氏度，球場周圍就如同有一團烈火在炙烤。在這種情況下比賽，非常容易讓人中暑暈倒，可威爾斯並未因此而退縮。在接近比賽結束的最後幾分鐘內，因為對手的接球失誤，威爾斯抓住了這個千載難逢的好機會，快速攻向了對方本壘，從而贏得了決定勝負的非常關鍵的一分。

這種發狂一樣的激情，令威爾斯有如神助，幫他起到了三重效果：第一，讓他忘掉了恐懼與緊張，擲球速度比賽前預料的還要快；第二，他「瘋狂」般的奔跑感染了別的隊友，使他們也變得充滿了活力，這讓他們在氣勢上完全壓倒了對手；第三，在這麼悶熱的天氣中比賽，威爾斯的感覺特別好，這是在過去從未有過的。

比賽結束之後，威爾斯的月薪就漲到了一百八十五美元，與在賈斯特球隊每個月的廿五美元相比，他的工資竟然猛然漲了七倍之多，這也讓他有點不敢相信，他根本不知道還有什麼能夠令自己的工資漲得如此之快，當然，除了「激情」。

激情奇蹟般地在威爾斯身上起了作用，使他煥發出蓬勃的活力，他幾乎克服了所有的恐懼心理與緊張情緒，打得異乎尋常的好。甚至在烈日下比賽，威爾斯也活力十足。激情讓一個剛進球隊便被開除的懶惰球員，變得有了「銳氣」和「靈魂」。

激情是生命的朝日。一個激情四射的人，即使他年逾古稀，滿頭銀髮，也會讓人感到撲面而來的朝氣；反之，一個喪失激情的人，即便他正處妙齡華年，但給人的感覺也是暮氣沉沉。激情賦予我們朝氣；而朝氣，則給予我們向上的動力，促使我們進取不已！

4 笑迎挫敗
——踏平坎坷成大道，歷經百劫志更堅

英國作曲家韋伯說：「有許多人一生的偉大，都自他們的逆境中來。」寶劍的鋒利，是從鍛煉和磨削中得來的。逆境往往使人感到抑鬱消沉，痛苦不堪，然而，高情商者卻能從容面對，很快戰勝挫折，走出失敗的陰影，自己拯救自己，從而取得成功。

將恥辱化為前進的動力

人生總有受挫的時候，它伴隨著一個人的成長，而這就是人生的現實。在這些人生的轉折關頭，該如何去看待，如何去應對，就全看自己的選擇。低情商者把它當成是時運不濟、危機、恥辱甚至災難，而不想尋找更可靠的道路再嘗試一次，並作爲自己承認失敗的

藉口；而高情商者卻會把它當做是一種「挑戰」，從中學習寶貴的經驗。

當我們受到他人的無故譏諷甚至侮辱時，要冷靜地面對與處理，平和自己的心態，不能為了暫時的挫折而鑽牛角尖；要把別人的侮辱當做你奮發圖強的動力，激勵自己去戰勝困難，取得成就。

榮譽可以成為一個人進步的動力；在一定條件下，恥辱也能起到榮譽的這種功效。

法國化學家維克多．格林尼亞，獲得過諾貝爾化學獎，受到世界人民的尊敬。然而，也許你不會相信，這樣一位偉人，原先竟是一個幾乎一無是處的浪蕩公子。

在一次上流社會的宴會上，他遇到了一個氣質絕佳的美女，便很自以為是地邀其作為舞伴，最終遭到她的斷然拒絕。原來她是來自巴黎的一位女伯爵。當格林尼亞得知後，馬上上前致歉，但是卻遭到了女伯爵更加冷漠的對待，她說：「請走開，我最討厭你這種花花公子出現在我的視線裏了。」可以說，格林尼亞從來沒有遭受過如此大的羞辱。但是，他沒有暴怒，而是在羞辱中醒悟了。從那以後，格林尼亞改變了以前的生活，他開始發奮學習，不斷進取，發明「格氏試劑」，後來還出任里昂大學教授，並且獲得諾貝爾化學獎。

雖然，當時那位女伯爵的態度，對他而言，確實是一種令他無地自容的恥辱，但這並沒有使格林尼亞失去理智。他像一個昏睡的人被重物突然猛擊而清醒過來一樣，對自己的過去反思後產生了悔恨之情。

其實，人受一時之辱並不可怕，問題的關鍵是看你如何對待恥辱。一個人在蒙受恥辱的時候，通常會有兩種態度：一是維持原狀，不以爲恥，更不可能從自己身上去尋找蒙受恥辱的原因。這種人只能是永遠蒙受恥辱，也註定永遠不會前進。二是產生羞愧之心，從自己身上去尋找蒙受恥辱的原因，並由此而產生一股巨大的向上的動力，去戰勝和洗刷恥辱，通過自己的努力，揭掉令自己受辱的標籤，從而獲得成功。

當你處在逆境中時，別人的冷嘲熱諷似乎對你打擊很大，但是仔細思考，也許會帶來意外的收穫。你最應該做的不是捶胸頓足，而是發奮努力，做出點成績來，讓那些諷刺你的人看看。

利特爾當年建立的一個小小的、絲毫不引人注目的化學實驗室，現在已經是世界上最著名的科技研究公司之一。

一九四二年的某一天，在有許多企業家參加的一次集會上，談論的主題是科學和生產的關係。一位大亨高談闊論，藐視科學，認為科學只是一些所謂的「科學家」騙飯的手段，並且否定科學的作用。

崇拜科學並且稍有作為的利特爾帶著輕蔑的微笑，平靜地向這位大亨解釋科學對企業生產的重要作用。這位大亨對此不屑一顧，還嘲諷了利特爾一番。最後他挑釁地說：「我的錢太多了，現有的錢袋已經放不下，想找豬耳朵做的絲線袋來裝。

如果你所說的科學能幫這個忙，做成這樣的錢袋，大家都會把你當科學家的，大家也都會相信你所說的科學。」

聰明的利特爾聽出了大亨弦外之音，氣得嘴唇直抖，但還是抑制自己，表面仍舊非常謙虛地說：「謝謝你的指點，我會努力的。」

利特爾回去之後，暗中將市場上的豬耳朵收購一空。購回的豬耳朵被利特爾公司的化學家進行處理後，分解成膠質和纖維組織，然後又把這些物質製成可紡織維，再紡成絲線，並染上各種不同的美麗顏色，最後編織成五光十色的絲線袋。這種錢袋投放市場後，頓時被一搶而空。

「用豬耳朵製成漂亮的絲線袋」，這一看來荒謬的惡毒挑釁被粉碎了。那些不相信科學、不重視科學，同時也看不起利特爾的人，不得不對利特爾刮目相看。尤其是那位大亨，甚至親自登門表示歉意，並且希望能與他取得工作上的合作。

這說明，當處在逆境中，受到別人的冷嘲熱諷時，情緒上的對立和反擊甚至報復，是無濟於事的，你並不會因此而得到一點兒好處、一絲長進，也不會因此就一下子令人折服。最好的做法就是，情緒退，事業進。以事業的成功來洗刷侮辱，讓人對你刮目相看。我們有理由相信，情緒上的反抗無濟於事，只有把時間和精力花在事業上，才能走向希望和成功。要把別人的蔑視當做一種動力，學會感謝這樣的人。感謝傷害你的人，因爲他磨煉了你的心志；感謝羈絆你的人，因爲他鍛煉了你的雙腿；感謝欺騙你的人，因爲他增進了你的智慧；感謝藐視你的人，因爲他喚醒了你的自尊；感謝遺棄你的人，因爲他教會了你獨立。

最可貴莫過於逆境情商

在逆境中，人的情緒會極端消沉，許多人都會陷入失落徘徊的泥潭中，然而高情商者卻能很快地走出失敗的陰影，自己拯救自己。

羅維爾．湯瑪斯覺得幸運極了，似乎世界上所有的運氣一下子都集中在他的身上。由他創作的一部關於艾倫貝和勞倫斯在第一次世界大戰中出征的紀錄片上映了。影片中那段有關「巴勒斯坦的艾倫貝與阿拉伯的勞倫斯」的演講在倫敦，甚至在全世界都造成了轟動。

湯瑪斯一夕成名，受到了空前的追捧。為了讓他在卡文花園皇家歌劇院繼續講這些冒險故事，並放映他的影片，倫敦大劇院竟然決定把新劇的上映推後六個星期。

在取得了巨大成功以後，湯瑪斯又歷時兩年，拍攝了一部有關印度和阿富汗地區的生活紀錄片。然而，幸運女神並沒有再次降臨，他失敗了，這部新的生活紀錄片沒有引起人們的興趣。緊接著，湯瑪斯又遭遇了一連串倒楣的事情，最後，他破產了，甚至要依靠知名畫家詹姆斯．麥克爾借給他的錢才能勉強度日。

湯瑪斯從雲端直接跌入了谷底，然而，他並沒有像大多數人那樣一蹶不振，他擁有極高的逆境情商。他依然滿懷自信和希望，他每天都積極地努力著。每天早上出門之前，羅維爾．湯瑪斯會對著鏡子告訴自己，說自己是最棒的，並且在自己的衣襟上插一朵花，然後再昂首闊步地走出家門。

每個人都有可能會遭遇逆境，即使一度深受幸運青睞的湯瑪斯也不例外。然而，逆境和挫折並不能夠將他擊倒，反而會使他日趨完美，這就是高情商的人在遭遇挫折時的表現。而人也只有通過逆境的磨礪才能夠取得成功，實現人生的價值。

美國總統尼克森因水門事件被迫辭職後，久久陷入失敗的憂憤和痛苦之中。媒體的窮追猛打，朋友的避之唯恐不及，再加上兩次當選的輝煌與當時的窮途末路所形成的強烈反差，這一切，都使得年已六旬的尼克森患上了內分泌失調和血栓性靜脈炎，他幾乎是在苟延殘喘中艱難地度日。

然而尼克森沒有在不利的環境中倒下，他及時地調整了自己的心態，並告誡自己：「批評我的人不斷地提醒我，說我做得不夠完美，沒錯，可是我盡力了。」他不畏懼失敗，因為他始終相信，「勇往直前者能夠一身創傷地回來」，於是他決定重新調整心態，迎接新的挑戰。

在這之後，尼克森連續撰寫並出版了《尼克森回憶錄》、《真正的戰爭》、《領導者》、《不再有越戰》、《超越和平》等巨著，以自己獨特的方式實現了人生應有的價值。

失敗使強者愈強，勇者愈勇，也可使弱者更弱，甚至從此一蹶不振。

貝多芬也曾陷入了近乎絕望的困境中，在他才華橫溢之時，他的雙耳卻失聰了。他一度無法接受這個殘酷的現實，整天酗酒，甚至想過自殺。但是，音樂的力量又使他重建了信心，他以更堅強、更無畏的精神來正視現實。「我要扼住命運的咽喉！」這種偉大的精神，促使他在常人無法想像的痛苦中，創作了舉世聞名的《命運》交響曲。

由此可見，逆境情商對一個身陷困境的人來說是何等的可貴。逆境情商高的人每當遇到困境，能夠做到冷靜反省，不怨天尤人，首先盤點對自己不利的方面，然後把他們轉化成推動自己進步的力量。雖然在成功的道路上充滿著坎坷，佈滿著荊棘，但高逆境情商的人卻總能表現出較強的適應能力，進而建立信心，堅持奮鬥，最終走出逆境，贏得成功。

敢於接受生活中的挑戰

在生活中，低情商的人常常畏懼一切挑戰，只要稍遇困難和麻煩，他們就會立刻感到沮喪。在目的還未達成之前他們便會選擇放棄，凡事他們都會先入為主地說出「我做不到」、「我不會」。對這些人而言，只要是有困難的事情就等於是不可能辦到的事情。

事實上，如果我們認真地去做每一件事情的話。世上真正辦不到的事情是絕對不會有那麼多的。正像高情商者那樣，他們從不畏懼困難和麻煩，相反，他們還會視挫折為挑戰，最終通過自己的努力，戰勝困難，贏得成功。

松下幸之助說：「以我的人生經驗來看，辦不到只是懶惰的藉口。沒有『再突破』欲望的人，就不會取得實質性的進步。在你辦任何事情時，一旦自己開始覺得困難和麻煩，此時你切不可立即產生沮喪情緒；相反，應激發你更加奮發向上的勁頭。你一定要在此時咬緊牙關，抱定一定要在某一天出人頭地的決心，努力到底。」

我們每個人都會被不同程度的危機折磨過，但你如果要過一個有意義的人生，就得面對危機，並將危機逆轉為對自我的重新認識，而不是過失或挫折。事實上，真正能給你帶來領悟、體會和有價值的東西的，多數都是有些難處和麻煩的。當我們以自己的驕傲與自尊去克服絕望時，我們事實上已經戰勝了這些挫折。記住，在面對危機時，必須以我們的價值觀與勇氣號召精神上的力量，來確定我們在社會上的價值，絕不可讓絕望把我們帶向孤獨。面對危機時，我們必須以勇氣去迎接它。

一個危急關頭就像分岔口，一條通向希望美好的結局，另一條通向壞的結局。在醫學上，「危急」是一個轉捩點，患者不是情況惡化或者死亡，就是康復或得到新生。因此，每一種危急局勢都存在兩種發展的可能性。棒球賽到第九局（決勝局），雙方平手，對方三人在壘，在這種關鍵時刻上場的投手，可以成爲英雄而受到尊敬，也可能丟掉全域而爲人唾罵。

休·凱西是最成功、最冷靜、最善於解圍的投手之一。有人曾問他在球賽的關鍵時刻上場時有什麼想法，他說：「我永遠是想著我要幹的事和我希望發生的事，而不去想擊球手要怎麼樣，或者我將面臨什麼情況。」他說，他把注意力集中在他希望發生的事上，覺得自己能使它發生，而事情往往就這樣發生了。

這種態度同樣是在危急時刻作出良好反應的關鍵。如果我們面臨危機時能採取主動進取的態度，而不是消極防禦的態度，那麼危機本身就可以作爲一種刺激物來釋放你的潛在力量。

有一個身材細高而瘦弱的人，當他的房子發生火災時，他把自己心愛的一架鋼琴抬起來走出房間，下了三層台階，跨過一米多高的欄杆，然後把鋼琴放到草坪的中央。而這架鋼琴原來是請了六個強健的男人才搬到屋子裏的。在危急關頭，一個瘦弱的人受到危急的刺激，自己就把它搬出來了。很顯然，他獲得了一種特別的力量！

神經病學專家哈德菲爾德深入研究過在危急時刻對普通人產生極大幫助的非凡力量——身體上的、心理上的、感情上的和精神上的力量。他說：「一個十分平凡的人在緊急情況下，也能忽然產生力量進行自助，這種方式是非常奇妙的。我們過著拘謹的生活，避開困難的任務，除非我們被迫去做或者下決心去做時，才會立即產生一種無形的力量。我們面臨危險時，勇氣就產生了；被迫接受長期的考驗時，就發現自己擁有持久的耐力；災難最終造成我們懼怕的後果時，我們會發現內在的潛力，彷彿是出自永恆手臂的力量。一般的經驗告訴我們，當形勢特別需要我們的時候，只要我們無所畏懼地接受挑戰，自信地發揮我們的力量，任何危險或困難都會激發能量。」

心理學家指出，在困難面前，我們往往只有一種基本的情緒——「激動」，它到底是表現爲恐懼、憤怒，還是勇氣，這取決於我們當時的內在目標：我們是在心裏準備好克服困難、逃避困難，還是消滅困難。「真正的問題並不在於控制情感。而是控制那種會加強情緒力量的選擇。」

如果你的意向或態度的目的是向前進，如果是要充分利用關鍵時刻，即使情況危急也要取勝，那麼，這時候的興奮將加強你的傾向性——它會給你更多的勇氣和更多的力量幫助你前進。所以，帶著勇氣去接受生活中的挑戰吧！

用困難鑄就輝煌的人生

困難對於低情商者來說是埋葬成功的墳墓，而對於高情商者來說，它卻是成功的階梯。低情商者不敢正視困難，遇到挫折就選擇妥協和逃避，試想，這樣的人又如何能夠在人生的道路上披荊斬棘、創造輝煌？

然而，高情商者卻絕不相同，他們從不怕吃苦，更不會向困難低頭，在苦難面前他們能夠積極樂觀、勇於拚搏、自立自強，甘願接受苦難帶給自己的歷練與洗禮，因此，他們在困難中鍛煉了自我，鑄就了塑造卓越人生應具備的優良品格。

冰心有首詩作得好：「成功的花，人們只驚慕她現時的明豔，然而當初她的芽兒，卻浸透了奮鬥的淚泉，犧牲的血雨。」是的，在人生的背後，奮鬥與犧牲是每個成功者的必然經歷。

小田出生在一個偏遠地區的農村。農村裏像她這樣的女孩很多，家庭貧困，早早輟學，在家務農或是外出打工，掙錢補貼家用，讓家裏的弟兄繼續學習。

小田偏不這樣，她喜歡上學。上完小學考上了縣中學，父母死活不讓她上。因為弟弟還小，家裏供不起兩個，必須犧牲一個，理所當然的，這個人應該是作為女孩的小田。

小田不依，還在暑假，捲起自己睡的那床破被子就去學校報到了。她在縣城撿廢舊塑膠瓶子、廢舊紙箱，撿來堆在宿舍裏，堆多了就拿去賣了換錢，攢學費、攢生活費，同室的人都厭惡她，說她把宿舍搞成了垃圾收購站。小田依然我行我素，她沒有同學那麼好的命，有父母來給他們承擔，她得靠自己。她在被窩裏捂著被子無聲地哭過很多回，但在別人面前，她從來不會把「難」和「苦」寫在臉上。

上高中時，她不但繼續撿垃圾，還利用學餘時間在學校旁邊一個小吃店打工，她掙下了自己的學費，省吃儉用，還寄些錢回去，跟父母說，這是她能盡的最大的努力了。

大學她學的是外語專業，早早她就開始接一些簡單的翻譯活兒，同時還勤工儉學。靠著自己的努力，小田上完了大學。除了專業之外，她還業餘選修了經濟學。早年的獨立生活，鍛煉了小田極具經濟意識的頭腦。後來她輕鬆應聘到一家外資企業，如今已經是那家外資企業的中層主管之一。

過年回到故鄉時，時尚的小田讓村裏人幾乎無法認出來，穿著香奈爾女裝，挎LV的包包，噴著雅詩蘭黛的香水，高貴迷人得像從電視裏走出來的明星。父母把她當貴賓，親戚鄰居爭相來看她。還有兒時的姐妹，她們大多輟學打工務農，早早結婚嫁人生子，和小田站在一起，明顯的天壤之別。還不到三十歲的她們，很多看上去已經像四十歲的中年婦女。

臨走，望著故鄉的山山水水，回想著自己撿垃圾、吃餿飯的艱辛，小田感歎不已。她的今天，完全是在困難中造就的。現在她的很多同學還不如她呢，如果她出生在一個普通的城市家庭，她會這樣努力嗎？

小田審視自己的內心，搖了搖頭，她的資質只能說是一般，並不比她的童年好友優秀到哪裏。但是困難給她的痛苦感太深太強烈了，而她又是個不甘屈服的人，正是這樣的感受和這種性格，令她自強不息、不停地追求，才造就了如今這個優秀的小田。

我們每個人的一生中，總會被堆積在面前的大大小小的困難所牽絆，困難往往會鍛煉人，塑造人，把人變優秀，變成熟。但並不是說，經歷了困難，就一定會造就成功的人生。這個世界誰不曾經歷困難，但成功的人有幾何？成功很大程度上是靠戰勝挫折與困難獲得的，但是，一個人能否有這樣的觀念和意識，讓困難塑造出一個卓絕的自己，才是關鍵。

高位截癱的人很多，但能像中國著名殘疾人作家張海迪一樣，因爲天生的磨難，所以卓越的，很少。鞋匠有很多，鞋匠的孩子也很多，擺渡工、種植園的工人、店員、木工、測算員、律師很多，但最後變成總統的，也只有亞伯拉罕·林肯一個……

在充滿變數的當今社會，今天的朝陽工業，明天就可能淪爲夕陽產業。失業、職業轉型等問題，已經成爲一種不可避免的社會現象。很多人陷入其中不能自拔。面對職業轉型，不知該何去何從；要重新就業，卻長期找不到自己的位置。

當然也有例外的。

一位男士失業後，沒過多久就又找到了一份理想的工作，而且待遇不錯。在人人自危，到處裁員的經濟形勢下，這麼快找到不錯的工作，真是讓人感到意外。有朋友問他使用了什麼巧妙的辦法，他說，哪裏使用過什麼巧妙的辦法，只是新的企業與原先的單位聯繫比較多，知道他在原單位的時候工作很努力、很用心罷了。只有好朋友知道，他一直都是追求卓越的人，不論在哪裏。

一個人如果一貫地追求卓越，那麼不用他自己說，也會被人知道，甚至想不讓別人知道都很難。追求卓越是一個人最好的名片與招牌。一個追求卓越的人，會積累一大筆寶貴的無形資產。這筆無形資產，會在冥冥之中幫助他走出困境、渡過難關，幫助他取得勝利、獲得成功。

困難和成功不一定成絕對的正比關係，但是，困難是種磨礪卻是句至理名言。一個人經歷過，努力過，依然沒有成功，但因爲有過困難的磨礪，他的思想、觀念、行事、作爲，都會因此而改變，會懂得人生的真諦，會把人生的路走得更加踏實。

沒有人能隨隨便便成功。有時困難和成功就像一個「人生蹺蹺板」，經歷的困難越大，成功的可能性也就越大。而沒有經歷過困難的人，往往像溫室的花朵，一陣風雨足可以將其摧殘得再也直不起腰來。

在動物界裏，也往往是這樣。野生的動物，不管是生存能力還是其他方面，往往優於家養的動物。野生的動物困難重重，吃了上頓沒下頓；不去拚搏廝殺，自己就會成爲更強大動物的口中餐。但是這種生存困難，卻造就了它們更懂得以卓絕的方式來生存。

人也同樣，只有經歷過磨難的人，才能夠走得更遠更穩。當困難克服了，困境過去了，我們才會品嘗到人生的真味，才能懂得生活的樂趣！

別讓失敗遮住你的雙眼

失敗是一種可怕的東西，它會產生致命的後果。其實，失敗所造成的嚴重後果，往往不在失敗本身，而在於造成失敗者對待失敗的態度。高情商的人能在失敗中學到教訓，處之泰然，知道自己失敗之後應該怎麼做。而低情商者則只會一再失敗，不能從中學得任何經驗，一旦遇到失敗就惶惶恐恐，不知所措，任其自然或想極力掩飾，這樣他們最終也很難有所作爲。

「我在這兒已做了三十年，」一位員工抱怨自己沒有被提升，「我比你提拔的很多人多二十年的經驗。」

「不對，」老闆說，「你只有一年經驗，你沒從自己的錯誤中學到任何教訓，你仍在犯你第一年剛做事時的錯誤。」

好悲哀的故事！即使是一些小小的錯誤，你都應從其中學到些什麼。很多時候，我們不要局限在事實表面，不要以爲錯了，失敗了，就是結果了，就別無選擇了，你要能透過事實看到本質，知道爲什麼會犯這樣的錯誤並加以改正才能有所進步。如果從一個失誤中你能省悟到一個或N個經驗，那麼這個錯誤就是值得的。

美國著名的鑽石天地公司成立之初的目的是從事鑽石開採，但公司地質勘探人員犯了一個錯誤使他們沒找到鑽石，卻發現了世界上最大的鎳礦之一。公司決策人員立即調整了經營方向。結果，公司的股票價格迅速飆升。現在，儘管公司仍在使用以前的名稱，但其真正的業務卻是製造鎳幣。

有智慧頭腦的人不會讓失敗遮住雙眼，因爲他們懂得放棄，懂得爲了成功重新作選擇。俗話說：「退一步海闊天空。」當一時遇到困難、受到挫折的時候，不要以爲一切都不可挽回了，告訴自己還有希望，此路不通，另闢蹊徑。做你想做的，你還是可以成功的。

維斯卡亞公司是二十世紀八〇年代美國著名的機械製造公司，其產品銷往全世界，代表著當時重型機械製造業的最高水準。許多人畢業後到該公司求職都會遭到拒絕，原因很簡單：該公司的高技術人員已經爆滿。但是令人垂涎的待遇和值得自豪、炫耀的地位仍然向那些有志的求職者閃耀著誘人的光環。

詹姆斯是某知名大學機械製造業的高材生，和其他人一樣，在該公司每年一次的用人測試會上，他的申請被拒絕了。其實，這時的用人測試會已經是徒有虛名了。但詹姆斯沒有心灰意冷，他發誓一定要進入維斯卡亞重型機械製造公司。於是他採取了一個特別的策略。他到公司人事部，提出為該公司提供無償勞動力。不管公司分派給他什麼工作，他都不計任何報酬來完成。公司起初覺得這不可思議，但考慮到不用任何費用，也用不著操心，於是就分派他去打掃車間裏的廢鐵屑。一年來，詹姆斯勤勤懇懇地重複著這種簡單勞累的工作。為了糊口，下了班他還要去酒吧打工。這樣雖然得到了老闆及工人們的好感，但是仍然沒有一個人提到錄用他。

一九九〇年初，公司的許多訂單被退回，理由都是產品品質有問題，為此公司將蒙受巨大損失。公司董事會緊急召開會議商議解決辦法，當會議進行一大半卻毫無進展時，詹姆斯闖入會議室，提出要直接見總經理。在會上，詹姆斯把問題出現的原因作了令人信服的解釋，並且對工程技術上的問題提出了自己的看法，隨後拿出了自己對產品的改造設計圖。

這個設計非常先進，恰到好處地保留了原來機械的優點，同時也克服了已出現的弊病。總經理及董事會的董事見這個清潔工如此精明在行，就詢問他的背景和現狀。詹姆斯面對公司的最高決策者們，將自己的意圖和盤托出。經董事會舉手表決，詹姆斯當即被聘為公司負責生產技術問題的副總經理。

原來，詹姆斯在做清掃工時，利用清掃工可以到處走動的好處，細心察看了整個公司各部門的生產情況，並一一作了詳細記錄，發現了所存在的技術性問題並想出解決的辦法。為此他花了將近一年的時間搞設計，搜集了大量的統計資料，為最後的成功奠定了基礎。

詹姆斯的聰明之處在於，他在遇到難以克服的困難時放棄了從正面進攻的方法，轉而採用了一個小小的策略，重新選擇了求職之路，最後照樣取得了成功。

有的失敗轉眼就會被我們忘記，有些卻能給我們留下深深的傷痛。但是，不管怎樣，我們都不應該面對失敗驚慌失措、猶豫不決。失敗了，要勇於放棄引你走向失敗的那條路，果敢地爲自己重新選擇一條通向成功的路。

東方不亮西方亮

上帝每關上一扇門，就打開另一扇窗。這是一句充滿智慧的西方經典名言。

麥士曾是一個成功的商人，五十八歲那一年，正當他積極拓展業務準備更上一層樓的時候，突然患上了白內障，視力嚴重受損。疾病使他不能閱讀、寫作與駕車。這一打擊令他一度十分沮喪：蒸蒸日上的事業難以為繼，妻兒老小以後如何生存？

經過一段茫然彷徨的日子，麥士終於振作起來。因為視力的障礙，他得以體會到了那些視力欠佳者的不便與需要，將心比心，他尋找到了東山再起的契機。

他決定把全部財力和精力投入為眼疾患者設計、印刷特種書籍上來。經過一年左右的研究，麥士發現，在紙上印上粗線條的斜紋字體，不僅使視力障礙者的閱讀更快而且更舒適。於是，麥士投資辦了自己的印刷廠，為視障患者們印出了第一本書。這本特別印刷的書並非文學名著，而是居全球銷量之冠的《聖經》。首印後的一個月內，麥士就接到了七十萬本《聖經》的訂單，這一下子便使麥士峰迴路轉，柳暗花明又一村，從此走上了另一條成功的坦途。

《淮南子・人間訓》曾講過一個「塞翁失馬」的故事：「近塞上之人有善術者，馬無故亡而入胡，人皆弔之。其父曰：『此何遽不爲福乎？』居數月，其馬將胡駿馬而歸。」這就是盡人皆知的「塞翁失馬，焉知非福」的典故。用到麥士身上，就是：麥士視障，焉知非福？麥士因爲患白內障，使自己的事業開闢了新天地，使自己的人生奏出了新樂章，更重要的是，使成千上萬的視障患者也能享受到閱讀的快樂了。

有信心的人生沒有黑暗，正如古老的中國格言：東方不亮西方亮。

宇宙的真相往往是這樣的：生命最低落的時候，轉機也就要來了。

在美國威斯康辛州，有一位名叫鐘斯的小農場主。他非常勤勞，也非常聰明，然而不幸的是，他突然得了全身麻痺症。

面對病魔的襲擊，作為一家主心骨的鐘斯並沒有被災難壓倒，不悲觀失望，不灰心喪氣，而是積極地思考：我的體力雖然不行了，但我的腦力還很健全，我要用我的智慧向命運挑戰，我仍是有用的人，不僅不會成為家庭的負擔，而且仍是家庭的頂樑柱。

通過深思熟慮，鐘斯主持召開了家庭會議，他說：「我雖然不能用我的雙手勞動了，但我能用我的大腦從事勞動。如果你們願意的話，你們每個人都可以代替我的手足和身體。」鐘斯雙眼炯炯有神，語氣堅定，充滿熱情和信心，「我現在宣佈我的計畫：讓我們把農場的每一畝可耕地都種上玉米。再辦個豬廠，用玉米做飼料。當豬還幼小肉嫩時，我們就把牠宰掉，做成香腸。然後給香腸設計一個別具特色的包裝，用一種牌號出售。我們可以把這種香腸打入全國各地的零售店。」說到這兒；鐘斯微笑地朗聲道：

「這種香腸將像熱糕點一樣出售。」

幾年以後，這種名為「鐘斯小豬香腸」的特色香腸名揚美國，肉嫩味鮮，成為美國家庭的日常食品，確實如鐘斯所說的那樣：像熱糕點一樣出售了。

就這樣，全身麻痹的鐘斯僅憑一張嘴，「君子動口不動手」地指揮家人，很快成了百萬富翁。

你要向怯弱挑戰，變怯弱爲無畏；你要向不幸挑戰，變不幸爲幸運；你要向失敗挑戰，變失敗爲成功；你要向貧窮挑戰，變貧窮爲富有；你要向自己挑戰，改變自己的處境。

每個人都應明白這樣一個道理：其實，放眼芸芸眾生，並非只有你的生活才充滿悲傷和挫折，即使最成功的人，他也是從一連串的打擊與失敗中走出來的。成功者和失敗者的唯一區別是，前者深深懂得，沒有紛亂就沒有平靜，沒有緊張就沒有輕鬆，沒有悲傷就沒有歡樂，沒有奮鬥就沒有勝利。

困境中更要堅持不懈

困境中更要堅持不懈！在困境中堅持不懈是一種即使面臨失敗、挫折仍然繼續努力的能力。我們常常能夠觀察到，正確對待逆境的銷售人員、軍人、學生和運動員能從失敗中恢復並繼續堅持前進，而遇到逆境時不能正確對待的人則常常會輕易放棄。

有一位推銷員，為一家公司推銷日常用品。一天，他走進一家小商店，看到店主正忙著掃地，他便熱情地伸出手，向店主介紹和展示公司的產品，但是對方卻毫無反應，很冷漠地看著他。這位推銷員一點也不氣餒，他又主動打開所有的樣品向店主推銷。他認為，憑自己的努力和推銷技巧一定會說服店主購買他的產品。但是，出乎意料的是，那個店主卻暴跳如雷起來，用掃帚把他趕出店門，並揚言：「如果再見你來，就打斷你的腿。」

面對這種情形，推銷員並沒有憤怒和感情用事，他決心查出這個人如此恨他的原因。於是，他多方打聽才明白了事情的真相。原來，在他以前另一位推銷員推銷的產品賣不出去，造成產品積壓，佔用了許多資金。店主正發愁如何處置呢。

瞭解了這些情況後，推銷員開始疏通各種管道，重新作了安排，使一位大客戶以成本價格買下店主的存貨。不用說，他受到了店主的熱烈歡迎。

這個推銷員面對被掃地出門的處境，依然充分發揮自己的堅持精神，同時不斷尋找突破逆境的途徑，這正是高情商者的表現。

克爾曾經是一家報社的職員。他剛到報社當廣告業務員時，對自己充滿了信心。他甚至向經理提出不要薪水，只按廣告費抽取傭金。經理答應了他的請求。

開始工作後，他列出一份名單，準備去拜訪一些特別而重要的客戶。公司其他業務員都認為想要爭取這些客戶簡直是天方夜譚。在拜訪這些客戶前，克爾把自己關在屋裏，站在鏡子前，把名單上的客戶名字念了十遍，然後對自己說：「在本月之前，你們將向我購買廣告版面。」

之後，他懷著堅定的信心去拜訪客戶。第一天，他以自己的努力和智慧與二十個「不可能的」客戶中的三個談成了交易；在第一個月的其餘幾天，他又成交了兩筆交易；到第一個月的月底，二十個客戶只有一個還不買他的廣告版面。

儘管取得了令人意想不到的成績，但克爾依然鍥而不捨，堅持要把最後一個客戶也爭取過來。第二個月，克爾沒有去發掘新客戶，每天早晨，那個拒絕買他廣告的客戶的商店一開門，他就進去勸說這個商人做廣告。而每天早晨，這位商人都回答說：「不！」每一次克爾都假裝沒聽到，然後繼續前去拜訪。到那個月的最後一天，對克爾已經連著說了數天「不」的商人口氣緩和了些：「你已經浪費了一個月的時間來請求我買你的廣告了，我現在想知道的是：你為何要堅持這樣做？」

克爾說：「我並沒浪費時間，我在上學，而你就是我的老師，我一直在訓練自己在逆境中的堅持精神。」那位商人點點頭，接著克爾的話說：「我也要向你承認，我也等於在上學，而你就是我的老師。你已經教會了我堅持到底這一課，對我來說，這比金錢更有價值。為了向你表示我的感激，我要買你的一個廣告版面，當做我付給你的學費。」克爾完全憑著自己在挫折中的堅持精神實現了目標。

在生活和事業中，我們往往因爲缺少這種精神而和成功失之交臂。你有沒有過這種經歷：在半夢半醒之間，常常隱約覺得自己被壓迫得快要喘不過氣來了。你沒辦法翻身，也動彈不得。但是在你的潛意識中，必須控制自己的肌肉筋骨才能擺脫困境。借助意志力的不懈努力，終於可以挪動一個手指了。之後，如果繼續挪動你的手腕，就可以控制整個手臂肌肉並把手抬起來了。然後你用同樣的方法控制了另一隻手臂，另一條腿的肌肉，逐漸延展到全身。於是，意志力重新讓你回到了對肌肉系統的控制，使你從夢中迅速恢復過來。

我們很容易從夢境中掙扎出來，但是卻無法一下子從人生的困境中解脫出來。實際上，讓自己從軟弱無力的精神狀態中慢慢起步，漸漸加速，直到完全控制自己的意志，與夢醒的過程極其相似。意志力堅強的人懂得培養自己的恒心和毅力，並將它變成一種習慣，無論遭受多少挫折，仍堅持朝成功的頂端邁進，直至抵達爲止。

英國首相邱吉爾不僅是一名傑出的政治家，而且是一個著名的演講家，他十分推崇面對逆境堅持不懈的精神。他生命中的最後一次演講是在一所大學的結業典禮上，演講的全過程大概持續了二十分鐘，但是在那二十分鐘內，他只講了兩句話，而且都是相同的：堅持到底，永不放棄！堅持到底，永不放棄！

這場演講是成功學演講史上的經典之作。邱吉爾用他一生的成功經驗告訴人們，成功根本沒有什麼秘訣可言，如果真是有的話，就是兩個：第一個就是堅持到底，永不放棄；第二個就是當你想放棄的時候，回過頭來看看第一個秘訣。

5 廣結人脈
——朋友多了路好走，好漢還需眾人幫

卡內基說：「交際能力和說話能力是成功人生的兩項基本能力。從某種意義上講，掌握這兩種能力，比擁有哈佛的文憑還重要！」一個善於交際的人，不僅受到大家的歡迎，自己也會感到很快樂。而這樣的人也會善用這層關係，為自己以後的成功鋪平道路。

正所謂朋友多了路好走

朋友是人際關係網中非常重要的一環，許多成大事者無不是靠朋友的鼎力相助才得以在事業上有所成就，因此織好朋友這張關係網對於每個想成就一番事業的人來說都是必要

的。高情商的人會廣交人緣，而且人緣還相當不錯！

常言道「在家靠父母，出外靠朋友」，沒有哪個人真正只憑一己之力而有大的成就，他們無不或多或少地得到了別人的資助和支持，就連比爾·蓋茨，在他創業之初也是和他的好友艾倫一起，共同打造了後來的微軟公司。而美國另一位大亨特朗普，也靠著朋友的關係創下了自己的大業。

大學一畢業，特朗普即進入父親創建的房地產公司任職。大學四年的每年暑假他都協助父親管理業務，卻不願待在生活圈子狹窄的紐約市皇后區。他寧可獨自遷居繁華熱鬧的曼哈頓，勇敢地伸出觸角，在高級社交圈結識不少有錢有勢的政經名流，這對於他日後發展房地產事業，有莫大助益。

一九七四年，紐約市曼哈頓區的「賓夕法尼亞中央鐵路公司」宣告破產，特朗普通過在高級社交圈結識的政治名流的協助買下了這塊地產，向政府建議在此興建「市立會議中心」，遲至一九七八年才獲紐約市政府批准。

一九七五年，特朗普以一百萬美元買進鄰近紐約中央火車站的破舊旅館，歷經五年的準備，在不少朋友的幫助下終於說服市政府給予四十年減稅優惠，順利辦妥了貸款手續。他親自監督重建的，於一九八〇年竣工的「凱悅大飯店」，是特朗普房地產事業上的重要里程碑。他以重金禮聘著名建築師設計的新穎靚麗的旅館外貌，吸引了絡繹不絕的賓客，至今仍生意興隆。「凱悅大飯店」的成功，彰顯出特朗普銳不可當的經營才華。年僅三十四歲，他已在紐約市頗具名氣。

緊接著，他又以兩億美元在紐約曼哈頓商業區興建「特朗普大廈」。這幢高達六十八層的綜合商業大樓，為高收入的民眾提供了寬敞辦公室、精品商店以及豪華公寓，吸引了無數長期租客，特朗普亦因此賺進滾滾鈔票，並繼續攀越更具挑戰性的高峰。

特朗普逐漸將投資範圍延伸至房地產以外的行業，開設賭場，經營航運，主掌職業足球隊，贊助職業拳擊賽等。

憑藉多年來在政經界建立的深廣的人脈關係，特朗普輕而易舉地擴張「地盤」，投資手筆也一次比一次巨大，並傲慢地以「特朗普」之名為保證，有數家銀行竟然願意隨時為他提供上千萬美元的貸款金額。

與特朗普相似的是，曾經獲「中國企業女性風雲人物」稱號的新大陸集團董事長王晶也是成功運用人際關係的高手。

一九八八年，王晶參與創辦實達電腦有限公司，開始了第一次創業。她是創業者當中唯一的女性，為實達構築了公共關係與人力資源平台。

讓她欣慰的是，她在這個過程中積累起來的人脈關係以及經驗，在她與實達第一任總裁胡鋼出走實達後的二次創業中發揮了異常重要的作用。在王晶的眼裏，她的創業故事裏總有許多神奇的事情發生，每每談起這許多的奇妙故事，就必然會談起她身邊眾多的朋友，特別是新大陸第三大股東德國人湯姆與她在新大陸創業成長中的故事。

「一九九二年由於專案合作的原因，我與湯姆認識，此後成為好朋友。新大陸創業時根本沒辦法從銀行貸款，是湯姆每年無息借給新大陸流動資金。後來我們以每股兩元議價出售部分股權給這位德國朋友，由此他成了新大陸的股東。新大陸創立八年，每年增長的速度都接近百分之百，他的投資也獲取了很好的收益，對此，他也非常高興。」

「朋友總是在我最需要的時候出手幫助我。」王晶在回憶起當年新大陸上市時的一些故事時說，「我們一直請求科技部幫我們向中國證監會推薦新大陸，後來在科技部的大力支持下，總共有五家企業成了雙高論證准許試點上市企業的高科技企業，新大陸是最後一家帶著額度上市的民營高科技企業。論辯的那一天，我們統一著裝與發審委員會的專家見面，給他們留下了非常深刻的印象。」

「朋友是我一生的財富。」王晶說，實達與新大陸創業過程中技術人才與行政管理人才的揀選幾乎都是她在操作，「如果我不再創業，我想我會是一個非常好的獵頭公司經理人選。」

在王晶成功的道路上，人脈關係佔據了不可替代的重要作用，擁有了朋友的鼎力支助，還有什麼事不能辦成呢？

朋友是可以一起打著傘在雨中漫步，是可以一起沉醉於某種音樂遐思，是可以一起在書海中暢遊，有悲傷陪你一起掉眼淚，有歡樂和你一起分享的知己。生命裏或許可以沒有感動，沒有勝利，沒有其他的東西，但不能沒有的是朋友，因爲朋友是我們一生的財富。

記得多和陌生人變朋友

千里難逢是朋友，朋友多了路好走。

對一個人來說，要想辦事順利，很大程度上取決於是否擁有一棵參天的人脈大樹。你的人脈大樹枝繁葉茂，你辦事的途徑就更加寬廣；你的朋友越多，可以給你提供幫助的人也越多。人脈大樹是辦事的支點，爲了讓這個支點越來越繁榮，我們需要將陌生人變成自己的朋友。

某網上曾經報導過一個成功企業家的經歷：他既沒有學歷，也沒有金錢，更沒有人事背景，卻憑藉自己的不斷努力，成為一個擁有資金超過十億美元的企業家。那麼，到底是何種因素決定了他的成功呢？

這位企業家的一個朋友後來回憶說：「那天晚上，我、他、他太太三個人坐在一起閒聊，話題無意間轉到他以前艱苦奮鬥的情形，他當時曾很嚴肅地說：『像我這樣既無學歷，又沒財力，更沒有人事背景的人，能有今天的成就，實在有不足與外人道的辛苦。』任何人處在他的環境都會說出同樣的話。但是，停了一會兒，他又接著說：『像我這樣一無所有的人，如果要與別人來往，就必須令對方感到和我來往會得到某些方面的愉快與益處。』」

學歷、金錢、背景三個要素，這位企業家什麼也不具備。這樣的人，要取得事業的成功不知要比別人多付出多少倍的艱辛和汗水。正是憑藉非凡的毅力和意志，學到了與人交往之道，將許多陌生人變成了朋友，拓展了自己的社交圈，才爲他後來事業的成功奠定了良好的基礎。

美國有一位名叫亞瑟．華卡的農家少年，在雜誌上讀了某些大實業家的故事，很想知道得更詳細些，並希望能得到他們對自己的忠告。

有一天，他找到了威廉．亞斯達的事務所，在第二間房子裏，華卡立刻認出了面前那位體格結實、長著一對濃眉的「陌生人」。

高個子的亞斯達開始覺得這少年有點討厭，然而一聽少年問他「我很想知道，我怎樣才能賺到百萬美元」，他的表情便柔和並微笑了起來，兩人竟談了一個鐘頭。隨後亞斯達還介紹了自己一些實業界的朋友讓他去拜訪。

華卡照著亞斯達的指示，遍訪了一流的商人、企業家及銀行家。在賺錢這方面，他所得到的忠告並不見得對他有所幫助，但是能得到成功者的知遇，給了他自信，他開始仿效他們成功的做法。

又過了兩年，這個二十歲的青年成為他學徒的那家工廠的所有者。廿四歲時，他是一家農業機械廠的總經理，為時不到五年，他就如願以償地擁有百萬美元的財富了。再後來，這個來自鄉村粗陋木屋的少年，終於成為銀行董事會的一員。

華卡在活躍於實業界的六十七年中，實踐著他年輕時學到的基本信條，即多與有益的人結交，將許多原本陌生的人變成朋友，成為自己的資源。

每個人都是一個豐富的世界，每個人的經歷都是一部精彩的小說。假如我們能與陌生的人發展友情，瞭解一下他們的內心世界，一定會發現許多新奇的感受，學到許多有用的知識，產生一種源自內心的快樂。

朋友是我們的另一生命，當我們和朋友在一起的時候，一切都變得那麼順暢、通達。每天結交一個朋友，即使他不能成爲你的摯友，至少也可以成爲你的支持者和鼓勵者；即使他幫不上你，但至少不會阻礙你前進。

不少人跟老朋友談話口似懸河，可在陌生人面前說話總是感到拘謹、不自然，導致其關係網非常狹窄，辦事也就自然不順通。這是爲何呢？

其實道理很簡單：因爲和熟識的朋友在一起的時候，互相瞭解的情形使你處在一個相當寬鬆、相當自然的語境氛圍之中，這種氛圍協調著你的語言以及各種行爲，使之按著自然本真的方式來進行。可面對陌生人，尤其是進入到充滿陌生人的群體之中，你對一個個陌生人一無所知，加之心理準備不足，甚至缺乏自信，有時你會感到有一種不自在，或者恐懼。如此情形使你根本無法有效地把陌生人變爲朋友，編織在你的關係網中。

其實，想要把陌生人變成朋友，首先要在心目中建立一種樂於與人交朋友的願望，心裏有這種要求，才能有行動。在你打算和某個陌生人交往時，以下的建議不妨作爲參考：

先給對方一個接近的線索

初次見面，並不一定得介紹自己的姓名，因爲這樣做，對方可能會感到唐突。切入點很多，從自己的工作單位切入，或從自己的興趣愛好切入都可以，需要強調的是：應該先從自己的情況入手，時機成熟，人家也會相應告訴你他的有關情況。

可以問一些有關他本人的一般問題

比方說，你可以問有關他子女上學或工作情況，也可以問對方單位一般的業務情況。對方談了之後，你也應該順便談談自己的相應情況，才能達到交流的目的。需注意切忌跨步過大，問及對方隱私的問題。

製造機會，接近對方

人對自己身體四周的地方，都會有一種勢力範圍的感覺，而這種靠近身體的勢力範圍內，通常只能允許親近之人接近。如果允許別人進入你的身體四周範圍，就會有種已經承認和對方有親近關係的錯覺，這一點對任何人來說都是相同的。

某雜誌刊登過這麼一篇文章，標題就是「手放在你肩膀，我們已是情侶」。的確，本來一對陌生的男女，只要能把手放在對方的肩膀上，心理的距離就會一下子縮短，瞬間就在心理上產生雙方是情侶關係的感覺。推銷員就常用這種方法，他們經常一邊談話，一邊很自然地移動位置，挨到顧客身旁。因此，如果你想及早培養與對方的親密關係，就應製造出自然接近對方的機會。

觀察對方，尋找接近點

應當注意的是，有些人你雖然不喜歡，但必須學會與他們談話。人都有以自我興趣為中心的習慣，如果你對自己不感興趣的人不瞥一眼，一句話都不說，恐怕也不是件好事。你可能被人認為是驕傲，甚至有些人會把這種冷落當做侮辱，從而產生隔閡。和自己不喜歡的人談話時，第一要有禮貌；第二不要接觸雙方的隱私，這是為了使雙方自然地保持適當的距離，一旦你願意和他結交，就要一步一步設法縮小這種距離，使雙方容易接近。他的聲調、眼神和回答問題的方式，都可以揣摩一下，以決定下一步是否能向縱深發展。

各個行業都有許多出類拔萃的人，他們的影響非同小可。必須利用和他們接觸的機會與之建立良好的關係，這對你以後成功辦事至關重要。

無意救助，收穫驚喜

很多時候，幫助他人就是一種培養人情的投資方式，因此，在我們幫助別人的同時，並不是一無所獲，而是大有所獲。在爲人處世中，還有什麼比人情更貴重的呢？因而，在我們人生的道路上，若想改善自己與他人的關係，不妨找個機會幫他們一把，或許我們的舉手之勞，就會換來別人的感恩戴德，這種智慧型的投資，千萬不能讓自己錯過了！

王某便是因自己一個善意的舉動，而收穫了一份意外的驚喜。

經過幾年的打拚，經驗豐富的王某，終於鼓起勇氣自己開了一家律師事務所。但在律師事務所剛開業時，他連一台影印機都買不起。那時，金融風暴的浪潮在一浪接一浪地席捲著全球，他接了許多地痞流氓間的小案子，常常深更半夜被喚到拘留所領人，還不時地在黑白兩道間周旋。

當時，他開著一輛掉了漆的宏達車，在各鄉鎮間奔波，兢兢業業地做著一名職業律師。終於「媳婦熬成了婆」，電話線換成了四條，擴大了辦公室，還雇用了專職秘書、辦案人員，氣派地開起了「寶馬」，處處受人禮遇。

然而，天有不測風雲，因王某的一念之差，將自己的資產投入股市，幾乎血本無歸。想不到，他從輝煌到倒閉，只在這一夜之間。

然而，就在這時，他收到了一封信，是一家公司總裁寄給他的，信上竟然寫道：「我願意將公司百分之三十的股權轉讓給你，並聘請你為本公司以及其他兩家公司的終身法律代理。」他拿著那封信，簡直不敢相信自己的眼睛。

為了解開謎底，王某主動找上門去。只見總裁是個四十開外的中年人，臉上還有一道明顯的疤痕。

「還記得我嗎？」總裁問。

他搖了搖頭，總裁微微一笑，從碩大的辦公桌的抽屜裏，拿出一張皺巴巴的十塊錢匯票，上面夾的名片印著王某的地址與電話。但他怎麼都想不起有這樣一樁事。

「十年前，」總裁開口說，「我在拘留所坐牢，當時，我的家人東拚西湊，終於將我的贖金借到了，但由於救人心切，家人在路上弄丟了十元錢。說來可笑，就為了那十元錢，他們竟不放我出來，氣得我牙癢癢。但就在此時，你從身後遞了十元上來。我要你留下地址，好把錢還給你，你就給了我一張名片。」

他也漸漸回憶起來了，但是仍將信將疑地問：「後來呢？」

「後來，我便洗心革面了，因為是你讓我相信，這個世界還是好人多。我勸奮努力，將我的才能都用在了正處，就這樣，老闆看上了我的管理能力，便很快升職。我升職後的第一天就想把這張匯票寄出，但是一直沒有，我發誓，我一定要讓你看見我的成功，絕對不能辜負你的這十塊錢。」

「按理說，以我當時的年紀，出來闖天下很困難，經歷了許多冷遇和磨難，每每此時，我就會想起你的這十塊錢，他徹底改變了我對人生的態度，終於，經過我不懈的努力，我坐到了今天這個位置。當我得知你現在的情況後，我覺得，該我幫助你的時候到了。」

此時的王某已經激動不已，他緊緊地握住總裁的手，久久不放。

古往今來，助人爲樂都是我們中華民族的傳統美德，殊不知，在事業的道路上，助人爲樂也是我們晉級的法寶之一，尤其對於處於職場中的我們而言，職場如商場，也許一次無意的救助，便能爲我們擴展無數條人脈。因此，處於職場中的我們，一定不能太自私，要學會幫助別人，唯有如此，我們才能爲自己創造更多成功的機會！

眾所周知，在競爭激烈的職場之中，有人脈就有機遇，有機遇就有晉升的可能，有晉升的可能，才會有完成夢想的實力。俗話說：「土幫土成牆，人幫人成王。」互助合作在任何時候都十分重要，無論是生活，還是工作，我們都應該儘量去幫助那些需要幫助的人！其實，幫助別人，就是幫助自己。

愛無處不在。愛，就藏在社會的每個角落裏，適時的愛心不但能救人之急，也可以淨化自己的心靈。如果我們善於用善良的友好行爲去幫助人，往往也會得到同樣友好的回報；相反，如果我們去做損人利己的事，結果都只能害人害己。

善於利用人脈來創造基業

在經商活動中，成功者大多擁有強大的人脈網。誰能把結交朋友與利用朋友這個問題處理得好，誰就能借助來自各方朋友的力量成就一番自己的事業。有句話叫：「生意好做，夥計難找。」夥計不易找，而一個運籌帷幄的朋友就更難求了。尋找一位能獨當一面、協助自己成功的朋友尤爲困難。

美國著名的百貨公司薩耶．盧貝克公司的創始人之一理查．薩耶本是做小生意的，他做夢也沒有想到生意會做得這麼大，因為他沒有什麼能憑藉的實力，要說優勢的話就是他善於尋找和利用朋友。薩耶起初在明尼蘇達州一條鐵路上當運送貨物的代理商。這種代理商有共同的煩惱：有時收貨人嫌貨不好，拒收送到的貨物；若再將貨物帶回，就會倒賠一筆運費。後來薩耶改運送貨物的方式為郵寄。這樣不僅退貨率大為降低，也為買主增加了便利。這種「函購，郵寄」的方式獲得了意外的成功。

但要從中獲大利的話，他的生意必須擴大規模，否則，別人利用他創造的這種經營方法，很可能趕到他前面去。可以說，他飽嘗了「夥計難找」的滋味。挑選了將近五年的時間，終於讓他找到了一個叫盧貝克的人，以兩人姓氏合稱的世界性的大企業「薩耶．盧貝克公司」終於誕生了。兩人密切合作，公司第一年的營業額就比薩耶獨自一人時增加將近十倍，達四十萬美元。第二年的發展更快，這種發展速度不僅為二人始料未及，而且使他倆明顯地感到力不從心了。

盧貝克說：「我們何不請一個有才能的人參與我們的生意？」

薩耶一直把當年發現盧貝克看成是一大快事，對他的這個建議由衷贊許，但要為上百萬元的生意找個經營人，又談何容易。不久，他們就有些洩氣了，這種大將之才，實在是鬼雄人傑，本來就是很稀少的，即便真有這種人才，恐怕也早被別人拉走了。薩耶和盧貝克幾次三番謀劃，決定開闊視野，到一般的小商人中去尋找。這也是因為大公司的經理一般不屑於經營他們的「雜貨鋪」，而在平凡的人物中選拔適當人才委以重任，他一定會盡全力報效，不會像重金禮聘的知名人物，即便請來了，也只是抱著「幫幫忙」的心理。

那天，薩耶與盧貝克正好路過一家布店，只見人群擁擠，爭先恐後地在搶購。等他們走近一看，才知道比任何人想像中的都絕。店門前貼著的大紙上寫道：衣料已售完，明日有新貨進來。那些擁擠搶購的女人，唯恐明天買不到，在預先交錢。

夥計解釋說，這種法國衣料原料不多，難以大量供應。薩耶知道這種布料進得不多，但並非因為缺少原料，而是因為銷路不好沒有再繼續進口。看到對女人心理如此巧妙的運用，以缺貨來吊時髦女人的胃口，他覺得這個布販手法實在高人一籌，令人折服。

「雖然不知他長得什麼樣，也不知他是老是少，但我幾乎可以肯定，這個人就是我們要找的人！」薩耶和盧貝克都這樣認為。然而，當他倆與店主見面時，卻大感意外，不禁面面相覷。原來他就是經常到他們店裏販布的路華德。他們彼此已認識好幾年，從沒有深談過，並且路華德也從未有過什麼特別的舉動，因此薩耶和盧貝克對他也就沒有什麼特殊的印象，直到這次，他們把對方細細打量一番，才發覺他的目光中有一種說不出的神采飛揚，具有強大的吸引力。寒暄之後，薩耶開門見山：「我們想請你參與我們的生意，坦白地說，想請你去當總經理。」

當上總經理的路華德為報知遇之恩，天天廢寢忘食地工作，果然取得了驚人的成就。薩耶．盧貝克公司聲譽日隆，十年之中，營業額竟增加了六百多倍。後來，該公司擁有了三十萬員工，每年的售貨額將近七十億美元。對於零售行業，這簡直是個不可思議的天文數字。

薩耶就是這樣借著朋友之力取得後來的成功，如果當年他不發現和利用人才，不與盧貝克和路華德合作，今天的他也許還做著小本生意賺些小錢。

其實，現實中有許多看起來很能幹的人，但究其實質來看這種人本身並不一定有什麼出類拔萃的異能，也許還是個極平凡的人，只不過是他善於利用人脈罷了。所以，從廣義上講，無論是內行或外行，在商業活動中就像在創造基業一樣，如果你善於利用人脈，像劉邦能利用張良和蕭何那樣，也一樣會輕鬆獲得成功的。

善借他人之力成就自己

一個人要想完成自己的事業，就必須要利用自己的才智，借助他人的能力和才幹。這就要求在事業的征途中，恰當地選擇人才。

王石是萬科公司的董事長，也是一位善借他人之力的智者。他在經營萬科的過程中，多次向社會招聘賢才。

N君原是萬科公司的一名職員，可不知什麼原因，忽然不辭而別，被聘到一家酒店做業務經理。

王石在公司與N君一起工作的時候，發覺N君很有才幹，且上下左右的關係也處理得非常融洽，這樣揮手而去，很是可惜。而且自己在有些方面存在不足，N君又恰恰有這些方面的長處，雙方取長補短，不是更好嗎？於是王石左思右想，花了很大力氣，終於說服了N君重新加入了萬科公司，而且那一年在N君的配合下，兩人齊心協力，為公司賺了幾百萬元，使得公司營業額超過兩億元，在深圳五家上市公司中名列第二。

萬科成功的奧秘當然不只是借用人才之力一個原因，但是善於借用人才之力，顯然是其重要的因素。

一個人，縱然是天才，也不是全能的。在現代社會中，經濟迅速發展，各行業各部門之間的競爭非常殘酷，單靠一個人的能力很難取得事業的成功。因此，必須借用朋友的力量，才能取得事業的成功和創造美好燦爛的人生。

二〇〇〇年，美國福布斯雜誌評出的五十位中國富豪中，第廿四名的張果喜，就是善於借朋友的力量為自己事業成功服務的高手。

張果喜素有「巧手大亨」之稱，他看準了佛龕在日本市場的潛力，就召集公司員工進行分析，達成共識，使產品在日本市場一炮走紅，成為日本佛龕市場的老大哥。

公司為了經營的需要，在日本委託了代理銷售商，但一些富有眼光的日本商人看到經營這種佛龕有大利可圖，為了賺到更多的錢，就想繞過代理商這一關，直接從果喜實業集團公司進貨。

張果喜仔細地考慮了這件事情。從眼前利益來講，從廠方直接訂貨，就減少了許多中間環節，有利於廠方的銷售，然而卻破壞了與代理商之間的關係，同時佛龕在韓國和中國台灣地區也有相當大的生產能力，代理商如果背向自己，與韓國或中國台灣地區生產廠家掛鉤，豈不影響本公司的利益？

張果喜果斷地回絕了那些要求直接訂貨的日本朋友，並且把情況轉告給代理商，向代理商表示，公司在日本的業務全部由代理商處理，公司不通過其他管道向日本出口佛龕。

代理商聽後，很受感動，在佛龕的推銷和宣傳方面下了很大的工夫，並且在日本市場打出了「天下木雕第一家」的金字招牌，從而使張果喜公司的佛龕在日本市場站穩了腳跟。

現代社會已經進入了資訊時代，掌握了資訊，就等於掌握了市場，掌握了主動。資訊閉塞，就可能使人貽誤戰機，遺憾終生。廣泛地結交朋友，借助他人獲取自己所需的資訊，也是取得事業成功的重要手段。

在現代社會，借力這種手段已在政治、經濟、文化以及外交等領域被廣泛運用，而且大有日趨擴展之勢。對於人際交往，它不失爲一種提高自身形象，擴大自己影響的策略和技巧。被社會承認，是人的正當追求，對社會進步也有積極意義，而借助名人提高自己的社會知名度，就是被社會所承認的方式之一。

潤泰集團總裁尹衍梁曾說：「總裁無能便是德。」因爲，只有自知無能，才會用心去找有能力的人合作。他比喻，人生就像交響樂團，不同的人各有其專精的樂器，全能的人也許還可以譜曲、當指揮，但真正賺錢的，不是這些站在台上的高手，而是召集這些人的幕後高人。

有實幹家曾經分析：「公司不是沒有人才，只是沒有人可以識得所需的人才。再好的人才，如果放在不對的地方，也將不會是個人才。」在中國大陸以《品三國》一書紅透半邊天的易中天，見解之所以能鞭辟入裏，就在於他從不以好壞來分類每個人物，而是分析人情人性，理解人性中的優點和弱點，再加以著墨品論。

他說：「天下並非土地，而是人。」在當今社會裏，「品人」是門重要功夫，因爲真正的成功者，絕對不是那些能抵擋千軍萬馬的英雄，而是能指揮這些英雄去對抗千軍萬馬的那位懂得品人、用人的元帥。

大家都知道，拿破崙的字典裏沒有「不可能」這三個字。這不意味著他有全能的技術，而在於他能將人才運用得當，讓無數的人脈爲他打造出一條成功人道。

所以，像韓信這樣用兵如神的軍事天才，會親口承認武不如他的劉邦比他更強是因爲劉邦知人善任，竟能將他這市井小民，拉拔成爲一國之將。而許多大企業的主管會跳槽，薪水往往不是主要的考量，而是新老闆能否捕捉他們金錢以外的需求，讓他們心甘情願爲其打天下。

如果你想在社會中成功，必然要具有冷靜的判斷力，建立起這種「英雄或梟雄人際關係」，把握時機，利用人才的爆發力和忠誠度，讓你的人際關係資源爲你創造最高利益。

人情積攢得越多，回報就越豐厚

人情是積蓄在人生銀行帳戶中的存摺，人情生意做得越多，人一生的財富就會越豐厚。人情是一粒種子，你將人情的種子注入別人的心田，就會收穫成功的累累碩果；人情是久違了的期盼，期待著每一個人將其擁有、將其奉獻。只有充滿人情味的交往才是成功的交往，只要人人都能將人情奉獻，世界就會變成美好的人間。

平時送朋友一個人情，朋友便欠了你一個人情，他是一定要回報的，因爲這是人之常情。送人情就像你在銀行裏存款，存得越多，存得越久，利息便越多。儲蓄人情也就是在儲蓄辦事的資本。

黃先生經營著一家小超市，超市的收入不是特別多，但黃先生卻工作得很開心。黃先生的妻子常說黃先生不是做生意的料，因為人家做生意都錙銖必較，他卻大大咧咧，能過得去就行。

比如，一次一位客人跟黃先生訂購了一批酒，還交了五百元訂金，誰知道貨來了以後他又不要了，這事如果換成別的商人一定會把這五百元全扣了，可黃先生卻要全部還給人家，還說就當是正常上貨，以後慢慢賣吧！那個客人對黃先生的做法也很意外，不好意思地說：「這件事確實是我不對，還是按規矩扣訂金吧。」黃先生卻回答說：「如果不是有難處，你也不會做出爾反爾的事。大家都是生意人，買賣不成人情在。我不能收這筆訂金，瞧得起我咱們就交個朋友吧。」

那位客人不好意思地走了，妻子卻拉長了臉，抱怨丈夫太傻。在平時，黃先生對顧客也都是一團和氣，年紀大的就主動送貨，甚至上門安裝，給熟識的客人抹零頭……黃先生做生意雖然沒賺多少錢，但在當地人緣卻是出奇的好。每當有人誇黃先生有人緣時，黃太太總要說：「人緣能當飯吃嗎？」

不過黃太太現在可不敢說這話了，因為事實證明：人緣有時真能當飯吃。一天，訂酒的那位客人找上了門來，說要給高先生介紹大買賣。原來這位客人如今竟是某知名食品廠的銷售總監，現在他要把該省的銷售代理權交給黃先生，他還說：「之所以要把代理權交給你，不僅是因為你曾給過我恩惠，更重要的是我看中了你的關係網，這對於生意人是非常重要的。」不久黃先生拿到了銷售代理權，成立了自己的公司，靠著他往日積累下來的人脈，他的生意越做越順，銷售額幾度蟬聯各省榜首。

從黃先生的經歷中，我們再一次看到了存儲人情的重要意義。它就像銀行存款一樣，平時少量少量地存，有急需時就可以派上用場。而別人對你的善意的回報，有時是附帶

「利息」的。

在生活中，任何人都有求人幫忙的時候，可是有些人沒有養成主動出擊的處世態度，以自我爲中心，很少滿足對方的需要，那麼在關鍵的時刻，在你需要別人幫忙的時候，就會顯得被動，不那麼容易。相反，朋友欠了你的人情，有時甚至不用自己開口，你的事情也會在大家的關照下迎刃而解。所以，只有懂得經營人情的策略，才會在辦事時順利。

眾所周知，《水滸傳》中的宋江能夠被桀驁不馴的梁山好漢尊爲寨主，大多與平時他不惜錢財結交人情、樂善好施有關。可見，積累人情，用「物質利」換取「人情利」是人際交往最基本的策略和手段。

但是，我們在送人情時要特別注意，這種人情是在平時「儲蓄」的，而不是臨時抱佛腳。比如，對方知道你有較重要較麻煩的事要托他辦，你再施與人情也就不值錢了，至多能把你所托之事辦下來，下次有事，還要重新送上情分，就像人情買賣一樣。倘若對方辦不了此事，或者你送的人情太輕，抵不住對方所要付出的代價，對方也不會輕易領你這份情，甚至乾脆回絕你這份情，讓你討個沒趣或尷尬。而如果你是在平時儲蓄的人情，在自己有困難時再求人，往往能達到好的效果。

其實，儲蓄人情並不需要我們刻意爲之，也許只是平時簡單的關注，就可以讓人情豐滿起來。比如：對於一個身陷困境的窮人，一些小小的幫助可能會使他感到人世的溫暖；對一個正直的舉動送去一個鼓勵的眼神；對一種新穎的見解報以一陣贊同的掌聲；對一個陌生人很隨意的一次幫助……都是在儲蓄人情。

不要小看對一個失意的人說一句暖心的話，對一個將倒的人輕輕扶一把。也許你什麼都沒失去，而對一個需要幫助的人來說，也許就是動力，就是支持，就是寬慰。反過來這個人就對你存一份感激，就會永遠記住你的好，當你需要幫助時，他就會施以援手，用真誠回饋你的真誠。

常言道「士爲知己者死，女爲悅己者容」，能爲知己者死的，必爲欠下了天大的人情，因此償還人情便成了他們矢志不渝的目標。

西元前二三九年，燕國太子丹在秦國當人質，秦國對他很不友好，太子丹對此懷恨在心，偷偷逃回燕國，於是秦國派大軍向燕國興師問罪。太子丹勢單力薄，難以與秦兵對陣，為報國仇私恨，他廣招天下勇士，去刺殺秦王。

荊軻是當時有名的勇士，太子丹把他請到家裏，像招待貴客一樣，對荊軻照顧得無微不至，終於打動了荊軻。後來，又對逃到燕國來的秦國叛將樊於期以禮相待，奉為上賓。二人對太子丹感激涕零，發誓要為太子丹報仇雪恨。

荊軻雖力敵萬鈞，勇猛異常，但秦廷戒備森嚴，五步一崗，十步一哨，且有精兵護衛，接近秦王難於上青天。於是，荊軻對樊於期說：「論我的力氣和武功，刺殺秦王不難，難在無法接近秦王。聽說秦王對你逃到燕國惱羞成怒，現正以千金懸賞你的腦袋，如果我能拿到你的頭，冒充殺了你的勇士找秦王領賞，就能取得秦王的信任，並可乘機殺掉他。」樊於期聽罷毫不猶豫，拔劍自刎。

荊軻帶著樊於期的人頭和督亢地方的地圖，去見秦王，這兩件東西都是秦王想要得到的。但他未能殺掉秦王，反被秦王擒殺，只為後人留下了「風蕭蕭兮易水寒，壯士一去兮不復還」的悲壯詩句和「圖窮匕見」的故事。

樊於期之所以能「獻頭」，荊軻之所以能捨命刺殺秦王，都完全是爲了回報太子丹的禮遇之恩。「投桃報李」、「滴水之恩，湧泉相報」，足以說明「恩惠」對人心感化的巨大作用。

春秋時，楚莊王勵精圖治，國富民強，手下戰將眾多，個個都肯為他賣命。楚莊王也極力籠絡這批戰將，經常宴請他們。一天，楚莊王又大宴眾將。君臣喝得極其痛快，天色漸晚，莊王命點上蠟燭繼續喝酒，又讓自己的寵姬出來向眾將勸酒。突然間，一陣狂風吹過，把廳堂裏的燈燭全部吹滅，四周一片漆黑。猛然間，莊王聽得勸酒的愛姬尖叫一聲，莊王忙問何事。寵姬在黑暗中摸過來，附在莊王耳邊哭訴：「燈一滅，有位將軍無禮，偷偷摟抱臣妾，已被我偷偷拔取了他的盔纓，請大王查找無盔纓之人，重重治罪，為妾出氣。」

莊王聞聽，心中勃然大怒，自己對眾將這樣寵愛，竟有不遜之人，膽敢戲弄我的愛姬，真乃無禮之極！定要查出此人，殺一儆百！他剛要下令點燈查找，但又一轉念：這幫戰將都是曾為我流過血、賣過命的人，我若為了這點小事殺一位戰將，其他戰將定會寒心，以後誰還會真心誠意地為我賣命呢？失去這批戰將，我將憑什麼稱霸中原呢？俗話說，小不忍則亂大謀，還是隱忍一下，放過這等小事，收買人心要緊。主意已定，他低聲勸寵姬道：「卿且去後堂休息，我定查出此人為你出氣。」

等那寵姬離開廳堂，莊王便下令說：「今日玩得甚是痛快，大家都把盔纓拔下來，喝個痛快。」大家在黑暗中都不知就裏，不明白大王為何讓大家拔下盔纓。但既然大王有令，就只好照辦了。那位肇事的將軍在酒醉之中闖下大禍，聽到莊王寵姬尖叫，才嚇醒了酒，心想這次必死無疑。等莊王命令大家拔盔纓時，他伸手一摸，盔纓早已沒有了，才明白莊王的用心。等大家都拔去盔纓，莊王才下令點上燈燭，繼續暢飲。那位肇事的將軍便對莊王感恩在心，下定了以死效忠的決心了。

自此以後，每逢戰鬥，都有一位楚將衝鋒陷陣，拚命地出擊作戰。楚莊王細細查問，才知道他就是那位被寵姬拔掉盔纓的將軍。

其實，有時給別人一些小的恩惠和人情對你來說只是舉手之勞，並不費多少力氣，可是對別人來說卻是一種莫大的安慰，必要時他會捨命來報答你。

平時多燒香，急時才會有人幫

俗話說：「平時多燒香，急時有人幫。」真正善於利用關係的人都有長遠的眼光，早作準備，未雨綢繆。

你有沒有這樣的體會：當你遇到某種困難，想辦某件事的時候，想找個朋友幫你解決，卻突然想起來，過去有許多時候，本來應該去看他的，結果你沒有去，本來可以關心一下的，卻沒有表示。現在有求於人家就去找，會不會太唐突了？會不會遭到他的拒絕？在這種情形之下，你免不了要後悔「平時不燒香」了。

有這樣一個寓言。

黃蜂與鷓鴣因為口渴得很，就找農夫要水喝，並答應付給農夫豐厚的回報。鷓鴣向農夫許諾牠可以替葡萄樹鬆土，讓葡萄長得更好，結出更多的果實；黃蜂則表示牠能替農夫看守葡萄園，一旦有人來偷，牠就用毒針去刺。農夫並不感興趣，對黃蜂和鷓鴣說：「你們沒有口渴時，怎麼沒想到要替我做事呢？」

這個寓言告訴我們這樣一個道理：平時不注意與人交往，建立關係，等到有求於人時，再提出替人出力，未免太遲了。

法國有一本叫《政治家必備》的書，書中教導那些有心在仕途上有所作爲的人，必須起碼搜集二十個將來最有可能做總理的人的資料，並把它背得滾瓜爛熟，然後有規律地去拜訪這些人，和他們保持較好的朋友關係，這樣，當這些人之中的任何一個人當起總理來，自然會爲你的仕途鋪開一條坦途。

現代人生活忙忙碌碌，沒有時間進行過多的應酬，日子一長許多原本牢靠的關係就會變得鬆懈，朋友之間逐漸互相淡漠，這是很可惜的。所以，一定要珍惜與朋友之間的友誼，即使再忙，也別忘了溝通感情。

很多人都有忽視「感情投資」的毛病，一旦交上某個朋友，就不再去培育和發展雙方之間的感情，長此以往，兩個人的關係自然就淡漠了，最後甚至變成陌路人了。可見，「感情投資」應該是經常性的，不可似有似無，要做到常聯繫、常溝通，到時才能用得著、靠得上。

我們中國有許多禮節，碰上婚喪嫁娶等大事，親戚朋友就要參加，有許多場合還得送禮，這是千年來的傳統，也是很有必要的，因爲這是親朋好友經常保持聯繫的一種方式。如果你常年關閉門戶，既不「出去」，也不歡迎別人「進來」，那就孤立了自己。遇到朋友的人生大事，如果有空最好儘量參加，如果實在脫不開身，也要寫信或托人帶點什麼，以表達自己的心意。

對方有困難的時候，更應加強聯繫。如果朋友發生了什麼事，比如生病或遇上不幸的事，應馬上想辦法去看看。平日儘管因工作忙沒有很多時間來往，但朋友遇到困難時要鼎力相助，才顯出你們之間的深厚情誼來。「患難朋友才是真朋友」，關鍵時刻拉人一把，別人會銘記在心。

常常與朋友保持聯繫對你自己會有許多好處，一旦你碰上什麼事情，或者遇到什麼難事，他都會直接或間接地幫助你。如果朋友之間平時沒有什麼聯繫，需要時很難找上門去，即使找上門去，別人也不會樂意幫忙。

要多交朋友，建立一張人際關係網，就要積極主動，主動去「燒香」。光有想法是不夠的，必須將它化爲行動。朋友間頻繁的交往和走動有利於資訊的交流和溝通，很多有價值和重要的資訊就是通過這樣的方式傳播的。

如果你想多結交一些朋友，你就需要主動地瞭解對方的興趣愛好。你可以通過多種方式得到他們這些方面的資訊。比如：平時相處時多觀察瞭解，向他的朋友打聽詢問，或者查閱他的個人資料等。

有一個人，當他要結交新朋友時，總是想方設法知道對方的生日。於是，他四處請教一些人，問他們是否認為生日會影響一個人的性格和前途，並借機叫他們把生日告訴他，然後他悄悄地把他們的生日都記下來，並在日曆上一一圈出，以防忘記。這些人生日的那天，他就送點小禮物或親自去祝賀。很快，那些人就對他印象深刻，把他當做好朋友了。

「物以類聚，人以群分」，你想成爲什麼樣的人，就要和什麼樣的人多交往。人與人交往中會出現一些交際的好機會，多一些有益的朋友，會有機會轉變你的一生。

「獨木難支大廈」，朋友在關鍵時候幫你一把，可能會直接促成你事業的成功。所以，要時刻注意能結交朋友的好機會。結交朋友不僅要把握機遇，同時還要創造機遇。

比如，朋友請你去參加一個生日聚會、舞會或者其他活動，你不要因爲自己手頭事忙，一時懶得動身而拒絕。因爲這些場合是你結交新朋友的好機會。又如，新同事約你出去逛逛商店或者看場電影什麼的，你最好也不要隨便拒絕，因爲這是發展關係的好機會。

如果你想和剛認識的朋友進一步發展關係，你可以請他們到你家做客。你可花費心思尋找機會跟他多接觸。人與人之間接觸越多，彼此間的距離就可能越近。這跟我們平時看東西一樣，看的次數越多，越容易產生好感，就像我們在廣播或電視中反覆聽、反覆看到的廣告，久而久之也會在我們心目中留下印象一樣。所以，交際中的一條重要規則就是：找機會多和別人接觸。

如果能保持無事相求時也能輕鬆地相互聯絡的關係，才是最理想的狀態。真正可以親密往來的朋友，越是無事相求時越能盡情地交往。反之，遇上有事相托時，即便三言兩語，彼此也能明白對方想說的話。此時，對方會盡己所能來幫助你。

察言觀色事事順

在生活中，人們之間的交往主要是靠社交體現的。而在社交中，交談是一項非常重要的內容。因此，在交往的時候我們必須要學會察言觀色，說話要謹慎小心，努力讓對方聽得進去。另一方面，我們也要用心聽取對方所說的道理，不要過於在意對方怎麼說。

察言觀色是一切人情往來中的基本技術。不會察言觀色，等於不知風向便去轉動舵柄，弄不好還會在小風浪中翻了船。而情商高的人會將這種技巧用得淋漓盡致。游走於這個世界，我們無時無刻不在和臉色打著交道：求人辦事要看臉色，爲人處事也要看臉色，給人打工要看老闆的臉色，公司職員要看上司的臉色，推銷產品要看顧客的臉色，就是沒事時，打隻小狗也要看主人的臉色。臉色是一張晴雨表，內心的世界都寫在了臉上。

懂得察言觀色，瞭解他人的個性、脾氣、好惡，做事就能拿捏好分寸進退，尤其應該研究一套與貴人最好的溝通模式或方法，以圓融處理你的高層人際關係。懂得察言觀色的人在接觸新事物的時候，往往很快就能進入狀況，所以他們總能保持良好的人際關係，遊走於形形色色的人中間。

清朝的和珅就是一個察言觀色的高手。和珅之所以能迅速崛起，得到乾隆皇帝的寵愛，不僅因為他學識淵博，出身滿族，相貌堂堂，聰明伶俐，更重要的一個原因就是他能準確洞察皇帝的內心。所以，在整個乾隆朝後期，自從和珅平步青雲以來，一直到乾隆皇帝病死為止的二十多年時間裏，和珅一直深受乾隆皇帝重用。和珅在朝二十多年間，獲得的重要升官和封爵就達五十次之多。

和珅靠察言觀色，不僅掌握了乾隆皇帝的個人好惡，而且總是利用各種時機在乾隆皇帝面前充分展示自己的才華。乾隆一生最喜愛的就是作詩，和珅對他所作詩詞的風格、用典以及所用的詞句都一清二楚。和珅為了迎合乾隆的喜好，苦下工夫努力學詩、寫詩，並達到了一定的水準。他偶爾會在乾隆面前得體地表現一下自己對詩文的喜愛，甚至空閒的時候以「騷人」自居。和珅的同僚曾評價他的詩，說他的詩偶有佳句，很通詩律。和珅的詩作幾乎都合乎乾隆的審美情趣，乾隆閱後，怎會不高興？

任何一句話，認真去聽，都可能聽出某些道理，不可能毫無價值。但是，我們常常不在乎這些道理，卻斤斤計較於對方表達時的態度和語氣。換句話說，我們不認真聽對方在講什麼，卻十分介意對方是怎麼講的。事實上，越有道理，越容易引起聽者的反感，所謂忠言逆耳就是這個道理。只要雙方都認真地聽，那麼人與人溝通起來就會順暢得多。

但人有時很奇怪，心中有話不一定說出來，而要等著對方來猜；就算我們勉強說出來，也必定說得含含糊糊、不清不楚；而當我們說得很肯定的時候，對方就更小心了，因爲說得斬釘截鐵的未必是真話。既聽他的話，又看他說話的樣子，綜合判斷，才可以決定信或不信。

言談能告訴你一個人的地位、性格、品質及至流露內心情緒，因此善聽弦外之音是「察言」的關鍵所在。觀色則猶如察看天氣，有很深的學問，因爲不是所有人所有時間和場合都能喜怒形於色，相反有時是「笑在臉上，哭在心裏」。

一個舉人經過三科，又參加候選，得了一個山東某縣縣令的職位。第一次去拜見上司，他想不出該說什麼話。沉默了一會兒，忽然問道：「大人尊姓？」這位上司很吃驚，勉強說了姓某。縣令低頭想了很久，說：「大人的姓，百家姓中所沒有。」上司更加驚異，說：「我是旗人，貴縣不知道嗎？」縣令又站起來，說：「大人在哪一旗？」上司說：「正紅旗。」縣令說：「正黃旗最好，大人怎麼不在正黃旗呢？」上司勃然大怒，問：「貴縣是哪一省的人？」縣令說：「廣西。」上司說：「廣東最好，你為什麼不在廣東？」縣令吃了一驚，這才發現上司滿臉怒氣，趕快走了出去。第二天，上司令他回去，任學校教職。

可見，一個不會察言觀色的人是無法在社會中立足的。

人際交往中，對他人的言語、表情、手勢、動作以及看似不經意的行爲有較爲敏銳細緻的觀察，是掌握對方意圖的先決條件，測得風向才能使舵。

6 謹行慎思——開動腦筋多思量，切莫莽撞任意行

多動腦筋，凡事不可莽撞而行。如果是衝動型的人，一定要認識到自己的莽撞行事所帶來的後果。在任何處境下都要保持從容理性的風度，要遇事三思，留有餘地，從而讓自己成為有勇有謀的高情商者。

凡事不能都跟著感覺走

人的思維可以分爲兩部分：感性思維和理性思維。感性思維是「愛」、「恨」、「愉快」、「悲傷」等感情部分，理性思維則是「演繹」、「歸納」、「推理」、「論證」等

理性部分。在紛繁複雜、瞬息萬變的商場中，要成爲卓越的成功者，最重要的一點就是始終保持冷靜的頭腦，勤於思考，也就是說凡事不能都跟著感覺走。

面對唾手可得的利益時不能靠感覺，而是要冷靜計算得到該利益需要付出的代價，確實有利可圖的，要周密決策，謹慎行事，確保以最小的代價獲得最大的利益。

局勢混沌不清時，即使面前有巨大的利益，也不可草率作出決策，而要以非凡的忍耐力穩定情緒，等待形勢進一步變化，認清發展趨勢，待一切明朗，非常有把握時再果斷出手，這樣才能避免因貪圖一時之利而滿盤皆輸。做事憑感覺，甚至道聽塗說，那一定會把事業帶入危險的境地。

陳翔畢業後放棄了到事業單位工作的機會，自己註冊了公司，當上了總經理。幹了好幾年，力氣沒有少費，工夫沒有少搭，可是卻沒賺什麼錢，細細一算還賠了不少錢。

熟悉陳翔的人都知道，他好像是屬猴的，變得非常快，今天感覺做服裝賺錢，就開始做服裝生意。由於沒有掌握好市場行情，結果賠得一塌糊塗。

明天感覺開酒吧一定很火爆，就租房建酒吧。由於其他設施跟不上，結果生意很冷清，只好關張歇業。

過了幾個月又感覺開餃子館賺錢，就匆忙地開餃子館。結果由於位置不理想，也沒有什麼進賬，不得不轉包其他人。又聽人家說，開書店賺錢，就盲目批進了很多書。又因為銷路不好，沒有市場，造成大量的書籍積壓，只好把書降價處理。

有一天，一個老同學說，經營化妝品賺錢，他又開始倒騰化妝品。最後因市場的變化，他經營的品種沒有什麼人認可，產品全部積壓在庫裏，眼看化妝品快要到保質期限了，只好無償地送給親戚與朋友，損失了一大筆資金。

陳翔做任何事情都沒有持久性，也不敢面對失敗與挫折。對別人的意見沒有任何思考，盲目地去實踐，沒有一點主見，不善於自己分析問題，更沒有解決問題的辦法，使自己的想法成爲空想，使自己的行動半途而廢，沒有任何結果，這些都能反映出他存在著「不愛思考，凡事跟著感覺走」的心理。

如果想要做出一番事業，成爲一名成功人士，那麼請做到以下幾點：

凡事三思而後行，遇事冷靜

理性的人，不論在工作中，還是在與朋友的交往中，抑或是在處理複雜的社會關係時，都是在深思熟慮後，才會作出決定。特別是在處理十分棘手的問題，又不得不作出決定的時候，就更需要理性的思維，作出正確的判斷後，才會有盡可能圓滿的處理方法，才不會留下更多的遺憾。在遇到突發事件的時候，理性的人會很冷靜地對周圍的事物進行仔細的觀察，並進行全面的思考，深思熟慮後才開始行動，而不會貿然行事，不然將對社會或自己造成無法挽回的人力、財力方面的損失。

理性地看待工作中的衝突

理性的人一般情況下，都會克制自己的情緒，理智地判斷事物，將自己的想法埋藏在心裏。舉例來說，倘若員工有矛盾時，理性的領導者通常是就事論事，擺事實講道理，不會與雙方大吵大鬧，使問題激化。

調整一下自己的心態，樹立積極的情緒

一是不怕失敗，知難而進，信心十足，有樂觀豁達、百折不撓的精神；二是善於總結經驗，把失敗的原因加以分析研究，找出規律性的東西，然後修正自己前進的道路；三是有明確的目的性，並採取一切辦法去實現目的，不受別人的影響而輕易改變自己已經作出的決定；四是加強理論學習，注重理論聯繫實際，有了深厚的理論知識，有了先進的經營與管理理念，再加上具體的實踐，才會有成功的基礎；五是集中精力，咬定青山不放鬆，把一件事做扎實、做牢靠；六是講究循序漸進，力避急功近利。

無數成功的經驗證實，堅持到最後的人，意志頑強的人，能夠克服困難的人，忍受常人無法忍受的苦難的人，善於總結經驗的人，才是最後的強者，才是到達成功彼岸的可敬之人。

所以，不管做什麼事都得先思考，要有計劃、措施以及實現的途徑。繼而有條不紊、

循序漸進地推動各項工作。若工作心中無數，凡事跟著感覺走，不計後果，註定是事倍功半，成效甚微。

三思而後行，衝動是魔鬼

「三思而後行，謀定而後動」，就是告誡人們做事要謹慎，謹慎是克服衝動的最佳良藥，是古代先賢留下的不朽名言。這兩條警句不僅應該讓那些衝動型的人熟記，而且也應該被所有中國人都深刻領悟。

一個人只憑一時的意氣、興趣辦事，情緒高的時候就去行動，衝動一過馬上就停止，這樣怎能成爲不斷前進永不倒退的車輪呢！從情感出發去領悟事理的人，有所領悟，也會有所迷惑，這樣終究無法永保明亮的智慧之燈，也不是一位智商高者的體現。

三國時期，蜀國名將關羽敗走麥城，被東吳擒殺。劉備為報東吳殺害關羽之仇，舉兵伐吳。諸葛亮、趙雲等人苦苦相諫，都無濟於事。這時的劉備已完全失去了理智，結果被吳將陸遜一把火燒得潰不成軍，使數萬軍士喪生，劉備本人帶著殘兵敗將退歸白帝城，羞愧交加，一命嗚呼。蜀軍從此一蹶不振了。

《三國演義》裏還記載了一個相反的例子。

魏大臣司馬懿多謀善變，遇事極為冷靜，從不為自己的情緒所左右。一次，諸葛亮出兵伐魏，進軍至五丈原。司馬懿率軍渡過渭水，築壘抵禦。當時，蜀國大軍出動，糧草有限，利在速戰，司馬懿則堅守不出，以待時機。為了激司馬懿出戰，諸葛亮心生一計，派人給他送去了婦女的服飾，以侮辱、諷刺他膽小如女人。但司馬懿看到後只是佯裝惱怒，卻始終按兵不動。諸葛亮也就沒有辦法了。最後，諸葛亮看同魏軍長期相持，難以取勝，心力交瘁，加之過度操勞，病死在五丈原軍中，蜀軍只好退走。

由此可見，是否理智地處理事情，有時就成爲事情成敗的關鍵。大事是這樣，小事也是這樣。「小不忍則亂大謀」，說明了失去理智的危害。理智地對待一切事物，是大智的表現。反之，如果僅僅憑一時的興趣和情緒做事，往往容易釀成大錯，即使沒有什麼直接的危害，也會在生活的平靜之下埋下暗湧，影響整個人的穩健發展。

正如《孫子兵法》指出的：「主不可以怒以興師，將不可以慍而致戰。合於利而動，不合於利而止。」認爲國君不可以因一時的憤怒而興兵打仗，將帥不可憑一時的怨憤而與敵交戰。因爲一個人憤怒過後可以轉變爲高興，怨憤過後可以轉變爲喜悅，但國家滅亡了就再也難以恢復了，人死了就再也無法復活了。

春秋時期，鄭靈公在位期間，有一天，有人從漢江帶回一個大黿，獻給靈公。靈公命屠夫燉肉湯招待朝中官員。這時，靈公聽說公子宋對別人說：「我每次食指跳動，總要嘗到好吃的東西。今天食指跳動了幾下，果然又有好東西品嘗了，你看靈驗不靈驗？」靈公聽後心想：「你的食指跳動靈驗不靈驗，這一次還得由我決定！」於是，他暗中吩咐屠夫，如此這般，屠夫心領神會，含笑而下。

到了品嘗黿肉的時刻，鄭靈公命令諸臣按官職大小，依次坐定。公子宋位居第一，揚揚自得，等著品嘗。鄭靈公卻突然宣佈，今天賞賜從最下席開始，公子宋變成了最後一個，他明知道這是靈公拿自己開心，又找不到反對的理由，只好壓住火氣，耐心等待。

大臣們一個個得到了賞賜的黿羹，紛紛稱讚，眼看只剩下公子宋一人了，公子宋眼睜睜地等著屠夫呈上來黿羹。誰知，這時屠夫向鄭靈公報告說，黿羹沒有了。在眾臣面前受到如此冷落和戲弄，公子宋真是怒火中燒。目睹公子宋的窘態，鄭靈公開心極了，哈哈大笑，指著他說：「我本來是命令遍賜君臣的，誰料想卻偏偏少了你一個人沒有。看來，這是命裏註定你不該吃黿肉啊。你看你的食指跳動要吃好東西的說法哪一點靈驗呢？」

聽了此話，公子宋恍然大悟，原來這一切都是靈公搗的鬼！為了挽回面子，他這時已完全失去了理智，遂不顧君臣之禮，突然起身走到鄭靈公面前，將手探入靈公面前的鼎中，捏了一塊黿肉，放進口中，反脣相譏道：「我現在已經嘗到了黿肉，食指跳動哪一點又不靈驗呢？」說罷，不辭而別。公子宋的言行，深深激怒了鄭靈公，他當著眾臣的面，憤憤地說：「宋也太無禮，他眼中還有我這個君主嗎？難道鄭國就沒有刀斧能砍掉他的腦袋不成？」眾臣嚇得紛紛跪倒在地，連連規勸，鄭靈公仍憤憤不已。

一場盛會就這樣不歡而散。從此，鄭靈公與公子宋結下了仇恨。公子宋因懼怕靈公找藉口除掉自己，乾脆一不做，二不休，先發制人，在這一年的夏天派人刺殺了鄭靈公。兩年之後，鄭靈公之弟追查公子宋染指君鼎之罪，將公子宋殺掉，暴屍於朝，盡誅其族。

君臣二人因一件小事而反目成仇，最後雙方都死於非命，實在令人可惜。然而，在現實生活中，因一時的矛盾，頭腦發熱，失去理智，釀成慘禍的事實，卻屢見不鮮。總而言之，恰當的理智，適宜的克制，合適的行動，是做事時智慧的表現。

與人交談時要慎之又慎

日常社會交流，離不開語言。語言的功能，原本在於人們的思想溝通，生活的相互諮詢，以及經驗的交流和智慧的傳播等。孔子曰：「謹而信。」意思是說，說話、做事要謹慎，要誠實守信。仔細想來，即使在現代社會，「謹而信」依然是我們立足社會的根本。在這裏，我們只談有關日常說話過程中要謹慎用語的重要性。

有很多時候，正是由於我們的用語不謹慎，造成了很多不必要的衝撞，給生活帶來許多磕磕碰碰。年輕人更應該注意這一點，千萬不要因爲一時衝動而讓自己追悔莫及。因爲踏進了社會，不是所有人都像父母、朋友一樣包容你、理解你，你必須學會對自己的言行有所擔當，這樣才會成長。

有一天，主人請了四席的賓客吃飯。吃飯的時間差不多到了，第四席的人還沒來到，主人便說道：「為什麼應該來的人還沒來？」第三席的人聽後，便想：他說應該來的人還沒來，是暗指我們這些不應該來的人卻來了嗎？於是便生氣地走了。

主人見第三席的人走了，便說道：「為什麼那些不應該走的人走了？」第二席的人聽後，便想：他說不應該走的人走了，是暗指我們這些應該走的人卻不走嗎？於是也生氣地走了。

主人見第二席的人也走了，不禁說道：「我又不是指責他們，為什麼都走了？」第一席的人聽後，便想：他說「我又不是指責他們」，就是剛才說話全都是在暗諷我們嗎？結果連第一席的人也走了。

這個故事教育我們，言者無心，聽者有意，所以說話用詞一定要謹慎。那麼，我們該怎樣做到言行謹慎呢？以下作爲幾點參考：

不要說髒話

常言道「禍從口出」，生活中有很多爭端本來是可以避免的，有的「飛來橫禍」往往就是因爲一句不中聽的話而引起。比如說幾個朋友坐在一起把酒言歡，爲無聊的話題或觀點抬來抬去，吆五喝六，直抬到面紅耳赤，甚至開罵，更有甚者最後用暴力解決問題，最後雙方兩敗俱傷，現在社會上這樣的悲慘例子實在太多了。

俗話說得好：「退一步海闊天空。」爲什麼要爲逞一時的口舌之快把對方家裏爹娘老小都問候一遍呢？這不理智的一罵，罵散了朋友，罵出了矛盾，甚至是災禍——人是有報復心理的，尤其是小人。這不僅失去了語言交往的意義，還搞得身心疲憊，所以，不管是哪一種情況，無聊的謾罵還是不要爲好。

不要總發牢騷

正所謂「人生不如意十之八九」，我們每個人一生中都難免會遇到很多挫折和不如意的事情。遇到失意的事情，向別人傾訴，發發牢騷，這本來沒有錯，因爲向別人傾訴能夠幫助我們發洩心中的積鬱，緩解心情，有助於身心健康。但是，如果你發起牢騷來沒完沒了，就會遭到大家的厭煩，他們不但不會同情你，甚至還會因爲不耐煩而指責你。最終，大家會因此而孤立你，你不僅失去了和別人平等對話的機會，還會給自己造成尷尬或者更不利的局面。

記住，發牢騷不可能解決令你苦惱的問題，我們要做的是勇敢地面對所面臨的困境，找到解決問題的辦法，化解心中的癥結。總之，牢騷不可多發，更不能亂發。否則，受到傷害的還是我們自己。

不該說的別說

語言的謹慎還在於，不該說的話別說。如違反社會公德和原則的話，最好永遠都別說。現實生活中也有很多話是說不得的，比如人們極少會向別人透露自己的秘密和隱私，「爲人只說三分話，留有七分保自身」，這是個人保護自身的本能。所謂「打人不打臉，揭人莫揭短」，如果你知道了別人的秘密或隱私，千萬不要向第三個人公開。在我們與人交流時，往往要面對不同的人，每個人都有不同的忌諱。如果你偏偏說了不該說的話，即使你是無心的，也會導致別人的怨恨，後患無窮。俗話說「沉默是金」，就是這個道理。

不要挑撥離間

世界上有一種人，專門喜歡在發生矛盾的兩人面前搬弄是非，討好賣情。打著爲兩人調解的旗號，實際是在挑撥離間，結果使雙方的矛盾越來越深，繼而敵對。當事人雙方，皆以這種喜歡討好賣情的人為友，卻不知已經被他玩弄於股掌之間。這種人的伎倆一旦被識破，就會讓大家紛紛倒戈，自己也成了眾矢之的。明白事理的人都不會幹這種小人的勾當。有這個「癖好」的人，一旦狐狸尾巴露出來，就會讓大家群起而攻之，遭眾人唾棄。所以，在與別人交往過程中，我們還是給自己留點退路為好，遇到這種情況，一定要謹言慎行！

精明謹慎，成就非凡一生

對於謹慎性格的人來說，他們常常會因自己性格謹慎而小心翼翼地錯過一次次機會，因此，他們的性格決定了他們難以捕捉機會為自己成就大的事業。不過性格謹慎的人往往有不錯的人緣，因為他們思慮周詳，使得人們往往可以把事情放心地託付給他們，而他們也總會通過不錯的結果來得到更多的信任。但是對於領導者來說，這樣的部下往往缺少拚搏與冒險的勇氣，因此從某種程度上來說，性格謹慎的人很難獲得開拓型領導的器重。

唐太宗的長孫皇后便是一個性格謹慎的人，長孫皇后祖先為北魏拓跋氏，出生在一個官宦之家，父親長孫晟官至右驍衛將軍。她從小愛好讀書，通曉事理，十三歲時嫁給李世民為妻。唐朝建立後，她被冊封為秦王妃。當李世民與李建成之間的嫌隙日益加深之時，她對唐高祖盡心侍奉，對後宮嬪妃也殷勤恭順，極力爭取他們對李世民的同情，竭力消除他們對秦王的誤解。「玄武門之變」前夕，她又對秦府幕僚親切慰勉，左右將士無不為之感動。李世民升儲登基以後，被立為皇后。

長孫皇后生性節儉，她所使用的一切物品，都以夠用為限，從不鋪張。唐太宗也因此對她十分器重，回到後宮，常與她談起一些軍國大事及賞罰細節，但長孫皇后卻很鄭重地說：

「母雞司晨，終非正道，我是婦道人家，怎麼能隨意談論國家大事呢？」太宗不聽，還是對她說得滔滔不絕，但她始終卻沉默不語。唐太宗堅持要聽她的看法，拗不過，她才說出了自己經過深思熟慮而得出的見解：「居安思危，任賢納諫而已，其他妾就不瞭解了。」其謹慎細緻可見一斑。

長孫皇后的哥哥長孫無忌和唐太宗為布衣之交，又在唐朝建立前後和玄武門之變中立有大功。因此太宗把他視為知己，打算任他為宰相，執掌朝政。皇后聽說後，就對太宗說：「妾既被立為皇后，尊貴已極，我實在不想讓兄弟子侄布列朝廷。漢朝的呂后、霍光之家，可為前車之鑒。所以，我請您千萬不要把兄長任為宰相。」在長孫皇后的再三阻擋下，唐太宗只給長孫無忌加開府儀同三司這樣的虛銜。

長孫皇后與唐太宗的長子李承乾自幼便被立為太子，由他的乳母遂安夫人總管太子東宮的日常用度。當時宮中實行節儉開支的制度，太子宮中也不例外，費用十分緊湊。遂安夫人時常在長孫皇后面前嘀咕，說什麼「太子貴為未來君王，理應受天下之供養，然而現在用度捉襟見肘，一應器物都很寒酸。」因而屢次要求增加費用。但長孫皇后並不因為是自己的愛子就網開一面，她說：「身為儲君，來日方長。所患者德不立而名不揚，何患器物之短缺與用度之不足啊！」她的公正與明智，深得宮中各類人物的敬佩，誰都願意聽從她的安排。

貞觀八年（六三四），長孫皇后同唐太宗一起去九成宮（在今陝西麟游）避暑時，身染疾病，且愈來愈重，服用了很多藥物，但病情卻並未緩解。這時，在身邊服侍的太子李承乾就向母親提請用赦免囚徒和度人入道等方法，乞求保佑，但卻遭到皇后的堅決拒絕。她說：「大赦是國家的大事，佛、道二教也自有教規。如果可以隨便就赦免囚徒和度人入道，就必定會有損於國家的政體，而且也是你父皇所不願意的。我豈能以一婦人而亂天下之法。」太子聽罷，便不敢向太宗奏告，只是把他母親的話告訴了房玄齡，房玄齡又轉告給了太宗。太宗聽後，感動得涕淚交流，泣不成聲。

貞觀十年（六三六）六月，長孫皇后彌留之際，與唐太宗最後訣別。她用盡氣力對太宗說：「我的家族並無什麼大的功勳、德行，只是有緣與皇上結為姻親，才身價百倍。要想永久保持這個家族的名譽、聲望，我請求陛下今後不要讓我的任何一個親屬擔任朝廷要職，這是我對陛下最大的期望。我活著的時候對國家並沒有絲毫功績，所以死後也千萬不要厚葬，僅依山而葬，不起墳墓，不用棺槨，所需器物，都用木、瓦製作，儉薄送終。如能這樣，就是陛下對我的最大紀念。」說完不久，就死在後宮立政殿。同年十一月，葬於昭陵。

長孫皇后曾整理古代婦女的優秀事蹟，編輯成十卷書，名曰《女則》，自己親自為之作序。又著論駁斥漢明德馬皇后，以為她不能抑退外戚，令其當朝貴盛，乃戒其龍馬車水，認為這是取禍的根源。她還告誡宮中的人員說：「這書是我自己的規範守則，我的婦人著述不值得聲張，不想讓皇帝看見，請保密。」她死後，宮人終於把這事彙報給了唐太宗，唐太宗看了全書後倍增悲慟，把書給近臣看後說：「皇后此書，足可垂於後代。我難道是不能依據天命而無法割斷愛情嗎！因為她總是很善於規諫我，使我少犯錯誤，如今再也聽不到她的良言了，我從此以後失去了一個良佐，令人哀痛啊！」

俗話說伴君如伴虎，即使身爲皇帝的妻子也是如此。長孫皇后一生謹慎細緻，所以贏得了唐太宗莫大的尊重與敬意，也保全了自己家族的名譽與安全。

謹慎的性格是一種非常適合人際交往的性格，因爲擁有這種性格的人往往思慮周全，會站在別人的立場，從不同的角度思考問題，因此往往不會得罪激怒別人，同時還懂得從小的細節來關照別人，討得別人的喜歡，所以謹慎性格的人往往會有不錯的人緣。

謹行慎思，你的保身法寶

任何一個有所成就或建功立業的人，在奮鬥過程中，都會謹行慎思。因爲，這樣的人有著長遠的目光，他們想得要比普通人更深，看得比普通人更遠。於是，他們爲未來的憂患擔憂，更害怕因身邊的事情處理不當而羈絆自己的腳步，令自己停滯不前或是倒退，甚至是功虧一簣。因此，他們會時刻觀察身邊的動靜，認真處理每一件事情，並且在做事之前，總是深思熟慮。正是因爲這些人在前行過程中，如履薄冰，如臨深淵，才有了以後的大成就。

曾國藩創建的湘軍成立後，便開始對抗太平軍。起初作戰的時候，幾乎總是失敗。每失敗一次，對曾國藩來講都是一次沉重的打擊。面對失敗的痛苦和其他方面的壓力，曾國藩一次次想要自殺，結果都被手下攔住。

數次的敗仗讓曾國藩不得不謹慎起來。如果不謹慎，不去分析失敗原因，那麼打勝仗的可能性就會越來越小，就要忍受將士戰死疆場的痛苦；而且自己辛苦創建的湘軍就承擔不起救國大任，就不能實現自己成就功業的大志。因此，曾國藩必須謹慎。

戰場上需要謹慎作戰，官場上更需要謹慎為官。因為，官場上的戰爭是無形的、隱蔽的，人與人之間的鬥爭是不公開的。

清、勤、忠等都是官場中必不可少的，「慎」同樣很重要。曾國藩本身就是一個謹慎的人，這從他每日檢點自身的習慣中可以看出。雖是如此，身在官場，畢竟不同於平日在家與周圍的人打交道那麼簡單。初入官場，曾國藩並沒有體會到這一點，而是處處爭強，時時果敢，吃了不少虧。時間久了，曾國藩便漸漸發現了官場的黑暗，善於總結的他變得更加謹慎起來，不再以敢、強標榜自己了，而是將其掩藏在內心中。

曾國藩對「慎」有深刻的理解，並且有專門的闡述。在《書贈仲弟六則》中，他如此陳述：「古人曰欽、曰敬、曰謹、曰虔恭、曰懼，皆『慎』字之義也。慎者，有所畏懼之謂也。居心不循天理，則畏天怒；做事不順人情，則畏人言。少賤則畏父師，畏官長；老年則畏後生之竊議；高位則畏僚屬之指摘。凡人方寸有所畏憚，則過必不大，鬼神必從而原之。」

為官生涯中，曾國藩仔細推敲，才有了如此精闢而且終身受用的觀點，他說：「凡吏治之最忌者，在不分皂白，使賢者寒心，不肖者無忌憚。若犯此症，則百病叢生，不可救藥。」

隨著鎮壓太平軍的戰功赫赫，曾國藩的權勢越來越大，然而他不以為榮，反為其憂。因為官位越高，接觸的高官越多，要想在其中遊刃有餘，談何容易，更何況曾國藩還是一個外權大臣。他在日記裏經常寫道：官位越高，權勢越重，就越容易招致大禍。因此，曾國藩總是生活在無窮無盡的憂患之中。他總是將事情儘量做得更周全，不留下缺點或漏洞，以免受到別人的指責，或使一些異己分子抓住把柄不放，導致自己因小失大。

咸豐十一年（一八六一）九月，咸豐皇帝駕崩於熱河。不久，清廷內發生了政變。慈禧太后和恭親王奕訢相互勾結，將八位顧命大臣囚禁，並在後來將其中四人處死，另外四人革職。曾國藩心生恐懼，不知道自己是否會被牽連進去。

肅順是顧命大臣之一，此人雖處在清廷腐敗環境中，但仍能夠潔身自好，洞察時事，是當時少有的開明之臣。他曾極力推薦曾國藩去營救左宗棠，曾國藩比較敬重他。另外，作為肅順的幕僚，王闓運、郭嵩燾等人與曾國藩的湘軍交往密切。慈禧要肅清肅順一黨，曾國藩多少會受到一些牽連，這無疑讓他感到恐懼，但當王闓運勸他自立時，他卻絲毫沒有動搖，而是靜觀其變，畢竟，他對清朝是忠心的。

曾國藩當時應該是很謹慎的，他料到了慈禧太后不會對他怎麼樣。因為當時太平天國運動並沒有平定，湘軍仍然是保護大清江山的一道堅固屏障。沒有湘軍，儘管慈禧太后能夠垂簾聽政，也不會長久。另外，湘軍在當時已經形成了一定的勢力，如果拿辦了曾國藩，定然會引起各路湘軍動盪。

慈禧也是一個聰明人，如果真得罪了曾國藩，她也下不了台。那時候，她就要面對湘軍和太平軍的雙重威脅。與其排斥曾國藩，不如籠絡他，讓他繼續為大清效力。曾國藩因此得到加封，出任欽差大臣，還被封為兩江總督，統轄四省軍政。曾國藩得到如此豐厚的加封，在普通人看來，應該是受寵若驚，異常興奮的，但在曾國藩心中，卻是憂慮重重。

這一年十一月份，他連著給兩位弟弟寫了兩封信。在第一封信中，他向弟弟大發感慨，說往日手上一點點權勢都沒有，心裏面著急，可是現在所擁有的權力又太多，多得連自己都想不到，普天之下，很難找到一件令人感到恰如其分的事情。在後一封信中，曾國藩的心事彷彿更加沉重，他寫道：「余自十五至二十二日連接廷寄諭旨十四件，權位太尊，虛望太隆，可悚可畏。」幾個月後，曾國藩又被加授了協辦大學士。慈禧厚待曾國藩，曾國藩是能夠料到的，但是他同時也明白，自己的權位如日中天，漸漸高居眾人之上，日後要想平安無事，需要更加謹慎。

同治十年（一八七一），曾國藩已是六十高齡，次年，他的一生結束了，身節俱全。去世前的幾個月，他仍然不忘謹慎，給兄弟寫信時，再次告訴兄弟仕途險惡，望兄弟保重。他這樣寫道：「官途險，在官一日，即一日在風波之中，能妥帖登岸者實不易。如韞帥之和厚中正，以為可免於險難，不謂人言藉藉，莫測所由，遽至於此。」他這樣說，目的之一是想讓兄弟能夠學會他的謹慎，不要因為大意而連累家族，毀了自己辛苦創下來的基業。

古往今來，世事複雜多變，險象環生，危機四伏，尤其在官場中，更是難有寧日，任何時候，都有善於鑽營、巴結奉承而受到重用的奸邪之人，這種人不把心思用到救國濟民建功立業上，而是挖空心思謀求個人私利，打擊壓制忠良賢士以求抬高保全自己。所以，當我們處於這樣的環境中時，要開動腦筋多思量。而且也只有謹行慎思，才能成爲我們以「智」退敵的保身法寶。

謹小慎微，天下大事必作於細

人生在世，難免會遇到這樣那樣的麻煩事，如果一個細節處理不好，就有可能影響到大局的安危與事業的成敗。因此，有智慧的人對於細節的處理也要非常謹慎與小心。

老子曾說：「天下難事，必作於易；天下大事，必作於細。」這句話精闢地指出，要想成功辦事，必須從簡單的事情做起，從細微之處著手。

我們可能都熟悉「蝴蝶效應」這一理論。它是指在一個動力系統中，初始條件下微小的變化能引發整個系統長期的巨大連鎖反應。

美國氣象學家愛德華·羅倫茲一九六三年在一篇提交紐約科學院的論文中分析了這個效應。「一位氣象學家提及，如果這個理論被證明正確，那麼一隻海鷗搧動翅膀足以永遠改變天氣變化。」在以後的演講和論文中他用了更加有詩意的蝴蝶。對於這個效應最常見的闡述是：「一隻蝴蝶在巴西輕拍翅膀，可以導致一個月後德克薩斯州的一場龍捲風。」

蝴蝶效應通常用於天氣，但用在辦事中，一樣有其不可忽視的效用。這個效應說明，事情發展的結果，對一些細節具有極為敏感的依賴性，一些極小的偏差，將會引起結果的極大差異。

現實生活中，許多人思想上都存在著這樣一個誤區：成大事者不拘小節。然而，很多時候並不是這樣的。試想，如果一個人連小事都做不好，還能做什麼？屋尚掃不乾淨，又怎麼能掃天下？「天下大事必作於細」，世界上的哪一件大事不是由小事累積起來的呢？

俗話說：「一滴水可以折射太陽的光輝。」有時候，一些非常小的細節，比如待人接物、舉手投足、言談舉止等，都能給人留下深刻的印象。一個人若平時不注意細節，就會因小失大，最終與成功失之交臂。細節，微小而細緻，但它的影響卻是人所共知的。生活中，想辦大事的人很多，但願意把小事做細的人很少，而正是那些把細節做好的人成就了大事。

有個公司招聘高級管理人才，幾個通過筆試的應聘者前來複試。應聘者都很自信地回答了考官們非常簡單的提問，可他們最後都沒有被錄用。輪到後來一個人，他走進門時，發現乾淨的地毯上扔著一個紙團，一向注意細節的他將其撿了起來準備扔進廢紙簍裏。這時考官對他說：「不要扔掉，請你打開那張紙。」這位應聘者展開紙團，只見上面寫道：「熱忱歡迎您到我們公司任職。」實際上，這才是考官們的真正考題。

其實，在很多時候，別人對你的印象更多地體現在細節上，當你注意自己的細節，注意別人的細節，你就會發現一些機會，或者得到一個機會，因爲，細節本身就蘊藏著機會。

當很多人關注著大事、大成功的時候，細節總是被一些人所忽視。然而正是這些小小的細節最能反映一個人的真實狀態，也最能表現一個人的修養，而這種修養，往往最容易給對方留下好的印象。也正因爲如此，透過小事看人，日漸成爲衡量、評價一個人的最重要的方式之一。

世界上第一位進入太空的加加林，他為什麼能在二十位宇航員中脫穎而出？原來，在確定最終人選的前一個星期，蘇聯航太飛船的主設計師柯洛廖夫發現，在進入飛船前，只有加加林一個人脫下鞋子，只穿襪子進入座艙。就是這個細小的舉動贏得了設計師的好印象，他覺得這個廿七歲的年輕人很有修養，懂得珍愛他人的勞動，於是決定讓加加林執行人類首次太空飛行的神聖使命。加加林就是通過這麼一個不經意的細節，表現出了他的修養和素質，成為第一個遨遊太空的人的。

留心身邊的每一件小事，它們可能都蘊藏著機會，成功的人之所以成功，就是他們絕不放過每一個細節。他們對什麼事情都極其敏感，能夠從許多平凡的生活事件中發現機遇，抓住機遇，所以他們更容易成功。

IQ

下篇 智商第三

什麼是智商？智商是指智力商數，而智力通常也叫智慧，是人們認識客觀事物並運用知識解決實際問題的能力。在新財富時代，一個人的貧窮，主要指的是腦袋窮。

時下，一些運動員賺錢不菲，但邁克爾．喬丹說：「我不是用四肢打球，而是用腦子打球。」可見智商在生活中的廣泛運用。

一位領導者的智商在觀察、判斷、思考、籌畫、應變等各方面都會體現得淋漓盡致。可以說，世界上所有成功的領導者都是最會用腦子去管理和經營公司的，他們會不斷地去觀察周圍的瞬息萬變，然後作出判斷，遇到危機會處變不驚，令公司一步步邁向成功的彼岸。

1 敏於觀察
——世事洞明皆學問，慧眼獨具是高人

生活需要多觀察，俄國生理學家巴甫洛夫十分重視觀察在科學研究中的作用，他因此寫下了「觀察、觀察、再觀察」的座右銘。一個人觀察能力的強弱，決定了他認識客觀事物的準確程度和廣泛程度。因此，注意培養自己的觀察能力，有助於積累更多的經驗。

培養善於觀察的能力

生活需要多觀察，你才能收穫更多的喜怒哀樂，有時候要放大喜樂、開闊胸懷，有時候也要適當把自己從不必要的事情中「拔」出來。人人都可以擁有敏銳的觀察力，只是有

的人天生就有細心和認真的性格，有的人是後天的，是逐步培養起來的。

蘇軾曾有「橫看成嶺側成峰，遠近高低各不同」的千古名句。本是平淡無奇的群山，在作者的筆下不僅有嶺有峰，有高有低，有遠有近，形態各異，錯落有致，而且橫側、遠近、高低相互掩映，動感十足，充滿神奇，使人讀後，不由得不從內心發出讚歎：大自然竟是如此這般的美妙絕倫。

這絕不僅僅是因作者有著深厚的文學功力，更重要的是作者敏銳地觀察，立體地再現，才描繪出了如此自然天成的美麗風光。倘若我們在生活中也能學習培養這種能力，定會使自己終生受益匪淺。

在柯南道爾的小說中，世界聞名的無人不知的大偵探福爾摩斯能破解別人難以解決的案子就是因爲他比別人懂得觀察。他能從一個人鞋子上的泥知道這個人經過了那些地方，是因爲他平時就觀察不同地區的泥的特點；他能從一個人的袖子情況，知道這個人是一名什麼樣的工人，有某一個什麼樣的習慣，是因爲他平時就觀察不同的人有什麼不同，各自有什麼特徵。雖然福爾摩斯只是一個虛構的小說人物，但這說明的是實實在在的道理：懂得觀察能助你成功，懂得觀察讓你獲益良多。

俄國生理學家巴甫洛夫十分重視觀察在科學研究中的作用，他因此寫下了「觀察、觀察、再觀察」的座右銘。觀察是我們認識世界、獲取知識的一個重要途徑。一個人觀察能力的強弱，決定了他認識客觀事物的準確程度和廣泛程度。因此，注意培養自己的觀察能力，有助於積累更多的經驗，更好地認識世界。

英國著名科學家焦耳從小就很喜愛物理學，他常常自己動手做一些關於電、熱之類的實驗。有一年放假，焦耳和哥哥一起到郊外旅遊。聰明好學的焦耳就是在玩耍的時候，也沒有忘記做他的物理實驗。

他找了一匹瘸腿的馬，由他哥哥牽著，自己悄悄躲在後面，用伏特電池將電流通到馬身上，想試一試動物在受到電流刺激後的反應。結果，他想看到的反應出現了：馬受到電擊後狂跳起來，差一點把哥哥踢傷。

儘管已經出現了危險，但這絲毫沒有影響到愛做實驗的小焦耳的情緒。他和哥哥又划著船來到群山環繞的湖上，焦耳想在這裏試一試回聲有多大。他們在火槍裏塞滿了火藥，然後扣動扳機。誰知「砰」的一聲，從槍口裏噴出一條長長的火苗，燒光了焦耳的眉毛，還險些把哥哥嚇得掉進湖裏。

這時，天空濃雲密佈，電閃雷鳴，剛想上岸躲雨的焦耳發現，每次閃電過後好一會兒才能聽見轟隆的雷聲，這是怎麼回事？

焦耳顧不得躲雨，拉著哥哥爬上一個山頭，用懷錶認真記錄下了每次閃電到雷鳴之間相隔的時間。開學後焦耳幾乎是迫不及待地把自己做的實驗都告訴了老師，並向老師請教。

老師望著勤學好問的焦耳笑了，耐心地為他講解：「光和聲的傳播速度是不一樣的，光速快而聲速慢，所以人們總是先見閃電再聽到雷聲，而實際上閃電雷鳴是同時發生的。」

焦耳聽了恍然大悟。從此，他對學習科學知識更加入迷。通過不斷地學習和認真地觀察計算，他終於發現了熱功當量和能量守恆定律，成為一名出色的科學家。

觀察是人們認識事物的前提，積累經驗的基礎，掌握知識的關鍵。敏銳的觀察能力對於提高自身的素養至關重要。

我們在觀察事物時，應當養成認真仔細的好習慣。據說，畫家徐悲鴻在法國學習時，爲了畫一隻行走的獅子的後腿，曾花了三個多月的時間。他說：「畫畫最好以造物爲師，畫馬必須以馬爲師，畫雞即以雞爲師。」畫畫如此，生活和學習也是如此。

只有仔細認真，才會有所收穫。但是，敏銳的觀察能力不是一蹴而就的，只有在「拳不離手，曲不離口」的勤奮中才能形成，因此，我們在生活中要養成勤於觀察的好習慣，觀察能力才能不斷提高。

我們需要訓練自己的觀察能力，培養那種經常注意預料之外事情的心情，並養成檢查機遇提供的每一條線索的習慣。

培養敏銳的觀察力，學習深刻地認識事物，這樣說出的話才能一針見血，準確地反映事物的本質。只有嚴密的思維能力，懂得怎麼樣分析、判斷和推理，說出話來才能滴水不漏，有條有理。

觀察力屬於智商的範疇。觀察力的敏銳程度決定了從一個人身上得到的資訊的多寡。

也就是說，只有敏銳的觀察力才能盡可能多地將一個初次見面的人們資訊更好地把握住，為日後的公關打下良好的基礎。

從細微處觀察一個人

IDEO總經理湯姆．凱利說：「善於觀察一般人習以為常之事，從細微處入手，才會擁有打破常規的能力。」一個無心的眼神，一個不經意的微笑，一個細微的小動作，都有可能決定一個人的成敗。察言觀色是一切人情往來的基本技巧，熟練地掌握人的身體語言，就能夠迅速、深入地揣摩出對方的心態和意圖，從而在說話辦事的過程中掌握主動權。

言辭行為常常會透露一個人的品格，表情反映一個人的內心，衣著、坐姿會在不知不覺中出賣它的主人。無論我們做什麼工作，都難免與人打交道，而身體的這種沉默的表達方式，值得每個人去觀察和學習。一旦你能夠熟練地掌握這種技巧，就會得到豐厚的回報。

我們知道成功的人，往往很善於瞭解他人的性格特點，掌握他人的悲喜、嗜好以及優缺點。這種技巧在一般人看來有些高深莫測。其實我們只要學會了其中的一些基本知識，加上平日的經驗和摸索，也是可以做到這一點的。那些善於識人的人，只不過平日裏對別人常常忽略的細節、瑣碎之處都非常留心罷了。一到真正用人時，他們便會根據一個人過去做什麼，現在做什麼，還有其性情表現出來的細節，來判斷這個人的人品、性情，並據此推斷他以後會做什麼，遇到關鍵問題時會作出什麼樣的反應。

日本曾有這樣一個傳說：十六世紀五六十年代，軍事力量最雄厚的是北條氏康，他稱霸於關東地區。有一次，北條氏康在戰場上同長子氏政一起吃飯，可以想像戰時的飯食是很簡單的，只有米飯湯。然而，氏政吃著吃著又往飯裏加了一碗湯。此事北條氏康看在眼裏，記在心上。他馬上產生了聯想：為什麼氏政連自己飯量有多大都沒有數呢？從吃飯吃到一半時又泡一碗湯看來，至少可以認為氏政是個沒有多少遠見的人。北條氏康的擔心，日後不幸變成了事實。三十年後，氏政終於因為缺乏遠見，被豐臣秀吉的大軍圍困，同弟弟氏照悲慘地戰死了。稱雄一時的北條氏從此日趨滅亡。

一個人在說話的時候，有太多的細節可以暴露他的內心。如果你能夠把握這些資訊，何愁溝通不暢？在交談的過程中，語速、語調、抑揚頓挫以及潤飾等，都極大地影響著表達效果。人們有意無意地通過這些因素，表現出所謂的言外之意。當你和別人交流時，需要設法從這些因素中來瞭解對方的心理。只要你仔細琢磨，便不難聽出弦外之音，看出某些端倪，瞭解對方真正的意圖。

說話速度快的人，大都能言善辯；速度慢的人，則較爲木訥。此均爲每個人的固有的特徵。依人的性格與氣質而異，不過在心理學中所要注意的，便是如何從與平時相異的言談方式中瞭解對方心理。像有些平日能言善辯的人，有時候忽然結結巴巴地說不出話來；相反地，也有些平時木訥，講話不得要領的人，卻突然會滔滔不絕地高談闊論。遇到這種情況，我們應小心，必定出現了什麼問題，應仔細觀察，以防意外。

在一次電視座談會上，有位評論家曾經說：「男人如果在外面做了虧心（風流）事，回到家裏，必定滔滔不絕地與太太講話。」從心理學的角度看，這種情形是因爲，當一個人心中有不安或恐懼情緒時，言談速度便會變快。借快速講述不必要的多餘事，試圖排解隱藏於內心深處的不安與恐懼。但是，由於沒有充分的時間冷靜反省自己，因此，所談話題內容空洞，遇到敏感的人，便不難窺知其心理的不安狀態。

在工作崗位上，也經常會發生類似情況。平時沉默寡言的同事，假使忽然變得格外多嘴時，則其內心必定隱藏著不欲人知的秘密。

當我們觀察一個人時，應當留心：他有哪些比較特別的生活習慣？能讓他全神貫注的是什麼？他常常忽略的是什麼？他有何喜怒哀樂？他因何而動怒？什麼事情使他感到震驚？他驕傲的是什麼？他不滿足的又是什麼？只要能將其性格特徵掌握了，我們也就能瞭解、掌握或操控這個人了。

比如，出了事情，或有了困難，一個人究竟如何去做，我們一下子或許難以斷定。但是，如果我們事先對此人的上述生活習慣、性格特點有所觀察和瞭解，那麼，我們就可以根據他以往處事的情形，根據他經歷的或者做過的事情去尋找線索，從而預測出他的行爲和反應。

魏文侯手下有員將領叫樂羊。有一次樂羊領兵去攻打中山國。這時，恰恰樂羊的兒子正在中山國。中山國王就把他兒子給煮了，還派人給樂羊送來一盆人肉湯。樂羊悲憤至極但並不氣餒，毫不動搖，他竟然坐在帳幕下喝乾了一杯用兒子的肉煮成的湯。

魏文侯知道後，對堵師贊誇獎說：「樂羊為了我，吃下他親生兒子的肉，可見，他對我是何等的忠誠啊！」堵師贊回答說：「一個人連兒子的肉都敢吃，那麼，這世上還有誰他不敢吃呢？」

樂羊打敗了中山國，勝利歸來時，魏文侯獎賞了他。但是，從此以後，魏文侯總是時時懷疑他對自己的忠心。

魏文侯這樣做不無道理，樂羊的自制力過於嚇人，非老謀深算之人不能爲之。堵師贊的說法更有道理，因爲一個人的行動可以以小見大，有著驚人的內在一致性。

只有看穿了對方的內心，我們才能分清在求人辦事時，哪些人可以相信，哪些人不能出語相求，哪些人可以幫大忙，哪些人只能幫小忙，才能決定自己應當採取何種辦法。不然，若對對方不甚瞭解或根本就不瞭解，也就是兵法所說的「不知彼」，只能是亂打亂撞，其結果將是四處碰壁。

看透人心其實並不難，只是我們沒有掌握正確的方法。我們常說「日久見人心」，可是在這個快節奏生活的時代，人與人的接觸已經成了速食式，因此，在短時間內洞悉一個人的內在世界就成爲迫切需要掌握的技巧。

不論你想看透一個新結識的朋友、一個生意夥伴，還是你的上司、同事，或者只是一個陌生人，你都應該從細微處開始觀察。

以眼識人，窺探心靈

有時，眼睛也會說話，一個人的內心活動，經常會反映到他的眼睛裏，心之所想，透過眼睛就能表達出個大概，這是每個人都隱瞞不了的事實。

觀察一個人的眼神，是辨別一個人好壞的一種途徑。眼神正其人大致正直，「眼神」邪其人大致奸邪。經驗告訴我們，人的內心隱秘，心中的衝突，總是會不自覺地通過變化的眼神流露出來。

泰戈爾說得好：「任何人一旦學會了眼睛的語言，表情的變化將是無窮無盡的。」在人的一生中，眼睛所表達出來的「語言」是最豐富多彩的了。更多的時候，人的眼睛和舌頭所說的話一樣，能讓人瞭解到事物的大致面目。

眼睛是人類五官中最敏銳的器官，它的感覺領域幾乎涵蓋了所有感覺的百分之七十以上，其他感覺與之相比顯得微不足道。以飲食爲例，人們吃食物時絕不僅靠味覺，同時會注意食物的色以及裝食物的器皿等。如果在陰暗的房間裏用餐，即使明知吃的是佳餚，也會產生不安的感覺，無心品嘗或胃口大減；相反，如果在一流飯店或餐廳用餐，用精緻的器皿裝食物，並重視燈光的配合，定會增加飲食者的胃口，使之吃得津津有味。這是視覺影響了人們的食欲。

《孟子．離婁上》中有一段用眼睛判斷人心善惡的論述：「存乎人者，莫良於眸子。眸子不能掩其惡。胸中正，則眸子瞭正與；胸中不正，則眸子眊焉。」眼神的狀況，對於認識一個人來說是非常重要的。眼神清的人，通常表示此人清純、澄明、無雜念、端正、開明；眼神濁的人，往往昭示此人昏沉、駁雜、粗魯、庸俗和鄙陋。

在希臘神話中有這樣的故事：有三個姐妹，外人只要一接觸其中的一位名叫美杜莎的眼光，便立刻化爲石頭。這個神話故事意在說明眼神的威力。人們在日常生活和工作中，假如你忽略了別人的眼睛，就無法窺探對方內心世界的微妙變化。

一般情況下，人們很難徹底隱藏內心的想法，即使有人擺出一副無表情的臉孔，但刻意的做作並不能維持長久。老年人常說：「聽別人講話，或對別人講話，要注意對方的眼睛。」有的人交談時不看對方的眼睛，多數情況下，是膽小、沒有信心、難爲情、畏縮的表現。

一直觀察對方的眼睛，會感覺視疲勞。這裏所說的「看眼睛」，並非真的凝視，而是觀察對方視線的活動。通過瞭解一個人的視線活動狀況，就能大致完成與他人之間的圓滿交往和心靈溝通。諸葛亮就是這樣一個通過眼神識別人物的高手。

據說，曹操曾派刺客去接近劉備。刺客見到劉備之後，並沒有立即下手，而是與劉備討論削弱魏國的策略，他的分析，極合劉備的意思。不久之後，諸葛亮進來，刺客很心虛，便託辭上廁所。劉備對諸葛亮說：「剛才得到一位奇士，可以幫助我們攻打曹操的勢力。」諸葛亮卻慢慢地歎道：「此人見我一到，神情畏懼，視線低而時露忤逆之意，奸邪之形完全顯露出來，他一定是個刺客。」於是，劉備連忙派人追出去，刺客已經跳牆逃走了。

在瞬息之間，透過眼神的變化，看出一個人的目的和動機，固然需要先天的智慧，但更多的是靠後天的努力，因爲這種智慧是在環境中磨煉和培養出來的。諸葛亮能夠看透此人，主要是從他的眼神閃爍不定中發現破綻的。而生活中，常有那些儀表不俗，舉止軒昂之輩，想一眼識破他的行徑，可能就比較困難了，王莽就是這種類型的人。

王莽這個人在歷史上的名聲並不太好，但就他本人的才能而言，在當時也算得上是一個極其難得的人才。新升任司空的彭宣看到王莽之後，悄悄對大兒子說：「王莽神清而朗，氣很足，但是眼神中帶有邪狹的味道，專權後可能要壞事。我又不肯附庸他，這官不做也罷。」於是上書，稱自己「昏亂遺忘，乞骸骨歸鄉里」。

從眼神上來分析，「神清而朗」，指人聰明俊逸，不會是一般的人；眼神有邪狹之色，說明為人不正，心中藏著奸詐意圖。王莽可能也感覺到彭宣看出了一些什麼，但抓不到把柄，悻悻地同意了他的辭官，卻又不肯賞賜養老金。

以推銷為例。做推銷工作的人如果沒有從眼睛觀察對方的能力，是很難勝任這個工作的。一個成功的推銷人員，在業務上往往能夠遊刃有餘，無往而不勝。心理學家珍・登布列在《推銷員如何瞭解顧客的心理》一文中說道：「假如一個顧客眼睛向下看，而臉轉向旁邊，表示你被拒絕了；如果他的嘴是放鬆的，沒有機械式的笑容，下顎向前，他可能會考慮你的提議；假如他注視你的眼睛幾秒鐘，嘴角乃至鼻子的部位帶著淺淺的笑意，笑意輕鬆，而且看起來很熱心，這個買賣大概就有戲了。」

「眼睛是心靈的窗戶」，眼睛是上帝賜給人類的禮物，從一個人的眼睛中，可以讀懂一個人所思所想，從而瞭解和認識一個人。

觀察眼睛是察言觀色的一個主要的方法，一般人的喜、怒、哀、樂都會通過眼睛表現出來。學會觀察眼睛，對自己靈活做人是大有裨益的。

知人善任，勤於觀察

想要知人善任，就得勤於觀察，觀察一個人的品行，觀察一個人的才能。智商高的領導者在委派重任的時候，會觀察下屬的一切行爲和辦事的能力。

史書記載，春秋時期的姑布子卿是一位非常了不起的人物。傳說他對相術，除了有繼承，還有很大的建樹與發展。他對生命現象的認識，已達到了出神入化的境界。姑布子卿不知相過多少人，為了學習研究與實踐，他用盡了畢生的精力。很多人把後來的相術，也稱為姑布子卿術。

姑布子卿為晉國趙簡子將軍和他的幾個兒子看相的典型案例，世代相傳。

晉國趙簡子將軍，很想知道在自己的幾個兒子中，究竟哪一個可以繼承自己的封位和事業，可他自己當時又難以判斷，於是就派人把姑布子卿請來，為其決斷。

趙將軍將自己的幾個兒子召集到廳堂裏，姑布子卿看過之後，沒有表態。他卻對廳堂外站著的衣著平常的少年表現出很大興趣，問了趙簡子之後，才知道那是趙簡子與婢妾所生的孩子趙無恤，即後來的趙襄子。

姑布子卿很坦誠地對趙簡子說：「你的無恤雖出身地位卑賤，但他才是一個真將軍。」

從此，趙簡子便開始有意考察無恤的能力。趙簡子很注重對兒子們的教育和培養。一次，趙簡子將訓誡之辭，刻在幾根竹簡上，分別交給每個兒子，要求他們都必須認真習讀，領悟其要旨，並告訴他們三年後要逐一考察。然而，當趙簡子考查時，幾個兒子都不能背誦出來，甚至連竹簡也不記得遺失在什麼地方了。只有無恤能夠流利地背誦竹簡上的訓誡，而且始終將竹簡攜帶在身上，時時反省自己。

於是，趙簡子開始相信姑布子卿所說的話，認為無恤最為賢能。幾個兒子長大成人之後，趙簡子又對他們進行了更深入的考察。

一天，趙簡子召集起兒子們，並對他們說：「我將一寶符藏於常山之上，你們現在就去尋找，先得者有賞。」

於是，兒子們紛紛乘騎前往常山尋寶符。然而，他們誰也沒有找到寶符，只得空手而歸。只有無恤說自己得到了寶符。趙簡子聽說後，便問他寶符在何處。

無恤說：「憑常山之險攻代，代國即可歸趙所有。」趙簡子聽了，異常高興，頓覺只有無恤明白自己的良苦用心，是趙氏大業難得的繼承人，遂廢太子伯魯，破例立無恤為太子。

西元前四五八年，趙簡子去世後，趙無恤接任其位擔任了晉國的六卿之一，在當時聲名遠揚。

姑布子卿識別趙襄子的故事告訴我們，知人者不僅要勤於考察，還要善於見微知著。如今，在選拔人才時也要非常注意這一點。

一次，美國加州大學招聘校長，最後挑選出四位候選人。於是，學校便發邀請函，請四位候選人及其夫人一起到學校住幾天，對他們的實際生活加以觀察。原來，他們認爲：如果校長夫人沒有高尚的品格，那麼校長在實際工作中將會受到很大影響。通過考察這一點，又淘汰了一名候選人。

其實，早在三國時期，被認爲是智慧化身的諸葛亮就十分強調領導者要善於知人。他認爲人「美惡懸殊，情貌不一；有溫良而僞詐者，有外恭而內欺者，有外勇而內怯者，有盡力而不忠者……」的確，人的真善美與假惡醜，並不都表現在情緒和臉上，所以也不能通過觀其臉色或是從一般的表現上看出來。有的人表面看來溫良而實際卻十分狡詐；有的人外表謙恭而內心虛假；有的讓人感覺勇不可當而實則非常膽小怯懦：有的人處在有利的環境時能夠盡力，而一旦處於逆境、環境變化時就不能忠於事業和信仰了。

因此，領導者應該從其性格、知識、應變、勇敢、意志、廉德、誠信等各方面，親自考察自己直屬的下級。而要特別注意的是，切不可憑個人的感情和印象用人。對於領導者用人，諸葛亮的「知人」方法有很大啓發性。其方法爲：

「問之以是非，而觀其志。」指領導者可以在與下級討論對各類事物是非對錯的看法時，通過觀察他的觀點、立場、信仰、志向等瞭解他是否意志明確堅定。

「窮之以辭辯，而觀其變。」要求領導者就工作中某些現實問題的處理意見，與下級進行辯論，在此過程中提出質疑，以此來考察下屬的智慧和應變能力。

「諮之以計謀，而觀其識。」是說領導者對於一些重大問題的謀略和決策方案，要不斷地詢問下級，以考察下屬是否有能力和見識。

「告之以禍難，而觀其勇。」指領導者可以跟下級說明他可能面臨的災禍和困難，來識別他能否臨危不懼，勇往直前，義無反顧，解決問題。

「醉之以酒，而觀其性。」即領導在與下級一起歡聚時，可以勸其飲酒，來觀察下屬是否貪杯，酒後能否自制以及表露出怎樣的性格，是否表裏如一，等等。

「臨之以利，而觀其廉。」是說領導者可以將下屬安排在有利可圖或是可以得到不正當利益的工作崗位上，觀察他是廉潔奉公、以人民利益爲重，還是貪圖私利、見利忘義，或者只顧小集團的利益。

「期之以事，而觀其信。」指領導也可以委託下屬去獨立完成某種工作，看他是恪盡職守、克服困難，最終想辦法把事情辦好，還是欺上瞞下、應付了事，來考察下屬是否忠於職守、恪守信用。

如今，很多企業都已建立了一整套自己的、有效的對領導幹部進行日常考核、定期測評和員工監督評議的制度和方法。但是，前人的寶貴經驗仍是領導者應該吸取的營養。

2 明於判斷
——見微知著辨真偽，能謀善斷不吃虧

高智商的領導者能夠獲得高度敏銳的悟性和實用的判斷力，能夠洞悉事物的本質，並以恰當的方式處理問題。他們不會被周圍的人所干擾，會堅持自己所看到、所聽到的，然後下結論。

做兼聽的「明主」

領導是決策和指揮者，如果一旦出現決策指揮錯誤，受害的是整個團體。因此領導者應該意識到自己肩負的責任之重大，爲了事業的發展，要注重調查研究，不偏信，多兼

聽，看清事物的本來面目，抓住事物的本質，掌握事物發展的規律，作出符合客觀實際的科學的決策，儘量在指揮的時候避免失誤。而在資訊異常發達的今天，彙報、宣傳已經成爲很多人反映成績的主要方法。無數實踐證明，領導要多看事實，少聽彙報！

西元前三五六年，田齊登上了齊國國君的寶座，這就是我國歷史上著名的齊威王。齊威王即位之初，沉迷於酒色，不理政事，以至於韓、魏、魯、趙等國都來入侵。齊國連吃敗仗，國勢逐漸衰弱。但後來齊威王虛心納諫，很快振作起來，下定了「不飛則已，一飛沖天；不鳴則已，一鳴驚人」的決心，開始勵精圖治，欲雄霸諸侯。

齊威王首先從治吏入手。起初，齊威王將國家交給了幾個卿大夫治理，有一次向朝中大臣瞭解地方官吏的政績情況，大臣們及身邊的侍衛都極口稱讚東阿大夫最賢，而詆毀即墨大夫。

齊威王暗中派遣得力之人去實地考察了一番，結果卻是大相徑庭。

於是，齊威王召集大臣，並特宣即墨、東阿二大夫入朝行賞。齊威王對即墨大夫說：「自從你治理即墨以來，所有人都說你治理無方。可我派人到即墨視察後，卻發現那裏良田遍野，民風淳樸，百姓豐衣足食，人民安居樂業。」當場便加封即墨大夫萬家之邑。

齊威王又對東阿大夫說：「而自從你駐守阿地以來，所有人都在我面前說你的好話。可我派人去阿地視察後，卻見那裏土地荒蕪，民不聊生，百姓怨聲載道。當趙國進攻你管轄的甄城時，你卻不去救援；當衛國奪取鄰近的薛陵時，你卻不知道。因為你賄賂了我左右的人，所以他們在我面前總是說你的好話。」齊威王當即便喝令武士將東阿大夫投入堂下沸鼎之中煮死了。

爾後，齊威王又訓斥了那些平日裏極力頌東阿、貶即墨的朝中大臣及近侍數十人：「你們在我身邊，不思盡心報國，貪圖賄賂，顛倒是非，混淆黑白，誤國殃民，留爾何用。」傳令一併將他們烹之。

此後，齊國的大臣們都為國家認認真真地辦事，誠誠實實地做人，再也不敢文過飾非了。

過了幾年，齊國得到治理，國勢逐漸強盛。齊威王發兵奪回了曾被魏、趙、衛等國奪去的城池。這一來，齊國便威震天下，各諸侯國二十多年都不敢對齊國用兵。

從齊威王治吏這件事中，可以看出他是一位知錯就改、求真務實的實幹家。試想，如果當時齊威王只是聽了左右大臣的彙報就妄下結論的話，這一結果恐怕會是截然相反，被烹的肯定不是東阿大夫，而是即墨大夫了。如果真是這樣，那後果就不堪設想了，齊威王的治吏改革不但達不到扶正壓邪、揚善除惡的目的，反而會助紂爲虐，官場不正之風不但得不到遏制，反而會愈演愈烈，改革就會失敗。

不論是領導還是普通的群眾，在對一件事情辨別真僞的時候，都不要全部相信他人所說的話，否則只能得到片面之詞。有句話說得好：「耳聽爲虛，眼見爲實。」所以我們要將兩者進行結合，既要聽也要看，只有這樣，我們才能作出正確的判斷，才不會因小失大，作出令自己後悔一生的決定。

關鍵時刻，作出準確的判斷

當你在公司中的角色從執行者慢慢過渡到決策者、管理者的時候，當你從打工者變成創業者的時候，當你的成就越來越高的時候，你就會發現，很多時候，正確的判斷、快速的判斷有多重要。現代商業經營和企業運轉比古代、近代要複雜得多，因而果斷的決策顯得更爲重要。

可以說，優柔寡斷讓歷史上很多君王最終走向失敗，比如項羽沒有在鴻門宴殺掉劉邦，最終被劉邦所滅，便是優柔寡斷所致；優柔寡斷，也讓現實中很多工作無法開展，比如由於領導總是不決策，下面的人又沒有權力決策，最終事情就被拖下來，要麼無法完成，要麼毫無準備倉促完成。因此，無論你現在已經是公司的領導層，還是你要努力成爲公司的領導者，都必須「訓練自己瞬間判斷的能力」。

「判斷準，才能不失手。」勝利屬於勇於決斷的、有魄力的人，而優柔寡斷、怯於決斷者則往往貽誤良機，導致事業的失敗。

英特爾的前首席執行官葛魯夫說過：「只要事關企業管理，我就相信偏執萬歲。」正是這種近乎偏執狂的嚴格與執著使得英特爾在葛魯夫的領導下一步步走向輝煌。

葛魯夫總能在關鍵的時候作出準確的判斷，這種感覺使他能夠預見到危險並先危險一步採取行動，成功地帶領英特爾公司度過了多次這樣的難關，順利地完成三次戰略轉移。

英特爾的第一次戰略轉移發生在一九八五年。二十世紀七〇年代初，英特爾的記憶體幾乎享有百分之九十的市場佔有率；而到了一九八五年前後，英特爾產品的市場佔有率很快下降至兩成以下。公司還出現了一個有趣的現象：公司百分之四十的營業額與百分之一百的利潤都來自微處理器，但百分之八十以上的研發費用卻花在了記憶體上。毋庸置疑，英特爾出現了嚴重的策略失調。葛魯夫力排眾議，堅決地砍掉了記憶體生產而把微處理器作為新的生產重點。到了一九九二年，微處理器的巨大成功使英特爾成為世界上最大的半導體企業，超過了當年曾在記憶體業務中打敗自己的日本半導體公司。

英特爾公司的第二次戰略轉移是在一九九一年。這時全球通信產業正悄悄地發起一場革命，各種線上服務業務如雨後春筍般出現，個人電腦的多媒體風潮也正方興未艾。在第二次轉型過程中，葛魯夫就在一九九一年的公司股東大會上，以個人電腦表演影像溝通，當場與散居世界各地的人進行視訊會議，讓所有員工體驗個人電腦在通信與圖形影像處理能力上的進步，以瞭解公司轉型的必要性。

英特爾公司的第三次戰略轉移發生於一九九七年。電腦製造商和軟體公司（尤其是微軟）開發的新功能和程式要求更加強大的電腦功能，英特爾就不斷生產出新的晶片來滿足需求。英特爾用其利潤再投資開發生產新的晶片，為進入下一個週期作好準備。看上去這個循環完美無缺，可一旦這個趨勢停止，人們不去買擁有更多功能的晶片，就沒有資金開發下一輪的新產品。憂心忡忡的葛魯夫意識到把生產建立在別人為其創造的需求上無異於自殺。於是在一九九七年前後，葛魯夫又邁出了激進的一步，他要把英特爾由產品的供應商轉變為世界領袖和主導潮流的公司。為了向新世紀生死攸關的戰略轉移，葛魯夫實行了看似與製造晶片無關的一系列計畫，他投資於與微處理器沒有多少關聯的專案，卻促進了市場的發展。

對商人來說，判斷直接關係到經商的成敗，因爲一旦判斷失誤，就會人力財力空耗殆盡。所以，精明的商人，非常注意訓練自己的判斷力。分辨形勢，尋找突破，敢打敢拚。可見判斷力是商人成功的必備素質和能力。

如果此時需要一些緊急的工作或事件，給你決策的時間可能就只有一個小時、十分鐘，甚至只有一分鐘，那個時候，你就必須瞬間作出正確的判斷，否則要麼錯過機會，要麼延誤戰機，即使整個團隊事後加倍努力補救，也可能都比不上你當時迅速作出正確判斷並且馬上組織人力分頭行動的效果來得好。

作爲一個優秀的領導者，一定要具備準確判斷的能力，有了準確判斷的能力雖然未必需要在每件事務上都去運用這個能力，但是在緊急工作和事件上，你會發現準確的判斷能力會讓你的團隊、你的公司事半功倍，決勝千里。另外，準確的判斷能力不是說來就來的，需要逐步培養和訓練，你可以在一些不太重要的日常工作中進行嘗試，慢慢掌握，最終達到運用自如，並使其在適當的時機發揮決定性作用。

過人的決斷力讓你鴻運升騰

決斷力是一個人辨別機遇、把握運氣的一種能力。一個人如果具有強大的決斷力，就能讓機遇和運氣發揮作用；決斷力讓一個人能夠把握住外部環境哪怕是最細小的種種變化，並且能對這種變化作出快速反應。

有一次，一個拍賣公司拍賣三十多個黃金鋪位，從最好的鋪位開始。起價三十萬元。

拍賣開始，第一個鋪位的報價剛從拍賣師口中報出，一位中年人便一次把價格抬到了八十萬元。一時間，整個拍賣場鴉雀無聲。競拍者都嚇了一跳，認為中年人發瘋了。拍賣師叫道：「八十萬，有沒有超過八十萬的？八十萬第一次，八十萬第二次……好，成交。」

「噹啷」一聲，一錘定音。中年人拍得第一個鋪位後便匆匆離場，顯然對第二個鋪位的拍賣情況完全沒了興趣。第二個鋪位雖然稍微遜色，但開價也是三十萬元。每個競拍者都有了心理準備，拍賣師一開價，便有人舉出四十萬元。話音剛落，又有人舉出五十萬元。競價氣氛越來越濃烈，叫價聲此起彼伏。最後，第二個鋪位的價格升到了一百萬元，被一個戴眼鏡的批發商奪得。很快，三十多個鋪位被拍賣一空，最差的鋪位也拍出了三十五萬元。

衡量一下，第一個競拍者成了最大贏家。後來有人採訪這位競拍者，競拍者說：「憑我的經驗預測，如果按常規來競拍這個鋪位，至少會超過一百萬元。這個鋪位我志在必得，如果一開始就處於觀望狀態，顯然會處於不利地位。拍賣師一開價，我乾脆把價格抬到自己認為理想的定位。當時我也很緊張，害怕有人再抬高價格。幸好別人都沒有思想準備，為我節省了不少錢。」說完他開心地笑了。

那位中年人很顯然有著過人的決斷力，所以才能用低價拍到最好的鋪位。但是決斷力也並不只是一種臨時的反應，它還是一種把握正確方向的執行能力。

在市場競爭中，一個企業能否成功，主要領導者的決斷起著至關重要的作用。一名合格的領導者，應善於適應角色的變化，善於運籌謀劃，善於正確決斷。

從細節中識破「勢利人」

世界上的許多事情往往是沒有真正的是與非的，它們不過是依人的喜好或厭惡為標準。凡是誠心要幹事的人，一定要留意自己身邊一味順著自己的意志說好話的「白眼狼」，切不可因為他說的都是自己愛聽的話就重用他，提拔他，那樣做無異於養虎為患。

關於防範「勢利人」，古代聖賢有理論，更有其實踐經驗，為我們提供了寶貴的便於操作的方法。這些方法體現了社會的複雜和人生的智慧。有道是「魔高一尺，道高一丈」，勢利人再聰明、再狡猾，總有讓人可辨之跡，有可防之術。

西漢御史大夫張湯為人狡黠多詐，濫施刑罰，辦事專門迎合皇帝的心意：對於皇帝不喜歡的人，就妄加誣衊，任意誹謗；對於皇帝喜歡的人，就胡亂吹捧，極力美化。他利用自己御史大夫的職權，經常隨意羅織罪名，彈劾大臣，殘害同僚。

張湯對他的副手御史中丞李文懷有宿怨。張湯最寵信的小吏魯謁居，為了替主子剷除政敵，邀功獻媚，就悄悄地派人上書皇帝，用羅織來的罪名檢舉李文。於是，皇帝命令張湯來審理這個案件。張湯借機濫引法律條文，施以酷刑，終於誅殺了宿敵李文。後來皇帝偶爾問起案發原因，張湯假裝自己不知情，故作吃驚地說：「可能是李文的仇家幹的。」

其實，張湯做賊心虛。退朝之後，急忙趕往魯謁居家密商對策。此時，正趕上魯謁居臥病在床。當張湯看到魯謁居的兩腳紅腫時，就親自給他按摩雙腳。這事正好被趙王劉彭祖看見了，心想，從沒聽說過一個主管長官竟然如此服侍一個小吏，判斷其中必有隱情。加上劉彭祖素來不滿張湯的殘暴，於是，向皇帝告發說：「張湯身為國家重臣，竟然給一個卑賤的小吏按摩雙腳，我認為其中有不可告人的勾當。」皇帝將此事交給刑部調查。調查期間，魯謁居正好病死，事情牽連到他的弟弟，因而被囚禁了起來。一天，張湯恰好去監牢裏提審犯人，看見了魯謁居的弟弟。張湯本打算暗中營救，所以表面上假裝不認識。這樣一來，魯謁居的弟弟誤解了張湯的意思，心中既害怕又憤怒。於是，一不做，二不休，叫他的家人上書皇帝，揭發了張湯與他哥哥魯謁居共謀陷害李文的經過。皇帝得到舉報，命令立案審理。

這是見於《資治通鑑》的一幕官場上權力鬥爭的鬧劇。這裏引述意在說明趙王劉彭祖能夠見微知著，透過現象看本質，從張湯爲小吏按摩腳一事，洞察其中的陰謀。這確是一種較爲高深的識別「勢利人」的謀略。

「勢利人」善於察言觀色，臉皮很厚，把自己當成商品，謀求在「人才市場」上討個好價錢。這種人即使在工作上也好討價還價，以使該公司的領導給他們以晉升或增加工資的機會。或者他們在工作上不安分，但卻熱衷於往上司那兒跑，為的是和上司套關係，不是憑工作成績得到上司的重用和提拔，是想通過和上司的私人關係去得到好處。

「勢利人」一般嘴甜、心細、臉皮厚，他即使是做錯了事，也往往會把責任轉嫁和推卸到其他人身上去，而一旦有了功勞，他又會極力地吹噓自己的貢獻和成績，生怕上司不知道。還有，上司在場和不在場，他們的表現就完全不一樣：上司在的時候，他肯定是最勤勞的一個，連臉上的汗水他也不會去擦，就是想給上司一個好印象；上司一旦離開，他就待在一旁休息了。

領導者光憑自己的眼睛是很難發現的，因爲這些人很會僞裝自己，只有多聽取其他人的反映，才能揭開這種人的真實面目。

對於這種人，無疑是不能距離太近的，他如待在哪個部門任職，哪個部門就會被他搞得亂糟糟。因此，領導者一旦發現下屬中的某一位正是這樣的「勢利人」，就一定要毫不猶豫地把他替換掉。哪怕他只是一個普通的員工也要提防，否則等到日後公司利益受損，那就得不償失了。

猶豫不決是大忌

果斷敏銳的人絕不會坐等好的時機，他們會最大限度地利用已有的條件，迅速地作出該怎麼做一件事的決定。要排除一切干擾因素，而且一旦作出決定，就不會再繼續猶豫不決，以免受到負面影響，有時候猶豫就意味著失去。

一位業務員前去拜訪美國西部小鎮上的一位房地產商人，想把一個「銷售及商業管理」的課程介紹給這位房地產商人。當這位業務員到達房地產商人的辦公室時，發現他正在一架古老的打字機上打著一封信件。這位業務員自我介紹一番，然後介紹他所推銷的這門課程。房地產商人顯然聽得津津有味。然而，聽完之後卻未發表任何意見。

「你很想參加這門課程的學習，不是嗎？」業務員直奔主題。

房地產商反應似乎很平淡：「哦，其實我自己也不知道是否需要參加。」他說的也是實話，因為像他這樣猶豫不決的人實在是太多了。

這位對人性有著透徹認識的業務員沒有再多說些什麼，而是站起來，準備離開了。當他走到門口，他決定改變以往的策略作一次大膽的嘗試。他回過頭來說：「我決定冒昧地向你說一些或許你不喜歡聽的話，但這些話可能對你有一些幫助。你先看看你工作的辦公室，地板髒得似乎幾個星期都沒有擦過，牆壁上全是灰塵。

你所使用的打字機看來也是有些年頭了。你的衣服又髒又破，你臉上的鬍子也沒有刮乾淨，這一切告訴我你已經被打敗了。」

他停頓了一下，看這位房地產商人似乎並沒有發作便又繼續說：「或許在你的家裏，你太太和你的孩子生活得也不好。可你的太太還是一直忠實地伴隨在你的左右，但你的成就並不如她當初所期望的那樣。可是你知道，你的生活為什麼會是這個樣子嗎？那完全是因為你沒有作出一項決定的能力。你總是逃避你應當承擔的責任，結果到了今天，即使你想做什麼，也無法辦得到了。你已養成了逃避責任的習慣，這將使你無法對那些影響到你生活的事情作出明確的決定。」

房地產商人一直坐在椅子上靜靜地聽著，慢慢地他的眼睛因驚訝而膨脹，他絲毫沒有顯示出要對這些尖酸刻薄的話進行反駁的樣子。直到這位業務員說了聲『再見』並將要離開，他才醒悟過來。他連忙從椅子上跳下來，衝到業務員的面前緊緊地握住了他的手，張開嘴似乎想要說些什麼，可是最終卻沒有說出一句話。

業務員面帶微笑在那位房地產商人面前坐下來，說：「我的批評也許傷害了你，但我倒是希望能夠觸怒你。現在讓我以男人對男人的態度告訴你，我認為你很有智慧，而且我確信你有能力，但不幸你養成了一種令你失敗的習慣。但現在你有了可以再度站起來的機會，我可以扶你一把，只要你願意原諒我剛才所說過的那些話。」業務員停頓了一下，「你並不屬於這個小鎮，這個地方不適合從事房地產生意，你趕快替自己找套新衣服，然後跟我到聖路易市去。我將介紹一個房地產商人和你認識，他可以給你一些賺大錢的機會，同時還可以教你一些有關這一行業的注意事項。你願意跟我來嗎？」

房地產商人竟然掩面哭泣起來。最後，他站起來和這位業務員握手感謝他的好意，並說他願意接受他的勸告。他要了一張空白報名表，簽字報名參加「推銷與商業管理」課程。

三年以後，這位房地產商人開了一家擁有六十名業務員的公司，成為聖路易市最成功的房地產商人之一，他還指導其他業務員工作。每一位準備到他公司上班的業務員，在被正式聘用之前，都要被叫到他的私人辦公室去。他把自己的轉變過程告訴這裏的每一位新人，從那位業務員初次在那間寒酸的小辦公室與他見面開始說起，並且首先要傳授的一條經驗就是——猶豫不決是最大的錯誤。

上述的故事告訴我們：領導者如果總是優柔寡斷，猶豫不決，或者總在毫無意義地思考自己的選擇，一旦有了新情況就輕易地改變自己的決定，這樣的人成就不了任何大事。消極的人沒有必勝的信念，也不會有人信任他們，而積極自信的人才是整個世界的主宰。

當朱利斯．尤里烏斯．凱撒來到義大利的邊境盧比孔河時，看似神聖不可侵犯的盧比孔河使他的信心有所動搖。他想到如果沒有參議院的批准，任何一名將軍都不允許侵略一個國家。但是他的選擇只有兩種——「要麼毀滅我自己，要麼毀滅我的國家」，最後他的堅定信念沒有動搖。他說：「不要懼怕死亡。」於是他帶頭跳入了盧比孔河。就是因為這一時刻的決定，世界歷史隨之而改變。

和拿破崙一樣，凱撒能在極短的時間裏作出重要的抉擇，哪怕犧牲一切與之有衝突的計畫。凱撒帶著他的大軍來到大不列顛，那裏的人們誓死不降。凱撒敏捷的思維使他明白，他必須使士兵們懂得勝利和死亡的利害關係。

為了消除一切撤退的可能，他命令將在大不列顛海岸靠岸所用的船隻全部燒掉，這樣也就沒有了逃跑的可能性，如果不能取得勝利，就意味著死亡。這一舉動是這場偉大戰爭最終取得勝利的關鍵所在。

歷史經驗表明，一個團隊的領導人如果優柔寡斷，不能抓住時機迅速作出決定，往往會喪失良好的機遇，嚴重的時候甚至會帶來消極的後果。

特別是當企業發生嚴重的危機時，需要迅速作出決定，採取及時有效的行動，才能把損失降低到最小，使企業轉危爲安。否則，貽誤了最佳時機，可能會造成災難性的影響，後果不堪設想。

察微知著，提前作出判斷

你是不是看到事物微小的苗頭，就能推知其未來發展變化的趨勢呢？當別人給你舉出事情的一個方面，你就能推知其他方面呢？如果真是這樣，你無疑是一位聰明、剔透的人。

所謂「一葉落知天下秋」，現實中那些有智慧的人大多能觀天色而知風雨，智慧之人大多懂得察微知著。他們不會消極地等待事情的自然結果。他們能夠見機而作，依據事物細微的變化，判斷事物的發展趨勢，及時掌控事物的進展方向與速度，從而趨吉避凶，趨利避害，使人生之船成功地繞開暗礁，順利前行。

春秋末期，齊國的權臣田成子專權，早有不軌之心。一天，大臣隰斯彌去拜見田成子，田成子便和他一起登上高台向四面張望。只見三面的視線都暢通無阻，唯有南面被一片樹林擋住，而這片樹林正是隰斯彌家的。

田成子看著那一片樹林，看似無意地說道：「怎麼樣，風景還好吧？」

「是啊，是很好。」隰斯彌若有所思地說。

回到家裏，隰斯彌馬上讓僕人把樹林砍了。

他的侍妾說：「你今天怎麼啦，剛回家就要砍樹？」

剛砍了幾棵，隰斯彌眉頭一皺，又不讓砍了。

侍妾愈加不解：「你今天到底是怎麼啦？一會兒砍，一會兒又不砍的？」

隰斯彌說：「諺語云『知淵中之魚者不祥』。田成子將要發動大事變了，在這個時候，我要是顯示出知道他的細微想法，我就會有危險了。我不砍樹，還不會有什麼罪；我如果砍樹，就意味著我知道了他所不能明言的事情，那罪過就大了。所以，我不能砍這樹啊！」此後，他絕口不提砍樹的事。

後來，田成子於西元前四八一年發動武裝政變，殺了齊簡公和許多王室貴族，另立齊平公，自己一手把持朝政。而隰斯彌一家，沒在被殺之列。

田成子邀請隰斯彌登上高台看風景，也許是在暗示隰斯彌家的樹擋住了自己的視線。明知自己的樹木擋住了田成子家的視野，令其不悅，但隰斯彌仍然置若罔聞，這又是爲什麼？原來，田成子帶隰斯彌看風景，意不在樹，而是在測試隰斯彌能否看出自己的心思。在田成子看來，一個能看出自己微妙心思的人，也很可能會揣測出自己的謀反意圖。幸虧隰斯彌想到了更深一層，裝做對田成子的心思懵然無知。就這樣，隰斯彌靠自己的見微知著的明察和老到躲過了一場殺身滅門之禍！隰斯彌胸藏靈氣，但表面上裝得很愚鈍，其智慧真是高深莫測啊！

《周易．繫辭下》中說：「知幾其神乎？幾者，動之微，吉之先見者也。」所謂「幾」，就是事物變化的細微徵兆。如果一個人能根據細微的徵兆推知事物發展變化的趨勢和結果，就可以「通神」了。

在佛蘭克林．羅斯福競選總統期間，雖然哈默的眼睛盯著羅曼諾夫藝術品的銷售生意，可他的耳朵卻在打聽著總統競選的事情。他聽到了一個關鍵字：新政。哈默的精明就在於他能見微知著，利用捕捉到的資訊迅速作出驚人的判斷。他認為，有朝一日，只要羅斯福的新政得勢，禁酒法令就會被廢除。

果然不出他的預料，佛蘭克林．羅斯福在一九三三年宣誓就職，接著就簽署了一道法令：廢除禁酒令。十四年來，全美國都實行禁酒令，但事實上，人們一直暗中走私酒，可以說是有令不止。羅斯福解決這個矛盾的方法很直接，就是徹底廢除禁酒令，誰想喝就喝個夠。威爾．羅傑斯對羅斯福這種態度給予了很高的評價：「羅斯福只說了三個字：『讓人喝。』禁酒令取消後的前兩個星期，美國政府就收到一千萬美元的酒稅。」

廢除禁酒令之後，脫銷的商品不是啤酒，而是裝啤酒的酒桶，特別是經過處理的白橡木製成的酒桶（可用來裝啤酒和威士忌的那一種），當時市場上沒有這種酒桶銷售。

可是，此時的啤酒桶身價百倍，特別是白橡木製成的酒桶。這種桶的桶板必須是白橡木板，要一寸厚，至少要經過兩年的風乾。自然，跑遍全美國也無法找到這樣的木板。

哈默清楚地知道在哪裏可以弄到桶板，那就是蘇聯。他在蘇聯住了很久，對蘇維埃政府有哪些東西可以出口一清二楚。在兩個月之前，也就是他認為羅斯福很可能當選總統的那個時候，他就發電報給蘇聯外貿部，以極低的價格訂購了幾船桶板。同時，哈默立刻到安豪澤．布希酒廠，表示願意供給他們酒桶，他們立刻給他一張十萬美元的支票，訂購了一萬隻酒桶，平均每只酒桶十美元。其他酒廠得知哈默從蘇聯進口桶板的消息後，也紛紛爭著向哈默訂購。

哈默揚揚自得，但他並沒有預料到，從蘇聯運來的不是成型的桶板，而是一塊塊晾乾了的白橡木板，需要進行加工。然而，在全美國都無法找到一家這樣的加工廠。哈默當機立斷，立刻創辦了自己的桶板加工廠。

在停泊蘇聯貨船的布魯克林區，哈默利用紐約船塢公司的一個碼頭修建了一座臨時桶板加工廠。當時到處都可以找到在禁酒時期被解雇的桶板加工工人，他們都很樂意重操舊業。就是這樣一家工廠，一日三班，每班八小時，每班可生產一千只酒桶。因為供不應求，哈默又在新澤西州的米爾敦建立了一個現代化酒桶工廠。

禁酒令廢除之日，也正好是哈默的酒桶從生產線上滾滾而出的時刻。安休斯、布希、庫爾斯、申利和其他各家製酒廠用高價把哈默製桶公司的酒桶搶購一空，哈默將大把的美元裝進了腰包。

「新政」兩個字在普通人眼中毫無意義，因爲無論誰執政掌權對他們都沒有太大的影響。但是，在哈默的眼中，這兩個字卻閃著金幣的光芒。

察微知著的智慧，會使你搶先一步發現商機，占得先手。

3 精於籌畫——事預則立不預廢，運籌帷幄勝千里

「凡事預則立，不預則廢。」不管幹什麼事，事先都要有一個明確的目標，只有預先作好了安排，有了準備，有了計畫，有了具體的工作、活動程序，才有監督檢查的依據。這樣可以增強自覺性，減少盲目性，從而也就可以合理地安排人力、物力、財力、時間，使工作、活動有條不紊地進行。

凡事預則立，不預則廢

「凡事預則立，不預則廢。」預：預先、事先，指事前作好計畫或準備；立：成就、成功；廢：敗壞、失敗。凡事預於先，謀於前，作足準備，往往能佔據主動，確保事情的

成功。否則，事發突然，或計畫趕不上變化，往往讓人手忙腳亂、窮於應付，甚至連可以避免的失誤都避免不了，處處陷於被動之中。

A和B兩人同時從一所酒店管理學校畢業，並一起進入同一家酒店工作，可是三年之後，兩個人的差別卻非常大：A已經是酒店的副總經理了，而B卻還是一個一線的普通員工。

在一次同學聚會上，B對A說：「我就搞不懂，為什麼我們站在同一條起跑線上，而三年的時間，卻讓我們之間產生了如此大的差異呢？難道你有什麼絕招嗎？」

A說：「其實也不是什麼絕招，只是從進入酒店的第一天起，我就為自己規劃好了成長計畫：三個月後要做到優秀員工，半年之後做領班，一年後做主管，兩年之後做經理，三年之後做副總經理，五年之後要做總經理。制訂好計畫之後，在工作中我就以此來鞭策自己。比如我計畫好半年之後要做領班，那麼在成為領班之前，我就在思想、行為、日常工作等方面都以領班的工作標準嚴格要求自己，雖然我現在還不是領班，但是只要我各方面的素質都達到了領班的標準，都按領班的要求做到了，我相信不久的將來，我就一定會成為領班。那麼實現了第一個計畫之後，再以同樣的方法實現第二個、第三個計畫。當我成為領班之後，我就以主管的標準要求我自己，不久我就當上了主管；當我是主管的時候我就以經理的工作標準要求自己，後來就當上了經理。一直到現在，雖然我已經做到了酒店的副總經理，但是我還是沒有實現自己的目標，我還會朝著目標繼續努力的，凡事預則立，不預則廢啊！」

「凡事預則立，不預則廢」，真是一語道破天機。事先有了準備和計畫，就有了奮鬥的目標和方向，並可以時刻以此鞭策自己的行爲，這就是A之所以成功的絕招啊。這個方法是不是值得我們每一個人學習和借鑒呢？

有個伐木工人在一家木材廠找到了工作，報酬不錯，工作條件也好，他很珍惜，下決心好好幹。第一天，老闆給他一把利斧，並給他劃定了伐木範圍。這一天，工人砍了十八棵樹，老闆說：「幹得不錯！」工人有點兒沾沾自喜。第二天，他幹得更起勁，但是只砍了十五棵樹。第三天，他加倍努力，可是只砍了十棵。工人覺得很慚愧，跑到老闆那兒道歉，說自己也不知道怎麼回事，好像力氣越來越小了。老闆問：「你上一次磨斧子是什麼時候？」「磨斧子？」工人詫異地說：「我天天忙著砍樹，哪裏有工夫磨斧子？」

這就從反面印證了我們經常說的一句諺語：磨刀不誤砍柴工！它所說明的其實也是「凡事預則立，不預則廢」的道理，有計劃地準備，厚積薄發才能做到事半功倍，出色地完成工作任務。有一句老話叫「只可備而不用，不可用而不備」，這話說得是很有道理的。

楊志和幾個朋友聚餐，每個人都大發牢騷，感歎生活中的不順利，不是抱怨自己的機運太差就是抱怨機會太少。

這時，有位學長對他們說了一個自己的故事：

「我剛畢業那年，很快就找到了工作，但是沒過多久，便開始對工作產生倦怠。當時，心情不好的我，為了疏解自己的鬱悶和壓力，常常會帶著漁竿到湖邊釣魚。但是一次又一次，換了好幾個地方，我都沒有釣到幾條魚。於是，我的魚簍子越換越小，最後我就只拎著一把釣竿和魚餌就出門了。」

「有一天，釣魚技術不如我的同事老王，約我一同去釣魚。老王拿了一個大漁簍，當他看見我幾乎兩手空空，便塞給我一個小漁簍。我搖了搖手，對老王說道：「不用啦，我每次都釣不到兩條魚，用線串起來拿就行了。」但是沒想到，這天卻出乎意料，我們竟然遇上了豐富的魚群，魚餌幾乎都來不及裝，那些大魚小魚可說是一條接著一條地甩上岸。我的魚餌很快就用光了，幸虧老王帶了許多魚餌來。我看著老王裝得滿滿的大漁簍，自己只能用柳條綁住幾條，不得不放棄仍在地上活蹦亂跳的魚兒，為此懊惱不已。」

大家聽完學長的故事後，什麼感想也沒有，反而扯開話題，嘲笑學長都三十五歲了，還想考研究生，未免太晚了。幾年之後大家再次聚會，有人苦撐著小生意，有人勉強自己在不喜歡的工作環境中苦悶度日。至於學長，知道資訊的朋友們說，他不僅拿到了博士學位，現在更是許多公司挖角的對象。當大家羨慕之際，楊志這才想起學長說的那個「漁簍子」故事，原來是有特別含義啊！

這個故事的含義是什麼呢？這個故事的含義就是：我們做事情千萬不要用而不備，只能是備而不用。機會永遠只留給有準備的人，所以當機遇還沒有出現的時候，我們不能懈怠，誰能保證幸運的光環哪一天不會將臨到我們的頭上呢？

我們是不是經常會遇到這種情況呢？在考場上，明明很熟悉的考題，就是答不上來。或者是看到天陰了卻抱有僥倖心理而不帶雨傘，結果被大雨澆在半路。還有那個耳熟能詳的道理：書到用時方恨少。這些都說明了平時有準備關鍵時候才會沒有憂患的道理。工具不怕多，就怕魚群來的時候，你正好缺了一個漁簍子。

所以，不管幹什麼事，事先都要有明確的目標，都要有一個打算和安排。只有預先作好了安排，有了準備，有了計畫，才能把事情辦好。

事前制訂好工作計畫

一般來講，效率來自於周密的計畫和科學的工作方法，然而現實中卻有很多人試圖用自己的行動來證明這樣一個結論：效率出自勤奮。人們覺得做好工作的最佳辦法就是埋頭苦幹。因此，他們很少花時間對所做的工作進行思考，也很少總結過去的成敗和得失，更沒有去認真地考慮下一步的工作方向，而是一門心思地做手頭的工作。他們生怕坐下來思考會耽誤工作進度，耽誤了眼前的利益。

事實上，那種不注重效率的瞎忙和懶惰沒什麼區別，也是一種延誤工期的行為。時間管理專家說，你用於計畫的時間越長，你完成工作所需要的時間就越短。這兩個時間存在著極大的相關性和互補性，就看你怎麼做，你是願意多花一些時間在計畫細節上下工夫，還是願意多花一些時間去調整因為盲目工作而導致的錯誤！

一個人要想高效地解決自己工作中的問題，就需要在實施計畫之前搞清楚自己工作中存在的問題，找出問題的癥結所在，比如什麼樣的方法是最好的、什麼樣的工作方式才是正確的。把這些解決問題的方法納入計畫中去，以此提升工作效率。

瑪格麗特是一位靠自己艱苦奮鬥取得成功的女老闆。她是英國一家廣告公司的董事長，她明白怎樣使自己每天的工作更富有成效。她精通生意經，因而在商界具有很大影響。

她的公司年營業額為三億美元。但起初她的工作室也只是租來的一間房子，只有她母親替她接電話，兩個人甚至連午飯的時間也不休息。十六年過去，已經成為公司董事長的她仍在辦公室裏吃午飯。「我安排自己的生活就像很多人經營自己的生意一樣，不得不那麼做，」她在一次接受記者採訪時說，「我雖然沒有實際去擬定各種圖表，但是我在腦子裏已把一切都考慮得很周密。」

如果你能制定一個高明的工作進度表，你一定能真正掌握時間，在限期之內出色地完成老闆交付的工作，並在盡到職責的同時，兼顧效率和品質。一位成功的職場人士說：「在一天中最有效率的時間之前訂一個計畫，僅僅二十分鐘就能節省一個小時的工作時間，牢記一些必須做的事情。」

抓住工作的重點，只要勤於研究，你就會發現，優秀的人都已經培養出了一種習慣，那就是找出那些最能影響他們工作的重要因素。由於他們已經掌握了秘訣，知道如何從不重要的事情中抽出重要的部分來，因此，他們做事情時往往事半功倍。

卡爾森就是一個善於發現工作重點的人。卡爾森擔任北歐航聯下屬一家旅遊公司市場調研部主管和公關部經理時，針對旅遊中機票太貴，遊客較少，而航聯公司的飛機又有大量空座浪費的情況，制定了分時機票價格，大大降低了機票平均價格，吸引了眾多旅客，還保住了航聯公司的資源。兩年後，這家中等規模的旅遊機構就已發展成瑞典第一流的旅遊公司。

在工作中要達成你的主要目標，就要學會分清輕重，把力氣使在關鍵處。工作時不僅要分清事情的輕重緩急，還要有一份周密的工作計畫。對於大部分員工來說，制訂計畫的週期可定爲一個月，但應將工作計畫分解爲周計畫與日計畫。每個工作日結束的前半個小時，先盤點一下當天計畫的完成情況，並整理一下第二天計畫內容的工作思路與方法。

值得注意的是，在制訂日工作計畫的時候，必須考慮到計畫的彈性。不能將計畫制訂在能力所能達到的百分之百，而應該制訂在能力所能達到的百分之八十。因爲，每位員工每天都會遇到一些意想不到的突發情況，以及上級交辦的臨時任務。如果你每天計畫的事情是自己能力所及的百分之百，那麼，在你沒有完成這些事情時，就必然在第二天擠佔你已經制訂好的工作計畫，原計劃就不得不延期了。這樣必將影響第二天乃至當月的整個工作計畫，從而陷入明日復明日的被動局面。久而久之，你制訂的計畫就失去了嚴肅性，這樣的計畫意義也就不大了。

胸有全域，計畫助力

沒有明確的辦事計畫，就難以取得好的辦事效果。從古至今，大事小事皆如此。一般來說，計畫是行動之母，而行動就是辦事成功之母。智商高者會事先作好計畫，這樣在做某件事時，才會事半功倍。

二十世紀六〇年代，印度的派特爾開始了他的創業生涯。創業之初，派特爾利用自己的專長，簡陋的設備，生產出了一種成本極其低廉的洗衣粉，並且把這種洗衣粉命名為尼爾瑪。為了打開銷路，派特爾開始四處奔波，試圖在競爭激烈的市場上分得一杯羹。

由於規模較小，競爭力也相對較弱，而且，當時印度的洗衣粉完全由印達斯坦・勒維爾公司獨佔著。勒維爾公司在全世界都設有分公司，實力極其雄厚，它的業務範圍也相當的廣泛，而且它所生產的衝浪牌洗衣粉，在印度洗滌市場一直佔據著統治地位。

派特爾考察了一階段後，綜觀全域，根據市場的情況作出了一個完整的計畫。當時，勒維爾公司的產品主要針對有錢人。當然，有錢人也佔據著市場的一大部分。派特爾就根據這一點，決定以中下層人民作為消費者，打開初級市場。他制訂了這樣一個計畫：一是堅持薄利多銷；二是逐步加大市場份額；三是做好廣告，衝擊高端產品。

按照這個系統的計畫，他的公司取得了很大的成就。在薄利多銷的經營思維下，派特爾為自己贏得了越來越多的客戶，那些中下層家庭主婦更是把派特爾公司生產的洗衣粉看成是生活不可或缺的好伴侶，大多數消費者認為派特爾的洗衣粉不但優質而且也是優價，所以人們都紛紛購買。

同時，公司也在不斷推出新產品。二十世紀八〇年代中期，派特爾公司根據市場的需求，先後推出塊狀洗衣皂和香皂。當這兩種產品投入市場的時候，購買者趨之若鶩。為此，公司迅速增大了產量，顯示出其廣闊的發展前景。而且，這些新產品逐步對勒維爾公司造成了嚴重的威脅。

在公司正確計畫的實施下，到一九八八年，公司生產的尼爾瑪牌洗衣粉，銷售額達到五十萬噸。而這時，它的主要競爭對手勒維爾公司已經被拋在了後由，他們生產的衝浪牌洗衣粉，只售出了二十萬噸。僅僅過了二十年，這個小小的土棚一躍成為印度最大的私營企業之一，而派特爾也搖身一變，由一個蹬著自行車上門送貨的小商人，變成了一個擁有三億多資金的尼爾瑪公司的總裁。

派特爾的勝利爲我們提供了處事的經驗：如果想成功，那麼你首先要有綜觀全域的本事，再根據這一資訊作好完整的計畫。

孟嘗君是戰國時期齊國的名門貴族，幾度出任相職，聲望顯赫。但有一次因為與齊閔王意見不合，他一氣之下辭去相職回到了薛地。當時，南方大國楚國卻正在準備舉兵攻薛。薛地危在旦夕。緊要關頭，孟嘗君決定向與自己私交甚篤的齊國大夫淳于髡求援：「我薛地彈丸之地，楚兵一旦來攻，後果將不堪設想。請君助我！」

淳於髡很乾脆地答應了：「承蒙不棄，我去找齊閔王相助。」淳於髡仔細想了想事情的來龍去脈，他想：如果直接讓閔王救薛地，閔王肯定不會出手相救；如果他不去救薛地，楚國佔領這塊地方後，就會對齊國造成威脅。薛地是一定要救的，關鍵是怎麼說服閔王。這樣，有了全域觀念後，他制訂了一套說服閔王的完整計畫。

首先，他讓孟嘗君趕緊召集人員，建築一座祭拜祖先的寺廟，規模越大越好。隨後，他趕到齊國後，進宮覲見閔王。彙報完公務後，他等著閔王問他關於楚國的情況。

果然，閔王問道：「楚國的情況如何？」

淳於髡一臉沉重：「事情很糟。楚國自恃強大，以強凌弱，總在謀劃攻擊別國；而薛地呢，也不自量力……」

談到薛地，淳於髡故意不露痕跡。

閔王一聽，緊接著就問：「薛地怎麼樣？」

淳于髡捉住機會，說：「薛地對自己的力量缺乏分析，沒有遠慮，建築了一座祭拜祖先的寺廟，規模宏大，卻不問自己是否有保衛它的能力。目前楚王準備出兵攻擊這一寺廟，真不知後果會怎樣，處境非常危險。所以我說薛不自量力，楚也太霸道。」

齊王點頭讚賞：「原來薛地有那麼大的寺廟？」隨即下令派兵救薛地。

守護先祖之寺廟，是國君最大義務之一。爲了保護祖先寺廟就必須出兵救薛，薛地的危機就是齊的危機，在這種危機面前，閔王就完全不再計較與孟嘗君的個人恩怨了。而淳于髡就是利用了這一點，先讓孟嘗君建築寺廟，再去說服閔王，取得了成功。

胸中有大局，就不會被眼前迷霧所惑。要作出準確的判斷，並非是一件輕而易舉的事。這其中的關鍵是要有掌控全域的能力，要能夠「盤算整個局勢」，能夠看出整個事情發展的大方向，並知道如何「照這個方向去做」，才能使自己立於不敗之地。

信。

有條理就會有效率

有組織有條理的人做事就會高效，因爲他們對自己的感官、理性和判斷力都充滿自信。

做事講究條理，做生活的有心人，可以幫助我們贏得更多的成功機會。

很多成功人士都是高效率的人，他們早就明白條理可以節約時間，提高工作效率。傑克．韋爾奇將「做事沒有條理」列爲許多公司缺乏效益的一大重要原因。如果辦事不得當、工作沒有計劃、缺乏條理，就會浪費大量的精力和體力，最後還是無所成就。做事沒有秩序、沒有條理的人，無論做什麼工作都沒有成功可言。而有條理有秩序的人，即使才能平庸，他的事業也往往可以有相當的成就。

有許多人抱怨工作太多、太雜又太累，而且工作總是沒有效率，做不出成績。其實，並不是這些人的工作真的就很多，而是由於他們不善於制訂日程表，工作沒有條理的緣故。他們不善於安排好日常的工作，連最沒意義的事也抓住不放，人爲地製造忙亂，不但談不上工作條理化，結果還會讓自己被壓得喘不過氣來，卻得不到一點點效率與成績。

著名作家雨果說過：「有些人每天早上預定好一天的工作，然後照此實行。他們是有效地利用時間的人。而那些平時毫無計畫，靠遇事現打主意過日子的人，只有混亂二字。」只有善於管理時間利用時間，把工作安排得井井有條的人，工作起來才有效率。

有句諺語說得好：「喜歡條理吧，它能保護你的時間和精力。」培根也說過：「選擇時間就等於節省時間，而不合乎時宜的舉動則等於亂打空氣。」

工作無序，沒有條理，必然浪費時間。試想，如果一個搞文字工作的手裏資料亂放，本來一天就能寫好的文章，找資料就找了半天，豈不費事？

支配時間專家爲人們支配時間提出的許多「合理化建議」，其中有一條就是整齊就是效率。他們比喻說：木工師傅的箱子裏，各種工具排列有序，不同長度的釘子分別放好，使用起來隨手可得。每次收工時把工具放回固定的位置同把工具胡亂丟進箱子裏所費時間相差無幾，而效果卻大不一樣。

工作有條理，既是最容易的事情，也是最困難的事情。一位管理人員歎息說：「我最大的問題之一是不能把事情組織得有條有理。」我們經常看見一些青年學生的書包裏，甚至高級管理人員的公事包裏，簡直像一個廢物箱：啃了一半的麵包、掉了皮的雜誌、卷了角的書、幾塊口香糖、一疊廢紙，等等。對於從事學習和工作的人來說，辦公桌面是否整潔，是工作條理化的一個重要方面。

一位管理者在解釋辦公桌上的東西是如何堆積起來時說：「這是因爲我們不想忘記所有的東西。我們把想記住的東西放到辦公桌上一堆資料的頂部，這樣就可以看到它們。」問題是這種方法還真管用。每當我們的注意力分散時，我們就看到了它們。我們想起了這些事情，於是不再胡思亂想。後來，東西堆得越來越高，我們不能記起下面放的是什麼東西，於是就開始在資料堆裏尋找。這樣，時間就浪費在查找丟失的東西上。同時也浪費在注視所有我們不想忘記的東西所造成的干擾上！

為使工作計畫化和組織化，以節省時間，還有如下的忠告：

及早動手

提前十分鐘上班與遲到十分鐘，工作效率自然會有差別。在自己家裏，如果省去了一些無關緊要的事，至少可以節約十五分鐘。時時提醒自己流覽報紙儘量提高效率，起床時不要磨蹭。

停止多餘的活動

積極有時反而會變成壞事，因為積極的人總要不停地找些新鮮事做，想解決問題或者想知道又發生了什麼。這本身並非什麼壞事，但是必須注意還沒有處理好某件事，就不要捲入新的活動中去。只要某件事對你並非真正有用，就不要隨便去做。

計畫好第二天的事

為了組織好工作，在頭一天就要預先定好第二天的工作計畫，在備忘錄上記上明天要幹的事情。如果拖到第二天臨時再打主意，說不定就會忘記一些細微處。倘若今天就考慮好明天的事，明天的開端將會更為順利。

確立目標是成功的一半

姚明說：「人如果有目標的話，他就會盡全力達到目標；如果沒有目標，他就會鬆懈下來。」生活中缺乏明確目標的人就像地球儀上的螞蟻，看起來很努力，總是不斷地在爬，然而卻永遠找不到終點，找不到目的地。生活中沒有目標，自己的行動沒有焦點，縱使花費很大的力氣，也得不到任何成就，這同地球儀上的螞蟻是沒有區別的。

要攀登人生這一座山峰的更高點，當然必須有實際行動，但是首要是找到自己的方向和目的地。如果沒有明確的目標，更高處只是空中樓閣，可望而不可即。如果我們想使生活有所突破，首先一定要確定這些目的地在哪裏。

目標明確讓我們有所適從、心有所寄，能指導我們的行動。只有設定了日標，成功之旅才會有奮鬥方向，才會讓我們有前進的動力，讓我們有理由使自己不斷前進，不斷成長，開創新天地，發揮創造力。

安德魯．卡內基以前只是一家鋼鐵廠的工人，但他定下了製造及銷售最優秀的鋼鐵的明確目標。憑著他的雄心壯志，卡內基努力奮鬥，他制訂了完整的計畫，並一步步發展下去。最終，卡內基成了鋼鐵巨頭，實現了自己的目標。

許多傑出的成功人士都有自己明確的目標，都訂出了達到目標的具體計畫，他們花費了巨大的心血，努力照著計畫奮鬥，於是獲得了令常人羨慕的勝利。

有這麼一個故事：比賽爾是西撒哈拉沙漠中的一顆明珠，每年有數以萬計的旅遊者來到這兒。可是在肯．萊文發現它之前，這裏還是一個封閉落後的地方。這兒的人沒有一個走出過大漠，據說不是他們不願離開這塊貧瘠的土地，而是嘗試過很多次都沒有走出去。

肯．萊文當然不相信這種說法。他用手語向這兒的人問原因，結果每個人的回答都一樣：從這兒無論向哪個方向走，最後都還是轉回出發的地方。為了證實這種說法，萊文做了一次試驗，從比塞爾村向北走，結果三天半就走了出來。

比塞爾人為什麼走不出來呢？肯．萊文非常納悶，最後他只得雇了一個比塞爾人，讓他帶路，看看到底是為什麼。他們帶了半個月的水，牽了兩峰駱駝，肯．萊文收起指南針等現代設備，只拄一根木棍跟在後面。

十天過去了，他們走了大約一千兩百多千米的路程。第十一天的早晨，他們果然又回到了比塞爾。這一次肯．萊文終於明白了，比塞爾人之所以走不出大漠，是因為他們根本就不認識北斗星。

在一望無際的沙漠裏，一個人如果憑著感覺往前走，他會走出許多大小不一的圓圈，最後的蹤跡十有八九是一把卷尺的形狀。比塞爾村處在浩瀚的沙漠中間，方圓上千公里沒有一點參照物，若不認識北斗星又沒有指南針，想走出沙漠，確實是不可能的。

肯．萊文在離開比塞爾時，帶了一位叫阿古特爾的青年，就是上次和他合作的人。他告訴這位漢子，只要你白天休息，夜晚朝著北面那顆星走，就能走出沙漠。阿古特爾照著去做，三天之後果然來到了大漠的邊緣。阿古特爾因此成為比塞爾的開拓者，他的銅像被豎在小城的中央。銅像的底座上刻著一行字：新生活是從選定方向開始的。

正如空氣對於生命一樣，目標對於成功也有絕對的必要。如果沒有空氣，就沒有人能夠生存；如果沒有目標，就沒有人能成功。一切成功都從目標開始，有了目標才會成功。目標是實現夢想的真正決心。一條沒有航向的船，永遠靠不了岸。一個沒有目標的人，就只能在人生的旅途上徘徊，永遠到不了目的地。

計畫具體才能成功

對人生藍圖的規劃是清晰明確還是模棱兩可，直接決定著目標達成的可能性。大凡成功的人，從來不會讓自己的夢想與期待成爲虛幻中的海市蜃樓。

成功，是每一個奮鬥者的熱烈企盼和嚮往，是每一個奮鬥者爲之傾心的夙願。在計畫的推動下，人就能夠被激勵、鞭策，處於一種昂揚、激奮的狀態下，去積極進取、創造，向著美好的未來挺進。作爲二十一世紀年輕人，應當志存高遠，但計畫也必須是符合內心的渴望並切合實際的。如果你只是含含糊糊地給自己確定一個大概的計畫，希望在行動的過程中再加以調整或更改，那麼，即便你的計畫再遠大宏偉，也只能是如海市蜃樓般虛無縹緲。

有些人的計畫用籠統的詞句表達，比如說「當一名成功的醫師」；有的則比較具體，如「要發明能有效治療胃痛或頭痛的藥物」。

廣泛的事業計畫也有用，因爲它們有整體的觀點，可以解放想像力，幫助我們探究所有可能的選擇。但是，廣泛的計畫卻不能使我們確定自己所要做的是什麼，由於這個緣故，我們需要具體的事業計畫。

如果暫時無法達到中心計畫，不妨先設定一個較小、較易達到的計畫，並竭力工作直至達到。舉例來說，找出更快、更有效率的方法來完成每天的例行工作，或者是趁自己精力旺盛的時候就先選做最難的工作，簡單的則稍後解決。許多小的成功終究會引來更大的成就。

美國有個八十四歲的老太太昆絲汀．基頓，一九六〇年曾轟動了美國。這位高齡的老太太，竟然徒步走遍了整個美國。人們為她的成就感到自豪，也感到不可思議。

有位記者問她：「你是怎麼完成徒步走遍美國這個宏偉計畫的呢？」

老太太的回答是：「我的計畫只是前面那個小鎮。」

基頓老太太的話很有道理。其實，人生亦是如此，我們每個人都希望發現自己的人生計畫，並爲實現這個計畫而生活和工作。如果你能把你的人生計畫清楚地表達出來，這樣就能幫助你隨時集中精力，發揮出你人生進取的最高效率。只是，一定要記住，在表達你的人生計畫時，一定要以你的夢想和個人的信念作爲基礎。因爲這有助於你把自己的計畫訂得具體，且具有現實可行性。

計畫必須是具體的、可以實現的，這一點很重要。如果計畫不具體——無法衡量是否實現——那會降低你的積極性。爲什麼？因爲向計畫邁進是動力的源泉。如果無法知道自己的計畫前進了多少，你一定會洩氣，甚至甩手不幹。

人生計畫，絕非一蹴而就，它是一個不斷積累的過程。而一個個量化的具體計畫，就是人生成功旅途上的里程碑、停靠站。每一個「站」都是一次評估、一次安慰、一次鼓勵、一次加油。

一句話，計畫要量化，才能對成功有益。能否量化，是計畫與空想的分水嶺。計畫必須實在，而且不要太遙不可及，應該是在達得到的範圍內，千萬不要錯認爲自己應該或能夠在一天裏建造一座羅馬城。如果你今年無法達到你的最終計畫，那就先訂一個短期的計畫吧。

因發現DNA結構而贏得諾貝爾獎的華生說道：「癌症的種類實在太多了，我正設法治癒某些癌症，當然我們希望能治療得越多越好。」「但是，你一定得訂出中程計畫。明天就治癒結腸癌不能算是中程計畫。我們目前的計畫只是先認識這個病症，這個過程還牽涉很多不同的步驟。沒有人願意身陷挫折之中，每次一個小計畫，將會是你快樂的源泉。」

路．霍茲在擔任聖母足球隊首席教練之前，不過是想自己玩玩球罷了。但是當他為高中校隊出賽時，他的體重只有五十一公斤。霍茲瞭解他的體重實在太輕了，不過，他踢球的欲望是如此迫切，於是他擬訂了個計畫。十一個球員的位置圖在他腦海中記憶得十分清晰。因此，不論任何一位隊員受傷，他都能立即衝上去補位。這樣他就不是只有一個機會，而是有十一個機會。

制訂短期計畫，正是對慢工出細活這一鐵律的印證。由於工作堆積如山，非得馬上動手，否則幹不完，於是有人立了一個牌子，提醒自己「現在就做」。其實，匆匆忙忙不見得能夠把事情辦好，最好還是先坐下來，養養神，放鬆情緒。能夠回想一下剛才的想法，就更有好處。

有短期計畫的人，比輕率行事的人更明智。所以，假如你有一個廣泛的事業計畫，而你想要訂出具體的計畫，下面是你應該做的：在紙的頂端寫下那個廣泛的計畫，然後自問：「我如何實現這個計畫？」把它們記錄下來。現在，這些計畫已經足夠具體了，能提供你所需要的說明了嗎？假如仍舊不能，再就每一點發問：「我如何實現這個計畫？」最後你會發覺，眼前出現的是金字塔形的計畫圖，塔尖是廣泛的計畫，底部則是無數的具體計畫，它們直接指向有範圍的行動計畫。

辦事要分清輕重緩急

事情有難易之分，有大小之別。有的事情緊急就一定要先辦，有的事情無關整體就可緩辦。我們一天要辦的事肯定不止一件，這時候，就需要我們統籌安排要辦的事，分清輕重緩急，這樣才能把事情做好。

漢宣帝時有一位宰相名叫丙吉。有一年春天，丙吉乘車經過繁華的街市，正好碰見有人在打群架，傷了很多人，但是他若無其事地通過現場，什麼話都沒說，繼續往前走。隨從百思不得其解：這個平日非常懂得體察民情的宰相今天是怎麼了？帶著不解的疑問，一行人繼續向前走著，正好前面一頭拉車的牛正吐出舌頭，氣喘吁吁地前行，丙吉忙派人去問牛的主人到底怎麼回事，和拉車的人談論了好一陣兒才離開。旁邊的隨從看見這一切覺得很奇怪，為什麼宰相對打架事件不聞不問，卻擔心牛的氣喘，如此豈不是輕重不分、人畜顛倒了嗎？

其中的一名隨從鼓起勇氣請教丙吉其中的原因。丙吉回答他：「取締鬥毆事件是京兆尹的職責，身為宰相只要每年一次評定他們的業績，再將其賞罰意見上奉給皇上就行了。宰相對所有瑣碎小事如果都參與，哪還有時間做其他的？而我之所以看見耕牛氣喘吁吁要停車問明原因，是因為現在正值初春時節，而牛卻吐舌頭氣喘不停，我擔心是不是陰陽不調。宰相的職責之一就是要順調陰陽，因此我才特地停下車詢問原因何在。」眾隨從聽後恍然大悟，紛紛稱讚宰相視事情的輕重而辨的做法非常英明。

我們平時爲了辦好一件事，也要根據事情的輕重採取行動。應該知道什麼是自己該做的，什麼是可以委託他人做的，什麼是必做的。只有心中有了原則，做事分清輕重緩急，才能取得最好的辦事效果。

我們每天都有很多事要做，所以，排出辦事的先後順序就顯得非常重要。我們可以每天早上制訂一個工作表，然後再加上一個進度表，就會更有利於我們向自己的目標前進。

美國成功學大師卡內基在工作期間，有一位公司的經理去拜訪他，他看到卡內基乾淨整潔的辦公桌感到很驚訝。他問卡內基說：「卡內基先生，你沒處理的信件放在哪兒呢？」

卡內基說：「我所有的信件都處理完了。」

「那你今天沒幹的事情又推給誰了呢？」經理接著問道。

「我所有的事情都處理完了。」卡內基微笑著回答。看到這位公司經理困惑的神態，卡內基解釋說：「原因很簡單，我知道我所需要處理的事情很多，但我的精力有限，一次只能處理一件事情，於是我就按照所要處理的事情的重要性，列一個順序表，然後就一件一件地處理。結果，完了。」說到這兒，卡內基雙手一攤，聳了聳肩。

「噢，我明白了，謝謝你，卡內基先生。」幾周以後，這位經理請卡內基參觀其寬敞的辦公室，對卡內基說：「卡內基先生，感謝你教給了我處理事務的方法。過去，在我這寬大的辦公室裏，我要處理的文件、信件等，都是堆得和小山一樣，一張桌子不夠，就用三張桌子。自從用了你說的法子以後，情況好多了，瞧，再也沒有沒處理完的事情了。」

這位公司的經理，就這樣找到了處理事情的辦法，幾年以後，成為美國社會成功人士中的佼佼者。

我們爲了處理一天要辦的事情，一定要根據事情的輕重緩急，制出一個順序表來。人的時間和精力是有限的，不制訂一個順序表，你會對突然湧來的大量事務手足無措。我們要立馬做的事就是最重要最緊急的事，來不得半點拖延。當然，哪件事最緊急一定要分得清楚。

有的人曾經將一天的事情分爲四種：緊急而重要的事情、緊急而不重要的事情、重要而不緊急的事情、一般的事情。其實，這一分法對於我們來講也非常適用。當你真正按照這一順序將一天所要辦的事解決完，你會發現，你的效率會提高很多。

4 嫻於應變

——處變不驚巧應對，力轉乾坤扭亂局

「天有不測風雲，人有旦夕禍福」。不論是經商還是處世，總會有突如其來的事故降臨到自己的頭上。此時的你千萬不要自亂陣腳，令自己處在危難之中。要學會「以變制變」的技巧，力轉乾坤。

處變不驚，將危機變為轉機

危機的出現無法避免，重要的是我們如何應對危機。在面臨危機的時候，只有主動找出問題的根源，找準解決問題的切入點，迎難而上，通過不懈努力，找出解決問題的辦

法，變被動爲主動，最終才會迎來轉機。

澳大利亞有一個中年婦女，和丈夫鬧離婚，她在法庭上向法官哭訴道：「我二十歲嫁給他時，他曾指天向我發誓，再也不和『那鬼東西』來往了。可是，結婚還不滿一周，他便偷偷摸摸到運動場幽會去了。我警告他，他聽不進去，我忍氣吞聲地過了二十餘年，如今他已五十多歲了，照舊迷戀那個可惡的妖精。近來他無論白天黑夜幽會越來越多，他不管怎樣勸阻都要去運動場與那『第三者』見面。」在場旁聽群眾聞之無不為之動容。

法官問她：「第三者是誰？」她氣憤但卻直爽地說：「『第三者』就是臭名遠揚、家喻戶曉的足球。」法官對她的控詞啼笑皆非，只得加以勸說道：「足球不是人，你只能控告生產足球的廠家。」哪知這位中年婦女果然又向法庭控告一年生產足球二十萬隻的宇宙足球廠。更出人意料的是：宇宙足球廠居然極願賠償她孤獨費十萬英鎊，輕易讓這位太太在法庭上大獲全勝。

怎麼會是如此結局呢？原來，宇宙足球廠老闆抓住這一機會，「處變不驚、聞過則喜、應變有術」。通過新聞媒介大肆宣傳，他對記者說：「這位太太與其丈夫鬧離婚，正說明我廠生產的足球魅力之所在。而且，她的控詞為我廠做了一次絕妙的廣告。」宇宙足球廠產品銷量因此劇增，壓倒同行大獲其利。

承受了莫須有的罪名，損失了十萬英鎊的資金，但卻贏得了良好的公共關係，獲得了更大的收益。

從以上案例可以看到，在突發事件來臨時，應保持鎮定的姿態，周密權衡利害得失，拿出相應的方案和措施，這才可能最大限度減少損失，甚至變害爲利。

面對危機，沉著應對，冷靜分析，並且處理果斷，意志堅定，危機就會變爲轉機。反之，灰心喪氣，意志消沉，逃避退縮，或沒有危機感，自恃強大，驕傲輕敵，則會坐失良機。

中國首富李嘉誠的信譽有口皆碑。當初李嘉誠擔任長江實業有限公司總經理時，長江塑膠廠正面臨倒閉的危機，作為公司的領頭人，李嘉誠必須擔負起「力挽狂瀾」的重任。

面臨倒閉，李嘉誠不認為它僅僅是危機，相反，他認為這是實行企業改革、探索新產品、開拓新市場，從而獲得新生的有利時機。於是，面對危機，他不慌亂，不放棄，積極想辦法，走訪英國、荷蘭等國家，吸收新的管理模式，引進了許多新工藝，並且開發研製出了備受世人青睞的塑膠花。長江實業公司獲得了轉機，並且東山再起，迅速發展起來。

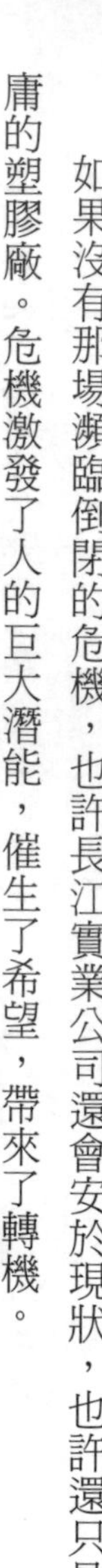

如果沒有那場瀕臨倒閉的危機，也許長江實業公司還會安於現狀，也許還只是一個平庸的塑膠廠。危機激發了人的巨大潛能，催生了希望，帶來了轉機。

危機是一把雙刃劍，它能刺傷你，也能成就你，關鍵看你的態度和行動。如果你被眼前的危難嚇倒，一蹶不振，畏懼不前，那你將永遠也走不出危機的陰影。

進退有度，以不變應萬變

柳青在《創業史》中說道：「那些爲了事業能屈能伸，能忍能讓的人，才是最堅強的人。」

大丈夫能屈能伸，懂得忍讓，在不利的情形下當退則退，就有把事情辦得更好的機會，可能收到意想不到的效果。進退有度，當退則退。退一步不但海闊天空，心情舒暢，或許還會獲得意想不到的收益。

俄國十月革命時，蘇維埃剛剛奪取政權，德國就有向東侵略的念頭。當時很多人主張與德國交戰，但列寧為了使新政權不被扼殺在搖籃裏，採取了退讓的方式，專門派人去德國進行和談，簽訂了不利於蘇維埃的條約。這並不表明列寧和布爾什維克革命立場不堅定，而是為了保全新生的革命政權。

國家如此，人也同樣需要進退有度。我們都知道跳高時，退得遠，可跳得更高。同樣的道理，在事件中突然退卻，不代表你認輸。退卻是爲了轉變形勢，調整策略，爲再度出擊積蓄力量。韓信受胯下之辱終成大業，勾踐二十年臥薪嚐膽勵精圖治最終滅掉吳國。這樣的忍耐，不是屈服，而是退讓中另謀進取；不是逆來順受、甘爲人奴，而是委曲求全，等待時機。一旦時機到了，他們就如同水底潛龍沖騰而起，創建不朽功業。以退爲進，化被動爲主動，方能贏得自己的利益。

現今大學生就業壓力很大，一些學生爲了找到一份工作甚至虛報自己的學歷。一名女大學生爲了應聘一份文員的工作，特意將本科學歷改爲專科，有好幾百名大學畢業生競相報名廁所保潔員。大學生擇業觀的改變，也體現了他們以退爲進的策略。

赫蒙是美國非常有名的礦冶工程師，他畢業於美國的耶魯大學，又獲得德國的佛萊堡大學的碩士學位。可是這樣一位學富五車的工程師，在找工作之初，卻受到了相當不公平的「禮遇」。

赫蒙來到美國西部的大礦主赫斯特這裏的時候，幾乎被赫斯特嗤之以鼻，他很不禮貌地對赫蒙說：「我之所以不想用你就是因為你這一大堆的文憑，你的腦子裏裝滿了一大堆沒有用的理論，我可不需要什麼文縐縐的工程師。」這位大礦主是個脾氣古怪又很固執的人，赫蒙立刻看出，他不願意用那些文質彬彬又專愛講理論的工程師。

聰明的赫蒙立刻有了主意，他回答說：「如果你不告訴我父親，我就告訴你一個秘密。」赫斯特表示同意，於是赫蒙對赫斯特小聲說：「其實我在德國的佛萊堡並沒有學到什麼，那三年就好像是稀裏糊塗地混過來一樣。」想不到赫斯特聽了笑嘻嘻地說：「好，那明天你就來上班吧。」就這樣，赫蒙運用了必要時不妨退一步的策略輕易地得到了他想要的工作。

當退則退，退一寸以求進一尺。而當遇到衝突時適時地退一分則可能獲得意料不到的效果。退後一步並不代表軟弱和妥協，而是爲了增加前進的動力。

可見，讓步只是暫時的退卻，而爲了進一尺有時就必須先作出退一寸的忍讓，爲了避免吃大虧就不應計較吃點小虧。退一步我們並不會失去什麼，相反退會促使我們更好地前進。

在職場中當退則退，是一種明智之舉。當退則退是哲人推崇備至的處世之道。它需要你認清時勢，不要爲了逞一時之能，把事情做到極致。如果真做到那樣，就不只是犯個過錯而已，恐怕還極有可能給自己招來滅頂之禍。

隨機應變，巧贏市場

正所謂「變則通，通則久」，成功者要學會隨機應變，只有學會隨機應變，才能發揮機動靈活的優勢，從而立於不敗之地。

內蒙古商人王某就是一個隨機應變，將小產業做大的典範。最初，王某接管了一家已倒閉的製膠廠，該廠三十多人，倒閉時欠下五萬元外債，拖欠工人九個月的工資。

剛接手爛攤子的時候，王某用集資的辦法招收了多名工人，買了油氈紙把漏屋遮起來，暫時解決了廠房問題，又從工人家裏借來生產工具，解決了設備問題。

正當他對製膠廠實施「起死回生術」時，看到了這樣一條消息：製膠業市場產品過剩，而皮革塑膠製品行業的許多廠家為謀求更大利潤紛紛轉產。王某得到這個情報後，腦子裏立即就出現了一個「變」字。「變」也要從客觀實際出發，因地制宜，經過數次的調查和考慮後，權衡利弊，他決定從本地區興旺發達的畜牧業打開突破口，以皮革製品殺出一條財路。

於是，王某就地取材，用皮革製作自行車坐墊、手提包、背包、兒童書包、旅行包等產品，很快佔領了市場。沒多久，工廠債務還清了，工人工資補發了，小本生意獲得了大利。

王某取得這樣的成績，就是隨機應變的結果。然而求變不能只停留在一時，要時刻保持隨實際情況變化而變化。

王某在取得這些成績後，一些正在掙扎著的小廠負責人都紛紛來參觀。王某敏銳地感覺到求變的時機又到了。他預感到這些來參觀的廠家即將成為競爭對手，於是轉而生產牛皮鞋、皮箱、山羊革夾克衫等。很多工人都來責問他：「這麼暢銷的產品為什麼要停止生產呢？」

王某並沒有多解釋，只讓他們等等看。果然，那些來取經的工廠，見王某生產的原產品本小利大銷售快，回去後爭相大批生產，市場很快就出現了供大於求現象。而王某生產的新皮革產品，依然很暢銷。

這就應了「人無我有，人有我優，人優我轉」的道理，隨機應變，經營才能持久。

儘管皮革廠辦得比較順利，新產品銷路很好，但王某依然求變。他預想到皮革製品有時會出現滯銷現象，僅靠一種產品風險大，如果採取「一業為主，多業並舉」的策略，那麼一種業務不景氣時，另外的業務就可以馬上擴大，彌補損失。於是他決定再上一種新產品。

為了選擇新產品，他四處奔走，瞭解市場訊息。一張「首屆A市騾馬物資交流大會」的海報吸引了他。當地牛皮資源豐富，皮質又居全國之首，加工牛皮的念頭便在王某的腦中產生了。

從市場上他又瞭解到「黃牛藍濕皮」在外貿市場上是緊俏商品，於是他立即組織力量，很快就生產出了色澤鮮豔的黃牛藍濕皮。

當年，這一新產品就被一外商看中，當即與王某廠簽訂了年供貨五萬張的合同書。由於王某的產品品質好，又守信用，所以不久黃牛藍濕皮就出口到日本、新加坡、印度等亞洲國家。

隨機應變是時下成功者的法寶，人隨時代的步伐走，而生意應跟著市場訊息變。然而隨機應變也不僅僅是停留在把握市場的大方向上面，對於一些細節，成功者也要做到隨機應變。

一次，一位農村姑娘來到一個村辦箱包廠，她要買一個結婚用的皮箱。廠裏的業務員把她領到了製箱車間，那裏有準備發到各個城市去的航空模壓箱、旅遊箱、輕便手提箱等各式漂亮的箱子，可她一個都沒看中。

這一小小的舉動，立即引起了箱包廠領導的興趣，高層們經過思索和研究，將如何才能適應農村市場的需求、如何打開農村市場提上日程。農村是個廣闊的市場，而自己的廠卻沒去佔領它，應該把產品面向農村。

村辦箱包廠立即組織力量設計製造出了色彩鮮豔、印有龍飛鳳舞圖案、帶著鄉土氣息的皮箱。這種龍鳳皮箱一上市就被搶購一空，很多農村經銷店得知這個消息後紛紛前來訂貨。該村辦箱包廠的產品迅速佔領了農村市場，產值和利潤很快大幅度上升。

此外，成功者更要主動出擊，尋找思變的市場和靈感。

溫州的鞋商杜某有一次到外地出差，他看到一個購貨員穿著一身職業套裝，可腳上卻踏著一雙布鞋，這身裝束很不協調。杜某不覺上前探問了一下：「您為什麼不穿皮鞋？」「腳氣嚴重，沒福氣穿啊！」

這句不易被人注意的話卻撥動了杜某隨機應變的敏感神經：中國人生腳氣病的多，這可是一個規模不小的市場啊，自己的作坊應該轉移經營方向，研製藥物皮鞋，防治腳氣病。

想到此，他立即向製藥公司和有關科研單位取經、學習，並高薪聘請科研人員研製藥物皮鞋。不久試驗成功，經過上級科研單位鑒定，這種藥物皮鞋有很好的防治效果。新產品獲得了省級科技成果獎。皮鞋一閃亮登場，訂單紛至遝來，杜某獲得了巨大成功，事業如日中天。三年後，原本規模不大的私人小作坊變成了七層五開間樓房和寬敞的車間，三十多人的小廠變成了三千五百多人的企業。

對於成功者而言，就是要隨機應變、時刻求變，不僅要「窮則思變」，而且要「富則思變」，隨時捕捉有利資訊求變。成功者如果具備遠大的眼光和超乎尋常的膽略，在「商場如戰場」的殘酷競爭中毅然「變陣」，在別人一哄而上之時轉產新產品，那麼「小本」用不了多久就會變成「大本」。

交談中也要隨機應變

應變，就是在事態發生突變的危急時刻，採用恰當的措施，擺脫不利的局面。不僅做事如此，應變也是衡量交談者口才的重要標誌，特別是當代社會生活中，沒有應變能力，就會失掉很多成功的機會。應變的最終目的是使自己永遠處於主動地位，駕馭事態發展，以實現既定目標。

在交談中，有人或善意或惡意地向你發難，把你置於窘境，這時就需要應變。這種應變，難就難在既能回擊，又不能失禮。

宋代羅大經《鶴林玉露》中云：「大凡臨事無大小，皆貴乎智。智者何？隨機應變，足以弭患濟事者是也。」從一定意義上說，智者便是能隨機應變之人。

在生活中，給人造成不利的情形各種各樣，不可能有一個放之四海而皆準的化解方法。因此，如果你對某人的工作作風、處世方法不滿意或有看法，就需要針對當時的具體情況隨機應變。

在一些場合中，人們總是會碰到一些意想不到的事情，也許是自己言語失態，也許是周圍環境令自己始料不及，也許是對方反應不如事先預料的那樣。在這種情境下，人們就有必要學會控制局勢，隨機應變，才不會令自己進退兩難。

孫臏是我國古代著名的軍事家，圍魏救趙是他的經典戰例，他的《孫臏兵法》到處蘊涵著變通的哲學。孫臏初出茅廬去的是魏國，魏王要考查一下他的本事，以確定他是否真的有才華。於是，魏王召集眾臣，想要給孫臏出一個難題，看看他到底像不像傳言中的那樣機智。

魏王坐在寶座上，對孫臏說：「你有什麼辦法讓我從座位上下來嗎？」

孫臏回答說：「大王坐在上面嘛，我是沒有辦法讓大王下來的。不過，大王如果是在下面，我卻有辦法讓大王坐上去。」

魏王聽了，得意揚揚地說：「那好。」說著就從座位上走了下來，「我倒要看看你有什麼辦法讓我坐上去。」

周圍的大臣一時沒有反應過來，都在嘲笑孫臏不自量力，等著看他的洋相呢。這時候，孫臏卻哈哈大笑起來，說：「我雖然無法讓大王坐上去，卻已經讓大王從座位上下來了。」

這時，大家才恍然大悟，對孫臏的才華連連稱讚。魏王也對孫臏刮目相看，孫臏因此得到了魏王的重用。

我們總是習慣性地按照常規思維去思考，如果我們能像孫臏那樣，說話懂得靈活變通，那麼其實很多所謂的「難題」也就迎刃而解了。

有一天，「推銷之神」原一平打算向某公司的總經理推銷一份保險。

原一平有一個習慣，在拜訪一個客戶之前，一定會對對方作一番嚴謹周密的調查。根據調查顯示，這位總經理是個以自我為中心的人，脾氣很怪，很暴躁，而且沒什麼嗜好。對於推銷員來說，這樣的人是最難打交道的一種。

來到客戶的公司，原一平向前台小姐自報家門：「你好，我是原一平，已經跟貴公司的總經理約好了，麻煩你通知一聲。」

「好的，請等一下。」

接著，原一平被帶到總經理室。總經理正在埋頭看文件，過了一會兒，他終於抬起頭，看了原一平一眼，卻沒理他，繼續低下頭看文件。

就在眼光接觸的那一瞬間，原一平心裏有一種說不出的難受。他分明感受到了對方的冷漠，對方是想用這種方法叫他知難而退。

面對這樣尷尬的場面，原一平忽然大聲地說：「總經理，您好，我是原一平。

今天打擾您了，我改天再來拜訪。」

總經理愣住了。

「你說什麼？」

「我告辭了，再見。」

原一平的反應顯然出乎總經理的預料。

原一平站在門口，轉身說：「是這樣的，剛才我對前台小姐說給我一分鐘的時間，讓我拜訪總經理並向您問好，如今目的已經達到，我可以告辭了，謝謝您，改天我會再來拜訪您。再見。」說著，原一平轉身走出了經理室。

第三天，原一平又硬著頭皮去作第二次的拜訪。

「嘿，你又來啦，前幾天怎麼一來就走了呢？你這個人蠻有趣的。」

「啊，那一天給您添麻煩了，真是不好意思……」

「請坐，不要客氣。」

接下來的談話很順利，客戶買了原一平的保險。

在尷尬的場面中，原一平能夠隨機應變是很明智的。正因爲如此，才讓一個高傲自大的總經理感覺他與別的推銷員不同，從而對他產生了興趣。因此在第二次拜訪時，很容易就達到了目的。

卡內基曾經說過，掌握機智的應變技巧，無論是對演講還是對於談判來說，都具有重要的作用。一個人要在演說或表達時有良好的表現，必須口齒伶俐，具備既快又清楚的表達能力，但最重要的是要有靈活應變的能力。因為受說話人的潛在內容和聽話人的種種反應等諸多因素的制約，在很多情況下，說話人不能完全按預定的想法一口氣把話說完。因此，在說話的過程中，應根據具體情況隨機應變。

死馬活醫，以變求生

死馬當做活馬醫，是民間流傳的一句俗語。把死去的馬當做還能活的馬來治療，比喻在看來已絕望的情況下，仍然儘量設法挽救，以鍥而不捨的精神處理問題。

在似乎已成定局的失敗情況下，仍作最後的努力，不輕易放棄成功的希望，這往往有助於扭轉局勢，促使事情出現好的轉機。智商高的人會嫻於應變，面對危機時處變不驚，力求扭轉亂局。

死馬活醫的實質是面對困境，絕處求生。這種應變法在現代企業發展中常被應用。

湖北省長陽縣兔絨製品廠的前身是長陽縣彈力絮廠。一九八五年初該縣用省政府撥給山區的五十萬元財政款購進設備，興建了廠房，生產化纖彈力絮片。但由於沒有摸清原料來源和產品銷路，致使原材料供應不及時，生產出來的產品又賣不出去。工人半年無工可做，該廠處於無路可走的境地。

面對如此絕境，有關領導決定：全場職工出去推銷積壓產品，同時，每人又必須帶回一兩條與工廠生存有關的資訊。一個月過去了，產品雖然推銷得不多，但收集的資訊卻不少。通過對資訊的綜合整理，他們提出用生產彈力絮的設備加工兔絨製品，生產兔絨被的設想。

因為兔毛的保溫性能是羊毛的七倍，且現有兔毛加工技術落後，國內兔毛大量積壓。求生方案確定後，廠裏組織技術攻關，率先生產出兔絨被，銷路也很好。

一九八八年，該廠生產的「春日」牌兔絨被被推薦為全國少數民族地區名優產品，送北京參展即被搶購一空，之後，又被選送參加第五十五屆國際博覽會，走向了國際市場。由此，兔絨製品廠出現了轉機，現在一個月的產值就相當於建廠時半年的總和。

死馬活醫，絕處求生，還要有求生的技巧。

日本阿托搬家中心總公司經理奪田千代乃夫婦，之前經營的是運輸業，但在一九七三年發生的「石油危機」，令其破產。

正當奪田千代乃為今後的生計發愁時，一天，報紙上一條簡短的消息引起她的興趣。消息說，日本關西地區每年搬家開支四百多億日元，其中大阪市就達一百五十億日元。

奪田千代乃想，搬家這一不引人注目的行業也許可以幫助自己起死回生。於是，她和丈夫一商量，辦起了一家專業搬家公司。

在公司起名問題上，奪田千代乃也是煞費苦心。她想，誰要搬家，肯定會在電話號碼簿上找運輸公司的電話，因此她決定利用電話號碼簿為自己的公司做不花錢的廣告。

日本的電話號碼簿是按行業分類的，在同一行業中，企業的排列順序又是以日語的假名為序。奪田千代乃巧妙地利用這種慣例，把自己的公司取名為「阿托搬家中心」，使它名列同行的首位，用戶查找時很容易發現它。同時她還選了一個好記的電話號碼：「〇一二三」。

該公司一九七七年六月創辦，營業額逐年翻番。到了二十世紀八〇年代中期，年營業額已達一百四十億日元，並從一個地區性的企業，發展成為在日本國內近四十個城市擁有分公司或聯營公司的中型企業。美國和東南亞一些國家都購買它的搬家技術專利。總經理奪田千代乃成為當時日本最活躍的女企業家。

死馬活醫，也可以稱作死中求活。當一個人面臨絕境時，應盡力掙扎，以求活路，這才是一個有志氣的人的品格。

現實生活中，人們對待劣質事物，一般的處理方法是將其拋棄，而積極的處理方法卻是加以巧妙地利用，使其轉化爲有利的東西。這不僅是我們個人生活的應變技巧，在日常生活中我們待人處事時，也應注意積極做好轉化工作，應設法將消極不利的因素轉化爲積極有利的因素，化解面臨的人爲障礙，促成事業順利地向前發展。

置之死地而後生

「破釜沉舟」、「登高去梯」，就是「置之死地而後生」的「應激」反應。所謂「應激」，是指人們在出乎意料的緊張情況下和對人有切身利害關係的重要事實面前所引起的情緒狀態。

俗話所說的「急不擇路」、「急中生智」，這個「急」是這一狀態的具體反映。

適當的應激心理，能夠使人們處於「警覺」或「準備搏鬥」狀態，並通過神經內分泌系統來進行心理、生理機能的調節，促進有機能量的釋放，提高機體的活動效率和適應效能，激發出一往無前的戰鬥精神。

當然，「應激狀態」的運用是有條件的，應激心理的把握和利用一定要量時、量地、量情，切不可盲目從事。

下面的故事很好地說明了這點。

南宋時期，李彌擔任宣撫副使。軍隊中有個曾在軍中當大校的軍官李複聚眾作亂，於是李彌命令韓世忠帶兵追擊。

韓世忠的兵不到一千人，敵眾我寡，情勢十分危急。他將手下士兵分成四隊，然後在退路上鋪上鐵蒺藜（刺狀物），下令說：「所有將士聽令，進攻就能得勝，退敗就得死。有人逃亡，就下令後面的部隊將他處死。」

此命令一下，士兵們沒人敢回頭，全都孤注一擲，拚命作戰，終於大破李複的徒眾。

人若在危急時刻，抱著毫無退路的念頭，就會激發巨大的潛力，反而會反敗爲勝。

膽商CQ第一 情商EQ第二 智商IQ第三

作者：焦珊珊
發行人：陳曉林
出版所：風雲時代出版股份有限公司
地址：105台北市民生東路五段178號7樓之3
風雲書網：http://www.eastbooks.com.tw
官方部落格：http://eastbooks.pixnet.net/blog
Facebook：http://www.facebook.com/h7560949
信箱：h7560949@ms15.hinet.net
郵撥帳號：12043291
服務專線：(02)27560949
傳真專線：(02)27653799
執行主編：劉宇青
美術編輯：吳宗潔

法律顧問：永然法律事務所李永然律師
北辰著作權事務所 蕭雄淋律師
版權授權：呂長青
初版日期：2017年5月

ISBN：978-986-352-442-7

行政院新聞局局版台業字第3595號
營利事業統一編號22759935

定價：340元

國家圖書館出版品預行編目資料

膽商CQ第一 情商EQ第二 智商IQ第三 / 焦珊珊著.
-- 初版. -- 臺北市 : 風雲時代, 2017.03
面； 公分
ISBN 978-986-352-442-7(平裝)
1.成功法 2.自我實現

177.2 106001420